Werner Schäfer
Kornkreise – Ein Mysterium unserer Zeit
Versuch einer anthroposophischen Entschlüsselung

„Geist ist niemals ohne Materie,
Materie niemals ohne Geist."
(Rudolf Steiner)

Werner Schäfer

Kornkreise –
Ein Mysterium unserer Zeit

Versuch einer anthroposophischen Entschlüsselung

Impressum

Die deutsche Bibliothek – CIP Einheitsaufnahme

Werner Schäfer:
Kornkreise – Ein Mysterium unserer Zeit
Versuch einer anthroposophischen Entschlüsselung

1. Auflage – Schaffhausen: Novalis Verlag, 2003
 ISBN 3-907260-19-8

© 2003 Novalis Verlag Schaffhausen

Illustrationen: Werner Schäfer
Texterfassung: Andreas Ferch
Umschlag, Layout, Satz und grafische Bearbeitung: Andreas Pahl
Umschlaggestaltung unter Verwendung einer Luftaufnahme des Grasdorfer Kornzeichens von 1991
Druck: Ipoly, Slowakei

Die vorliegende Publikation ist urheberrechtlich geschützt. Alle Rechte vorbehalten. Kein Teil dieses Buches darf ohne schriftliche Genehmigung des Verlages in irgendeiner Form durch Fotokopie, Mikrofilm oder andere Verfahren reproduziert oder in eine für Maschinen, insbesondere Datenverarbeitungsanlagen, verwendbare Sprache übertragen werden.

Inhalt

Persönliche Vorbemerkung und Dank 7
Nachtrag 8
A 1 Einstimmung und Erläuterung der Absicht 9
    2 Erste anthroposophische Auseinandersetzungen 11
    3 Erläuterung der Arbeitsweise 14
    4 Rätselhafte frühe Aussagen von anthroposophischer Seite 16
        1) Johanna Gräfin Keyserlingk 16
        2) Graf Polzer-Hoditz 16
        3) Helmuth von Moltke 16
        4) Hildegard Wiegand 17

B 1 Die große Kornkreis-Formation von Grasdorf / Hildesheim 19
    2 Zur Geschichte derselben 20
    3 Geometrische Untersuchungen zum Grasdorfer Kornzeichen 21
    4 Ort und Umgebung von Grasdorf 27
    5 Angelsachsen und Niedersachsen im betreffenden Raum 31
    6 Geomantische Landschaftsstrukturen 33
    7 Ein „Stern" über Mitteleuropa – geografisch und historisch 35
    8 ... und über Europa und der Erde 42
    9 Wesentliche Vortragszyklen Rudolf Steiners in ihrer geografischen Lage ... 46
   10 Kaspar Hauser 51

C 1 Was ergibt eine Zusammenschau mit dem Goetheanum-Impuls? 53
    2 Der Architrav der großen Kuppel 59
    3 Säulenmotive 62
    4 Kuppeln und Glasfenster 64

D 1 Merkurs Wirbelwirken 67
    2 Die Keimform des ersten Goetheanum 78
    3 Der Schlüssel 80

E	Keltische Münzprägungen	81
F	Der Sternenhimmel auf der Bronzeplatte	86
G	Der Kalender 1912 und der Malscher Modellbau	88
H 1	Apokalyptisches	89
2	Warum im Korn?	96
3	„Lichtwolke" – „Feuerluft" – „Tauwirbel" Zu den Schauungen von Anna Katharina Emmerich	99
I	Zur Evolution des Kornkreisphänomens	106
K 1	Kosmische Strahlungen und Erdströmungen	116
2	Skala zum Kornkreis-Gesamtphänomen	120
L 1	Zum Mysterium der Externsteine – Eine Gegenüberstellung	123
2	Grasdorf - Externsteine: ein geografischer Zusammenhang?	126
3	„Eck-Stern-Steine"	127
4	Erstes Goetheanum und Externsteine	132
Ausklang		136
	Index	139
	Ortsregister	140
	Namenregister	141
	Literatur	142

Persönliche Vorbemerkung und Dank

Es war Anfang der 1980er Jahre, als Walter Roggenkamp mich am Mittagstisch im Freiburger „Albertus-Magnus-Haus" fragte, wobei er sichtlich erregt und ratlos wirkte: „Haben Sie *davon* schon gehört? Kreisrund flachgelegtes Korn! ... Ganz exakt! ... keiner weiß, wie das entsteht ..." – Ja, gelesen hatte ich davon. Aber so richtig interessiert hat es mich erst seit jenem Gespräch. Als ich dann im Sommer 1991 in der Zeitung das „Grasdorfer Piktogramm" sah, war es wie ein Schock – aber jenseits von Schreck oder Freude, eher: das *kennst* du doch; da *ist* es ja! Und dann: aber Moment mal: das kannst du doch gar nicht kennen! So was gab es doch noch nie. Sofort war mir klar: diese Form liegt exakt ost-west, und da steckt mehr dahinter. Aber was? Wer?

Es folgte eine gründliche Vertiefung in das Phänomen, auch durch die damals greifbare Literatur – und was mir dabei nach und nach aufging – führte schließlich zu zwei Kursen im o.g. Studienhaus 1992 und 1993. Einige von den Teilnehmern, wie Freda v. Bülzingslöwen oder Prof. Türk, verstarben inzwischen und blicken von der anderen Seite auf alles hin. Bei dem Seminar 1993 war unter den Teilnehmenden auch Andreas Ferch. Dieser fiel mir auf durch seine rege interessierte Beteiligung. Es folgte ein schöner Briefwechsel und seine innige Teilnahme an meinem (unter Pseudonym) veröffentlichten Buch über den Jugendimpuls der 1960er Jahre. – Dann schlief das Ganze etwas ein. Im Sommer 2001 jedoch ergab sich eine neue Begegnung durch ein Kornkreis-Seminar an meinem Wohnort Mariensee (Ostösterreich), welches durch die vor einiger Zeit durch *Das Goetheanum* gegangene Kontroverse zum Thema angeregt wurde. Dadurch befasste ich mich abermals neu und intensiv mit dem Phänomen. Das führte zu einem offiziell angekündigten Arbeitstreffen im August 2001 in Mariensee. Andreas war sofort begeistert, mitzuwirken bei dem Projekt, Ergebnisse der Tagung bzw. inzwischen gereifte Einsichten in Buchform der – zunächst anthroposophisch vorgebildeten – Öffentlichkeit weiterzureichen. So führte er Exkursionen nach Grasdorf und Umgebung und zu den Externsteinen durch, und ich konnte deren Ergebnisse in die betreffenden Kapitel einarbeiten. Bei manchen Einzelheiten und auch sonst hat er mir mit seinen Kenntnissen wertvolle Dienste geleistet. Außerdem übernahm er die Schreibarbeiten – zunächst bei sich zu Hause (viele Briefe und Manuskripte gingen hin und her). Dann arbeiteten wir, nach den zehn Tagen im Hochsommer, nun während zehn Tagen der Weihnachtszeit wieder gemeinsam in Mariensee. Es war beide Male eine zügige, ebenso frohe und humorgetragene wie ernste, intensive Arbeitsatmosphäre, eine Festeszeit unseres Lebens. Ich bin dem Freund also sehr dankbar für seine Mitarbeit.

Und ebenso gebührt lieber Dank meiner Gattin, die uns – in aller Stille – mit schmackhaften und gesunden Mahlzeiten bestens versorgte und die seelische Hülle für das Werk zur Verfügung stellte.

Möge es so gut und wahrhaftig wirken und aufgenommen werden, wie es entstanden ist!

W. S., 1. Januar 2002

Nachtrag

An dieser Stelle möchte ich noch einen herzlichen Dank nachholen für einen weiteren Freund und Mitarbeiter: Andreas Pahl, der mit großer Geduld und Mühe meine nicht gerade immer gut leserlichen Überarbeitungen, Korrekturen, Einschübe etc. des von Andreas Ferch erstellten ersten Textes bewältigte. Beiden sei außerdem gedankt für die Versorgung mit Berichten über die aktuelle Lage in der Kornkreis-Szene, die somit noch eingearbeitet werden konnte.

Wenige Tage vor Drucklegung sandte der Novalis Verlag mir ein Buch von Mario Enke: *Das Piktogramm* (BoD 2000), was mir unbekannt war. Der Autor lebt nahe der neuen Wirkensstätte des Novalis Verlags in Angeln, Schleswig-Holstein. Er untersuchte auf das Genaueste, z.T. miteinem kleinen Kreis vonMitarbeitern, die in seiner unmittelbaren Umgebung aufgetauchten Kornkeise. Davon drang fast nichts an die Öffentlichkeit. So konnten viele, von kaum einem Menschenfuß betretene Formationen erforscht werden. In diesem Buch mit Fotos und Grafiken, schildert der Autor fast biografisch den Weg und die Ergebnisse seiner Forschungen, voller Umwege und Zweifel. Auch Begleitphänomene (Lichterscheinungen, körperliche Symptome etc.) werden beschieden. Mario Enke bekam während seiner Forschungen immer deutlicher die Gewissheit, dass all dies nicht Menschenwerk sein konnte. Dies vor allem, als er geometrische Zusammenhänge erkannte, welche die einzelnen Formationen in einem Sechsstern vereinten. Soweit in der Kürze feststellbar, steht dieses Hexagramm und seine Lage eng in Verbindung mit dem in Kap. B dargestellten "Mitteleuropa-Stern". Z.B. führt eine Gerade von Angelns Zentrum über Ansbach und Grasdorf und Verlängerungen desselben treffen kulturgeschichtlich wichtige Orte, z.T. dieselben, welche auf dem "Europa-Stern" liegen. Weitere Forschungen sollten folgen! Es scheint eine übergeordnete Geometrie zu geben, welche in einzelne aber zusammenhängende Sternformen und Kreisgruppen gegliedert, dem Gesamtphänomen der Kornerscheinungen als "Plan" ihres Erscheinens dienen. Enke fand ferner bestimmte Sterngruppen in den Angelner Formationen wieder, interessanterweise aus derselben Sterngegend, die auch – auf ganz anderen Wegen – in Kap. F dargestellt ist! Enke schildert ohne geisteswissenschaftlichen Hintergrund. Im Stil lässt auch er den Leser im Urteil frei und schildert nur Fakten oder er schildert eigene Überlegungen offen. So können beide Bücher ideal zusammenklingen.

Dem Novalis-Verlag sei herzlich gedankt für die Begeisterung an dem Thema und den Mut. dieses zu veröffentlichen, obwohl es, auch in anthroposophischen Kreisen, sehr gegensätzlich beurteilt wird. Der Autor will das in ihn gesetzte Vertrauen dadurch rechtfertigen, dass er seine Bemühung zu einem sachlichen Beitrag, weiteren Untersuchungen zur ernsthaften Klärung des Phänomens lediglich als Angebot zum Austausch verstanden wissen will.

W. S., September 2003

A 1   Einstimmung und Erläuterung der Absicht

Sinn und Zweck dieses Buches ist es, die für die Menschheit nach wie vor trotz etlicher Lösungsversuche in Wahrheit wohl ungelöste Frage nach den Zeichen in den Kornfeldern durch eine bisher unseres Wissens noch nicht unternommene Zusammenschau anzuregen.

Das scheinbar „natürliche" Kornkreisphänomen wird mit einem Kulturereignis des beginnenden 20. Jahrhunderts in ein vergleichendes Anschauen gebracht:

Es ist beabsichtigt, dass sich so gewissermaßen die *Kunst* der Zeichen in den Feldern mit der Kunst eines völlig neuen Baustiles und der Anthroposophie Rudolf Steiners gegenseitig erhellen. Aus diesem Grunde wendet es sich in erster Linie an Anthroposophen bzw. solche, die sich mit dem fruchtbaren Impuls der Geisteswissenschaft Rudolf Steiners verbunden fühlen. Das Buch soll also ein Beitrag zu der Phänomenologie der Kornkreise[1] sein, beleuchtet mithilfe der anthroposophischen Geisteswissenschaft. Auf farbige Fotoabbildungen der Phänomene wird verzichtet, da solche in mehreren Büchern hervorragend dokumentiert sind. Diese Arbeit ist auch als inhaltliche und methodische Ergänzung zu den empfohlenen Büchern gedacht (siehe Literaturhinweise).

Eine Beweisführung ist *nicht* angestrebt worden, vielmehr wird darauf vertraut, dass sich die Phänomene gegenseitig erhellen, so dass sie dem Leser etwas offenbaren können, das der Vernunft eventuell eine Urteilsbildung erlaubt. Es kann sich bei diesem Buch nur um einen Anfang handeln. Gewollt ist daher, dass die hier gegebenen Anregungen einen Anstoß bilden, sich weiterführend den betrachteten Phänomenen forschend zu widmen. Viele einzelne Hinweise könnten so zu einer umfassenderen Einheit der Symptome führen. dass bei einem so schwierigen und neuartigen Untersuchungsgegenstand Fehldeutungen nicht auszuschliessen sind, dürfte klar sein. Der Leser möge dies von vornherein gebührlich berücksichtigen. Es ist mit dieser Arbeit ja auch nichts anderes gewollt, als einen *ersten Anstoß* zu versuchen, mithilfe der Anthroposophie das Rätsel der Kornkreise besser greifen und einer Klärung näherführen zu können. Um möglichst viele und verschiedenste Aussagen des Geistesforschers an das Phänomen heranzurücken, war keine flüssige, leicht lesbare und erbaulich eingängige Darstellung möglich. Eher oftmalige und verschiedenste Blitzlichtfragmente, Arbeitsmaterial eben. Die eigentlichen Untersuchungen können nur aus der Zusammenschau Vieler – und vieler Fachrichtungen – geleistet werden; greifen die Kornkreisphänomene ja auch auf das vielschichtigste in verschiedenste Natur-, Kultur- und Geistgebiete hinein, indem sie diese zur oft vollkommenen Harmonie eines Gesamtkunstwerkes zusammenkomponieren.

Das Phänomen ist erstaunlich. Tausende von Menschen haben, veranlaßt durch die Schönheit und das Mysterium der Kreise, ihr Leben verändert. Ein staunendes, ehrfürchtiges Erwachen für ein tieferes Geheimnis des Lebens und des Lebendigen greift um sich. Und zwar auf viel konkretere und schönere Art als die üblichen New Age - Aktivitäten und -Lehren, die seit den 1960er Jahren die Menschheit überschwemmen. Auch vielen aus eben dieser New Age - Szene wurden die Korn-

---

[1] Dies inzwischen geflügelte Wort gilt längst nicht mehr. Denn zum ersten finden sich die zunächst kreisartig aufgetretenen Erscheinungen inzwischen in nahezu jeglicher Vegetation, sowohl kultivierter wie natürlicher. Zum anderen sind *Kreise* – eigentlich von Beginn an kreisnahe Ellipsen – längst durch viele andere Formen ergänzt. Wir behalten dennoch das Wort der Einfachheit halber bei.

kreise zu einer entluziferisierenden Verantwortlichkeit und gedankliche Gründlichkeit erregenden Erscheinung. Viele Menschen aller Altersgruppen, auch Familien-, Völker- und Sozialschichten verbringen nun ihren Urlaub damit, dem Rätsel direkt am Entstehungsort auf die Spur zu kommen. Da treffen sich als Gleiche unter Gleichen z.B. berühmte Popstars und Kornkreis-Forscher mit Frau/Herrn Jedermann und rätseln und forschen. Diese Entwicklung gehört nun selber wiederum zu dem Gesamtphänomen: Die Seelen öffnen sich etwas Unbekanntem. Die Menschen nehmen die Herausforderung an und stellen sich der Herausforderung. Sie werden selber schöpferisch und fangen an zusuchen.

Natürlich ist es klar, dass es bei dem Phänomen auch eindeutig von Menschenhand geschaffene Fälschungen gibt. Manche „Täter" sind der Presse auch bekannt. Andere machten sich einen Spaß daraus und warteten ab, wie die Welt reagieren würde. Klar ist aber auch, dass aus dem Vorhandensein einer Fälschung nicht auch das Original gleich mit als erledigt betrachtet werden darf. Das wäre zumindest eine sehr fahrlässige Haltung. Denn schon dem ungeübten, laienhaften Auge ist es oft möglich, hier eine Fälschung vom Original zu unterscheiden. Wo nicht, kann eine nähere Untersuchung menschliches Werk von unbekannter Quelle durchaus unterscheiden. Hier wollen wir uns mit dem *echten* Phänomen befassen, dessen Existenz nicht zu leugnen ist.

Zur Unterscheidung der Geister fordert das Phänomen allemal heraus. Ja, man kann die Empfindung haben, dass „etwas" die ernsthaften Betrachter der Kornformationen zum Goetheanismus regelrecht zwingt: Dem Beschauer wird kein mirakulöses, flüchtiges Wunder präsentiert, sondern ihm werden Zeichen vorgesetzt, die über Wochen hin sichtbar sind und erst durch die einzubringende Ernte schließlich zerstört werden. Manchmal erscheint ein Nachklang im Schnee oder im Folgejahr durch eine andere Grün-Nuance im neuen Getreide in Form der vorjährigen Gestalt. – Die Zeichen zu *deuten,* ist nun aber Aufgabe des Betrachters. Um sie deuten zu können, muß man sich eben möglichst viele Aspekte des Gesamtphänomens zur Kenntnis bringen. Eine freilassende Einladung zu einer Kommunikation! Wir möchten sie annehmen.

A2 Erste anthroposophische Auseinandersetzungen

In der Februarausgabe der Zeitschrift für Anthroposophie – *Die Drei* unternahm *Florian Roder* 1991 den Versuch einer vorsichtigen Annäherung an das Kornkreisphänomen. Er konstatierte das Auftreten von staunender Freude, die sich beim Anblick eines solchen Gebildes ergeben kann. Ferner bezeichnete er die Figuren im Korn als „Bewegungsgestalten"; er verwendete den Begriff des „Tanzes". In seiner geisteswissenschaftlichen Annäherung wies Roder auf die ätherische Bildekraft hin, jenes *„Agens, das vermittelnd tätig ist zwischen physischer Gegenständlichkeit und seelisch-geistiger Wirklichkeit: Es ist die ätherische Bildekraft, deren Tätigkeit sämtlichen Lebensvorgängen der Erde und des Menschen zugrunde liegt. Auch das Getreide keimt und sprießt allein durch die Wirksamkeit des Ätherischen"*. Roder verstand seinen Beitrag auch als eine Aufforderung an Anthroposophen zu einer weiterführenden Forschungsarbeit. So sei zum Beispiel zu klären, welche der vier Ätherarten bei dem Phänomen in Betracht kommen könnten.

Seiner Aufforderung wurde jedoch lange kaum Folge geleistet.

Erst im Jahre 2000 wurde das Thema von einer breiteren anthroposophischen Öffentlichkeit wieder aufgegriffen. Anlass war zunächst das Erscheinen des Buches *Das Geheimnis der Kornkreise* von *Werner Anderhub* und *Hans Peter Roth*. In der *Wochenschrift für Anthroposophie – das Goetheanum* wurde die Problematik ausführlich und kontrovers behandelt. Wieder ging es um die Frage: Wer und wie? Wer ist der Schöpfer und wie geschieht es? – Kann die Anthroposophie hierbei zur Klärung mithelfen?

Vorher jedoch wurde in den Jahren 1992 und 1993 in zwei Kursen im Albertus-Magnus-Haus in Freiburg/Breisgau die Kornkreis-Thematik von mir behandelt. Die Kurse waren erstaunlich gut besucht (einer der Teilnehmer war Andreas Ferch, wodurch wir uns kennenlernten). Ein damals verfasster Rückblick sei hier im folgenden gekürzt wiedergegeben, da dessen Inhalt nichts an Aktualität eingebüßt hat. Im Gegenteil, die Komplexität und Schönheit dieser Einprägungen in die Getreidefelder hat sich inzwischen unvorhersehbar gesteigert. Die Rätselfragen blieben dieselben.

„Der Untersucher bemerkt, anhand des Tatsachenmaterials alsbald, dass es sich um eine Phänomen*skala*, ein Spektrum handelt. In diesem stellen die sichtbaren Formen im Kornfeld über dem Erdniveau lediglich das Mittlere dar, etwa dem Grünbereich der Farbenskala vergleichbar. Bereits dieses aber erwies sich in vielen Einzelheiten – wie auch offiziellen Fälscherwettbewerben – als unkopierbar. So sind die Kornhalme beispielsweise nicht geknickt, oft nicht einmal gebogen, sondern der zumeist erste oberirdische Halmknoten wächst an einer Stelle innerhalb von Minuten oder Sekunden so rasch, wie sonst nur in Wochen. Dadurch legt sich der Halm um und bleibt meist federnd waagerecht stehen; er wächst meist auch waagerecht weiter, sofern das Getreide noch nicht ausgewachsen ist.

Ferner sind die „Kreise" fast sämtlich *leichte Ellipsen*, jedoch ist keiner von den geometrischen Mittelpunkten mit dem Mittelpunkt des in Wirbelform umgebogenen Getreides identisch. Dieser liegt vielmehr exzentrisch. Also schon ein einfacher Kreis ist Werk eines komplizierten Geschehens. Hinzu kommt noch die geradezu unheimliche Exaktheit kompliziertester geometrisch-grafischer Formen, etwa die fraktalähnliche Form bei Cambridge 1991. dass die geometrische Exaktheit hingegen nie völlig genau ist – wie sie etwa per Zirkel entstünde –, sondern leicht abweicht und dadurch gerade so lebendig wirkt, wäre eher positiv zu werten, statt als leider nicht *völlig* computergenau, wie manche klagen. Sie erinnern dadurch eher an Organisches.

Immer häufiger ließen sich zusätzlich ganz andere Erscheinungen beobachten, fotografieren und dokumentieren, die mehr oder weniger regelmäßig zugleich vorweg oder gleichzeitig auftreten. Diese seien nur kurz genannt: Es treten öfters seltsame Licht- oder Leuchterscheinungen auf. Ferner sind oft Geräusche vernehmlich oder durch Geräte aufzuzeichnen: Summen, Rauschen, Brausen, Donnern, und so weiter. Auch Wärmeerscheinungen treten auf, die allerdings rasch sich verflüchtigen, jedoch zum Teil Spuren an den Halmen hinterlassen. Untersuchungen chemischer, physikalischer und mikroskopischer Art an Korn und Erdboden weisen auf deutliche Veränderungen, doch sind diese Forschungen erst am Anfang.

Alle genannten Erscheinungen lassen sich zwanglos durch Hinblicken auf die von Rudolf Steiner oftmals dargestellten vier Ätherarten erfassen (Wärme-, Licht-, Klang- bzw. chemischer und Lebensäther). Über dem sinnenfälligen „Kreis" steht gleichsam eine Art Phänomen*säule*, die ätherischen Wirkungen ähnlich zu sein scheint, allerdings offenbar merkwürdig durchsetzt von physikalischen und untersinnlichen Wirkungen, die sich „unterhalb" der genannten Skala fortsetzen: Bodenveränderungen, mittels Wünschelrute oder Geräten konstatierbar, dem Magnetismus und der Elektrizität ähnliche Wirkungen (Rotieren von Kompassnadeln, Versagen von Autozündungen, elektrischen Geräten). Zu diesem „unteren" Teil der Phänomenskala kommen noch weitere, die aber wohl noch nicht genug untersucht wurden, etwa im Boden gefundene Metallscheiben erheblichen Gewichtes oder geschmolzener Meteorstaub an den Pflanzen.

Die Reaktion führt von schroffster Ignoranz über naive oder bewusste Verschleierung, Ablenkung oder auch sensationelle Medienberichte bis zu Bewusstseinsverschärfungen nicht weniger, meist junger Menschen – oder bis zur Gründung einer Reihe sachgerecht arbeitender Vereine zur Erforschung des Ganzen, zu echter Forscherkollegialität.

Ein gesichertes Resultat bezüglich der Urheberschaft scheint nicht absehbar. Im allgemeinen kann jedoch gelten, dass trotz gelegentlich außerordentlich vorschnell und dilettantisch gefasster Theorien sich die Untersucher – von Okkultisten bis zu hartgesottenen Materialisten – darüber einig sind:

1. Die Erscheinungen können unmöglich gewöhnliches Menschenwerk sein (außer den Fälschungen natürlich).
2. Ihre Erzeuger müssen folglich Wesen sein, die sich zwar zum Teil vorhandener Naturkräfte bedienen, diese aber auch zu variieren vermögen.
3. Die Erzeuger müssen sowohl sehr intelligent sein als auch großes Können besitzen, wie die gewordenen Formen erweisen.
4. Es muss eine Absicht mit den Zeichen verfolgt werden: Wie durch Buchstaben scheint sich, einfach beginnend etwa 1980, dann von Jahr zu Jahr erweiternd und komplizierend, eine Art Schrift zu entwickeln; und zwar dort, wo sie bequem besehen werden kann, etwa neben großen Straßen.
5. Der Zweck dieser Schrift (die übrigens wie eine Art Synthese der wesentlichsten Zeichen aller prähistorischen Schriftsysteme ist, einschließlich Rosenkreutzer bzw. Alchemie-Symbolen) wird darin vermutet: Die „Mutter Erde" setzt Zeichen, wird akupunktiert, stigmatisiert oder ruft um Hilfe im Sinne des „Ändert euren Sinn": ‚Ihr zerstört Natur- und Menschenle-

ben, wenn ihr jetzt nicht endgültig radikal abseht von euren ganz ungeeigneten politischen, wirtschaftlichen, wissenschaftlichen und moralischen Einstellungen und Gewohnheiten.

6. Ein weiteres Phänomen ist das Reagieren der Zeichen(-Bewirker) auf die Reaktion der Menschen. Sie nehmen räumlich wie zeitlich Rücksicht darauf, und zwar mit echt englischem, nie sarkastischen oder groben, doch stets treffenden, überlegenen (Welten-?) Humor. So korrigieren sie jeweils die aktuellen Theorien mit neuen Formen, die eben diese Theorien widerlegen, da sie nun nicht mehr stimmen können. Als zum Beispiel wieder einmal jemand meinte, man habe das Rätsel „endlich am Schwänzchen gepackt", erschien ein schöner Kreis mit langem Schwänzchen (auf das eben diese Theorie unanwendbar war). Oder: das „Fraktal" erschien nahe der Universität, wo diese neuartige komplizierte Geometrie durch Professor Mandelbrot entwickelt wurde.

Solches Verhalten ist so häufig, dass es als zum Gesamtphänomen dazugehörig bezeichnet werden muss. Ferner gehört hierzu etwas wie die Biographie des Gesamtphänomens. So scheinen die „Zeichensetzer" selber zu lernen. Zuerst waren manche Formen unvollkommener oder durch Traktorspuren abgelenkt. All das verbesserte sich in wenigen Jahren.

Die Quelle liegt in Südwest-England unmittelbar bei alten vorkeltischen Kultstätten wie Stonehenge und Avebury. Dann vermehrten sich die Einprägungen enorm rasch – in der Saison, etwa Mai bis September , sowohl der Menge wie den Orten als auch der Komplexität und Reife nach. Immer noch scheint England der Schwerpunkt zu sein, doch ist die gesamte Erde betroffen. Interessant ist, dass sich – gegenüber etwa tausend solcher Einprägungen 1991 allein in England – die Anzahl 1992 dort auf etwa siebzig zurückgenommen hat! Außerdem waren die meisten Formen wieder viel einfacher als 1991. Gerade für 1992 aber hatten der Medienrummel und die anrückenden Forscher – ausgerüstet mit einer Unzahl neuester technischer Geräte aller Art – enorm zugenommen. Viele Hügel um kreisträchtige Felder waren besetzt und bespickt mit Nachtsichtgeräten, Infrarotkameras, Richtmikrofonen, ferner kreisten Aufklärungsflugzeuge. Doch eben gerade dieses Jahr meist umsonst! Auch alle Medien einschließlich Zeitungen schweigen, im Gegensatz zum Vorjahr – für 1993 gilt ähnliches. – " (Aus einem Bericht Ende 1993 über die genannten Kurse im Albertus-Magnus-Haus in Freiburg.)

A3 Erläuterung der Arbeitsweise und Absicht

Die folgenden Anregungen zur Beschäftigung mit dem Phänomen der sogenannten Kornkreise geben einige Ergebnisse wieder, welche sich während der Arbeitswoche zu diesem Thema Ende August 2001 in Mariensee (Ost-Österreich) einstellten. Langjährige Vorarbeiten und Forschungen sowohl bzgl. des Phänomens selbst, als auch einer Spurensuche im Gesamtumfang der anthroposophischen Geisteswissenschaft, ob sich durch die Beleuchtung des Rätsels der Zeichen und Figuren Aufschlüsse ergeben, gingen voran. Soweit Wortlaute und Quellen erinnerbar waren, werden diese hier vermerkt.

Es wird daher beides im folgenden vorausgesetzt, wenn die knapp gefassten Resultate und Fragerichtungen verständlich sein sollen: gediegene Kenntnisse der Phänomene (meist) im Kornfeld – und in der Geisteswissenschaft Rudolf Steiners. Würde diese Anforderung nicht gestellt, so wäre, um verständlich zu sprechen, ein dickes und vielbebildertes Buch notwendig, um die entsprechenden einführenden Gedanken darzulegen. Dies aber ist nicht die Aufgabe dieser Arbeit. Auch soll auf die inzwischen schier unübersehbar vielen Mutmaßungen und Theorien (verschiedensten Niveaus) zur Lösung des Rätsels nicht eingegangen werden. Dies erforderte ein noch dickeres Buch! Stattdessen soll eine solche Arbeitsrichtung angeregt werden, die bislang weitgehend fehlt, obwohl gerade eine so tiefe Wissenschaft und Esoterik wie die Anthroposophie doch besonders geeignet sein sollte, hier Positives zu leisten. Denn es könnte ähnlich sein, wie Rudolf Steiner bzgl. des Erscheinens des ätherischen Christus im 20. Jahrhundert sagt: dass dieses Ereignis unbemerkt an der Menschheit vorübergehen könnte, *wenn es nicht aus anthroposophischer Erkenntnis gedeutet würde.* Es wäre dann sogar missbrauchbar.

So ist diese Arbeit dem Zweck zugeeignet, Menschen, welche sich bereits ernsthafter mit diesem Phänomen beschäftigt haben, etwas vorzulegen, was andere, die sich ebenfalls damit beschäftigten, finden konnten. Das eigentliche Ziel ist aber, mit anderen über den Gegenstand in Austausch zu kommen durch die folgenden Referate. Des öfteren sollen Index und Querverweise die nötige Zusammenschau der manchmal nur in getrennten Kapiteln möglichen Einzelaussagen erleichtern.

Ein so rätselerfülltes und vielschichtiges Phänomen bedarf der Zusammenarbeit Vieler, aus verschiedensten Richtungen. Was schon geleistet wurde, ist den Früchten nach einzubeziehen, um letztlich die Fragen zu lösen, welche das Phänomen dem interessierten Betrachter stellt: *Was* ist es? *Wie* entsteht es? *Warum*? *Wer* bildet es?

Nur die erste Frage: nach dem „Was" konnte (unseres Wissens) bislang einigermaßen geklärt werden. Anders als flüchtigere Erscheinungen (Ufos, Lichtkreuze in der Luft, übersinnliche Erscheinungen etc.) sind die Formen im Korn ja da. Monatelang mit allen sinnlichen, seelischen und technischen Mitteln untersuchbar, offen vor aller Augen. Sie zwingen geradezu zur echten, richtigen Forscherhaltung: dem Goetheanismus, der Phänomenologie, welche einsieht, dass auf Urteile lange verzichtet werden muss, wenn die Erkenntnis nicht verdorben werden soll: Interessierte aller verschiedenen Weltanschauungen, Bildungen, Religionen, Alter, Heimatländer usw. erkennen dies gründlich. Alle übrigen wissenschaftlichen Methoden versagen hier, werden zum Aufgeben gezwungen – wo sie ehrlich angewendet werden.

Dennoch hat *eine* Erkenntnisgrundhaltung letztlich doch bei fast allen das Urteil verdorben, wo es, das reine Phänomenstudium verlassend, sich bilden will: Die allüberall zutiefst eingefleischte *materialistische Seelenstimmung*. Dies auch bei sich spirituell erlebenden Menschen. Denn die landläufige Esoterik ist im Grunde nichts anderes als populäre, grobe und phantastisch ausgeuferte Atomphysik. Da wimmelt es nur so von Informationen, Ionen, Feinstofflichkeiten, Frequenzen, Schwingungen, Speichern und Abrufen geistiger (göttlicher) Durchsagen usw. usw. Solche Esoterik aber ist nur eine unterphysisch/untersinnliche Phantastik, die von wahrer Geisterkenntnis endlos entfernt ist. Gerade daher aber bestehen irreführenderweise gewisse Ähnlichkeiten (wenn auch nicht ganz so ähnlich, wie die Illusion einer CD-Aufnahme der tatsächlichen Musik). Es lassen sich gerade die gängigen materialistischen Theorien (meist als spirituell bezeichnet) leicht als eine groteske Verzerrung von etwas erkennen, was den wahren Gegebenheiten sehr nahe kommen mag.

So würden z.B. die meisten, mit der Geisteswissenschaft unbekannten Betrachter des nebenstehenden Bildes (Abb. 1, der in lichte Höhen aufgestiegene Menschheitstempel des Goethemärchens, gemalt von Hermann Linde im Auftrag Rudolf Steiners) in der Lichtscheibe am Himmel sofort ein Ufo interpretieren, aus dem eine Art Laserstrahlen oder dergleichen dringt (vermutlich, um die Tempelinsassen zum Mars zu entführen). Heutige Esoteriker und Atomphysiker verstehen einander recht gut, ja, gehen immer mehr in einer Art höchst problematischen Ehe auf die Menschheit los! Luzifer und Ahriman verstehen sich prächtig in ihrer durchaus konstruktiven Zusammenarbeit. Ein Pionier solcher Scheinesoterik war der für die Theosophische Gesellschaft in Deutschland tätige Wilhelm Hübbe-Schleiden in Hannover. Von einem esoterischen Schüler Rudolf Steiners ab 1905 wurde er immer mehr zum offenen Gegner, maßgeblich ab 1911 im Zusammenhang mit dem Orden *Stern des Ostens* zur Proklamation eines „reinkarnierten Christus". Hübbe-Schleiden wollte mit falsch verstandener Physik die ebenso missgedeutete östliche Esoterik wissenschaftlich stützen (vgl. GA 262 im Namensverzeichnis. Siehe auch GA 258, 15. Juni 1923.) Im Vergleich mit ähnlichem Vorgehen,

Abb. 1

etwa des *Maharishi Mahesh Yogi* ist dieses „Ursprungs-New-Age" doch das Gehaltvollere!

Man überlege einmal, warum bei Rudolf Steiner so gut wie niemals von den o.g. Frequenzen, Feinstofflichkeiten etc. die Rede ist. Das Denken wird dadurch niemals spiritualisiert, sondern noch unter die Natur(wissenschaftliche)-Ebene herabgezerrt und dort gefesselt. – Auf die wesentliche Unterscheidung von esoterisch maskierten Vulgärmaterialismen und echter Geistesforschung muss im folgenden öfter zurückgegriffen werden, da dies fundamental ist, um den Blick frei zu halten für etwas zunächst doch Unbekanntes, Rätselvolles.

A 4 Rätselhafte frühe Aussagen von anthroposophischer Seite

Zu Beginn mögen einige sehr rätselhafte Passagen stehen. Denn es zeigte sich, dass gerade solche nicht sogleich lösbaren Aussagen sich schlagartig erhellen, wenn sie im Bewusstsein der Kornkreis-Phänomene (also einer späteren Erscheinung) durchdacht werden. Dies gilt auch für viele der im Verlaufe des gesamten Buches zitierten Winke und Darstellungen Rudolf Steiners. Vermag sich so Rätsel um Rätsel zu klären und gedeutet zu werden- oder gar Rätsel sich mit Rätsel als zusammengehörig erweisen? (Ich werde auf diese vier Rätselstellen im Verlauf zurückkommen.)

1) Gräfin Johanna von Keyserlingk

„... Meine Mutter aber konnte die in Schlesien begonnenen, durch Rudolf Steiner selbst geleiteten Studien fortsetzen. Sie sprach es oft aus, dass sie Sorge habe, ob sie die Dinge, die sie schaute, auch erzählen dürfe und niederschreiben solle. Doch dann kam sie immer wieder darauf zurück, dass Rudolf Steiner selbst ihr gesagt hatte, „warum wollen Sie das den Menschen nicht sagen – es ist doch wahr!" Besonders eine seiner Antworten bestärkten sie, ihre Geist-Erlebnisse mit der Hand aufzuzeichnen und aufzuschreiben:

Zeichentalent ausbilden. Dem Kosmos angepaßte Kunst pflegen. Die Stimme, die dagegen sprach, ist eine trügerische. Diese Kräfte sind die im Kosmos übersinnlich wirkenden Kräfte, welche das Geistige der Urzeiten offenbaren, wie es damals für den Anblick war und jetzt sich hinter den Sinneseindrücken verbirgt. Man muß es als Kunst den Menschen zeigen.

Dieses Zeichentalent von den Hüllen loslösen. Es wäre viel getan, wenn die Hand festhielte, was die Seele schaut.

Nicht verlangen, dass das im Gebiete des Sinnlichen Auftretende schon in sich ein Geistiges sei. Es kann nur im Zusammenleben mit den Menschen in seiner Geistigkeit sich offenbaren.

(Aus: „Das Palladium des Sieges", S.12. Diese rätselvolle Weisung wird im Folgenden mit ähnlichen ergänzt)

2) Graf Polzer-Hoditz

berichtet in poetischer Form über eine Mitteilung Rudolf Steiners vom September 1924:

Rudolf Steiner: „Will Ihnen etwas von Ihrem Vater[1] sagen, das mir von Wichtigkeit erscheint. Ernst sind jetzt *die Zeiten, und Schweres steht uns noch bevor. So soll nichts aufgeschoben werden. Es stand im Geist ein Bild vor mir: Ihr Vater, an einer Tafel zeichnend geometrisch-kosmische Figuren in künstlerisch-bedeutungsvoller Art. – Dann aber nahm er einen Schwamm, löschte aus, was er gezeichnet, und scharf betonend sprach er: dass dafür jetzt nicht die Zeit ist und schrieb darüber, dass die Kirche keinen Fortschritt kennt. – Ja, mein Freund, das hat Bedeutung für die nächste Zukunft schon. Die Menschen schlafen ahnungslos, und schweres Schicksal ist so nahe."*

3) Helmuth von Moltke

Im folgenden handelt es sich um nachtodliche Mitteilungen von Helmuth von Moltke an seine Frau Eliza, die Rudolf Steiner niederschrieb.

a) In einer Mitteilung Helmuth von Moltkes' Seele vom 14. Mai 1918 an seine Frau Eliza, die Rudolf Steiner nie-

---

[1] Julius Ritter von Polzer (1831-1921) war Ingenieur und widmete sich nach früher Pensionierung mathematischen und geisteswissenschaftlichen Studien. Er nahm den Sohn am 23. November (?) 1908 erstmals zum Vortrag von Rudolf Steiner mit. (Aus Ludwig Polzer-Hoditz: Schicksalsbilder aus der Zeit meiner Geistesschülerschaft, Perseus-Verlag, Basel)

derschrieb, heißt es u.a:

„Mir ist vergönnt, viel mit dem `Alten´ (Moltkes Vater) zusammen zu sein. Ihn interessiert, was ich ihm von Geisteswissenschaft bringe. Das setzt er um in mathematische Richtungslinien. Dadurch wird mir manches selbst klar-anschaulicher."
(Helmuth von Moltke 1848-1916. Dokumente zu seinem Leben und Wirken, Band 2, Basel 1993, S. 181)

b) In der Fortsetzung der letzten Mitteilung vom 29. Oktober 1920 heißt es u.a.:

„`Der Alte´ breitet die übersinnlich rechnerischen Fäden über die Ereignisse der Jahrhunderte aus. Viele Seelen, die mit meinem Leben zusammenhängen, sind da. Wie `Einweihung´ wirken die Rechenfäden. Der Alte sagt: im physischen Leben ist vernichtet, was 1870 – 71 gestiftet. Es stirbt, was wir damals getan. Doch aus physischen Leichenfeldern muß der Geist der Zukunft geboren werden. Der Alte schaut ein geistiges Entstehen. Doch dies soll meiner Seele ganz erst in Zukunft offenbar werden. Er sagt: Jetzt rechnen auf Erden die ahrimanischen Gewalten, doch den Rechnungsabschluß werden nach langer Zeit andere Geister machen. Bereitet euch für das Jahrhundert-Ende vor. In der Odilienströmung war auch viel Finsternis. Die muß noch ganz vom Licht durchleuchtet werden." (Ebenda, S. 265)

c) In der Mitteilung vom 13. Januar 1924 heißt es u.a.:

„Wir müssen der Zukunft vom Ende des Jahrhunderts entgegenleben. Da werden wir als Menschen zur Erde gehen, die in ihrem physischen Leben die Kräfte finden werden, mit den Göttern zusammenzuwirken." (Ebenda, S. 295)

Ergänzend mag folgende Charakterisierung Rudolf Steiners vom 29. Juli 1908 hinzugenommen werden: „Und weil (die 144 000 Auserwählten der Apokalypse) die geistigen Kräfte nicht nur erkennen, sondern auch diese geistigen Kräfte magisch zu handhaben verstehen, können sie vorbereiten das, was sie an dieser Erde haben, zu der nächsten planetarischen Verkörperung, zu dem Jupiter: *Sie zeichnen sozusagen die großen Grundrisse, die der Jupiter haben soll ... Das Neue Jerusalem sehen wir aus der weißen Magie sich erheben*" (29.1.1908, GA 104 *Die Apokalypse des Johannes*)

4) Hildegard Wiegand

„Im Zeichen des Löwen sah ich den Herrlichen nicht im Umkreis, und nicht auf der Erde, sagte der Tote. Der äußeren Erscheinung nach glich er Merkur, oder Hermes, denn wie jenen bedeckte das Haupt der flache Hut mit ausladenden Federn an beiden Seiten, und gleich ihm trug er einen Stab in der Hand.

Er schritt durch eine weit sich dehnende Sumpflandschaft, doch schien sie nicht auf der Erde zu liegen, und die weisende Stimme meines Hüters sagte mir zu meiner Erschütterung, dass sie aus den Herzen der Menschen bestand.

Unbeteiligt, gelassen ging der Herrliche langsam dahin, zuweilen verharrend, und unaufhörlich warf er aus einem lichten, über der Schulter hängenden Beutel sternartig fliegende Samen hinab, die leise flammten und wirbelnd über die Sümpfe flatterten.

Dann aber ging er in goldenem Licht und beschwingten Schrittes zwischen vielen runden Scheiben, die – ähnlich wie Grabkreuze, nebeneinander standen. Mit dem durchsichtigen Stab in seiner Hand berührte er jede in schnellem Vorübergehen, und sie begannen sogleich sich kreisend zu bewegen. Die Dynamik dieses Kreisens war verschieden: geschwind oder verhalten – freudig, oder widerwillig-gehemmt.(!) Nun da sie sich bewegten, glichen sie nicht mehr gleichförmigen Scheiben, sondern runden, blumenhaften Organen – jenen, die wir das Sonnengeflecht nennen."

Dieser Textauszug ist dem Buch „Der Herrliche" (1975, S. 48f) entnommen. Dieses schildert einen Weg des Auferstandenen durch das Jahr, der von der Autorin als von ihrem Sohn post mortem vermittelt erlebt wurde. Man beachte vorab schon die folgenden Details: Ein Wesen schreitet über die Erde bzw. durch die Herzen. Dabei sät es flammende, wirbelnde Lichter. Alsdann versetzt es „Scheiben" mittels eines Stabes in Wirbelungen verschiedensten Charakters (auch z.B. „widerwillig-gehemmt"). Dadurch werden sie zu lotosblumengleichen Rundformen. Man beachte dabei, dass die Verfasserin ihre Schilderungen lange vor dem Erscheinen der Kornkreise niederschrieb und gewiss an nichts dergleichen dachte. Man beachte auch, dass ihre Erlebnisse von einem *Verstorbenen* vermittelt wurden – also wie in Beispiel 2 und 3.

Hildegard Wiegand war mit Gräfin Keyserlingk tief befreundet. Beide tauschten sich aus über ihre Schauungen (z.B. berichtet in *Der Kampf um den Tarnhelm* – vergriffener historischer Roman über die Zeit von Maria Stuart). Es kann auffallen, dass gerade die vier oben zitierten Personen durch lange Zeiten demselben, auch geschichtlich bedeutsamen Schicksalskreise angehörten. Im 20. Jahrhundert war – aus der intimen Schülerschaft Rudolf Steiners heraus – der „Koberwitzer Impuls" zur Geistbefruchtung landbaulicher Methoden mit dessen innerstem Kern: der „Kulturoasen"-Bildung eine zentrale Aufgabe (siehe „Koberwitz 1924. *Geburtsstunde einer neuen Landwirtschaft.* Verlag Hilfswerk Elisabeth, Stuttgart).

Zu S. 16, Keyserlingk, vgl. GA 268, S. 434:
„Sonne: Da wird im Äther nach dem Wesen der Buchstaben der Körper geschrieben.
Mond: Da wird im Astralleib die Begierde in die Glieder gelegt.
Erde: Da wird durch das Intensivwerden der Begierde die Schrift unkenntlich gemacht".
Als Übersetzung solcher „Schrift" können grafische Zeichnungen zur Meditation gelten, wie die Beispiele auf S. 438-440 ebd. In der Meditation wird ja inhaltlich das verschüttete Ursprüngliche – z.B. höheres Selbst, geistiges Urlicht ,etc. ins Bewusstsein zu heben geübt. Was überraschen kann ist, dass gerade diese 6 Formen wie Urelemente der Kornkreise ab den 1990er Jahren wirken. (Vgl. Kap. D1, I, K)

B 1   Die große Kornkreis-Formation von Grasdorf/ Hildesheim

Abb. 2: Der erste „deutsche" Kornkreis: Grasdorf bei Hildesheim, entdeckt am 23. Juli 1991. Auf einer Fläche von etwa 50x90 Metern. Dieses Bild und weitere sind in dem Band „Das Rätsel geht weiter", Frankfurt am Main, Verlag Zweitausendeins 1991, dokumentiert.

Wurden im letzten Kapitel einige Zeugnisse aus zeitgemäß-hellsichtiger Schau dokumentiert, so folgt nun eine Darstellung eines ganz bestimmten Kornkreismusters, welches nicht in England, sondern in Deutschland erschienen ist. Das Jahr 1991 markierte einen Höhepunkt der Phänomene. Verglichen mit den Hunderten von sogenannten Piktogrammen[1] in englischen Feldern war das Erscheinen der Zeichen in Deutschland etwas besonderes, welches zudem in *dieser* Art bis heute (2002) offenbar nirgends wieder erschienen ist. Deutsche Kornkeise gab es bis 1991 nicht. Sie begannen erst mit dem „Paukenschlag" von Grasdorf, dann jedoch sofort gefolgt von weiteren, Jahr für Jahr zunehmend. Auffällig ist auch, dass es ab da gleich einige Kornkreise insbesondere in Schleswig-Holstein gab, die allerdings sofort auch mit Fälschungen in Verbindung gebracht wurden. Im Unterschied zu den bisher meist aus England stammenden Kreisen sticht das Grasdorfer Zeichen besonders heraus: Bis dahin gab es keine rechten Winkel, kein Kreuz im Kreis oder Verbindungen durch Geraden und im Gesamteindruck waren die englischen Einzelmotive bisher meist symmetrisch aufeinander ausgerichtet. Nicht so das komplexe Zeichen in Grasdorf (siehe Abbildung 2). Dieses zeigt ein evolutives Verwandeln, sich durch verschiedene Formen von West nach Ost entwickelnd.

Das Zeichen erschien 25 km östlich von Hildesheim am Fuße des Thieberges bei Grasdorf in der Gemeinde Holle. Das Piktogramm hatte eine Länge von 88 m und bedeckte eine Fläche von ca. 5000 m².

Das Jahr 1991 war auch astronomisch von Bedeutung, z.B. wegen besonderer Sonnenfleckentätigkeiten (s. Hartmut Ramm: *Der Sonne dunkle Flecken,* 1998, S. 197 ff und 246).

---
[1] Der Ausdruck wurde angesichts einiger ähnlicher Felszeichnungen der nordschottischen Pikten gewählt.

B 2 Zur „Geschichte"

In der 100. Ausgabe des grenzwissenschaftlichen „Magazin 2000" wurde 1994 darüber wie folgt berichtet:

„In der Nacht des 23.7.1991 erschien über Nacht das größte und komplizierteste Piktogramm in der Geschichte der deutschen Kornkreise in Grasdorf bei Hildesheim. Das Rätsel verdichtete sich, als 10 Tage später ein junger Mann mit Metalldetektor auf dem Kornkreisfeld erschien, die Zirkel absuchte – und fündig wurde. Drei schwere Metallplatten holte er aus der Erde des Ackers – uralte Kultgegenstände der Germanen, Visitenkarten außerirdischer Besucher oder ein geschickter Schwindel? Zwei Jahre später untersuchte ein Filmteam des US-Senders NBC die Geschichte der Kreise und Platten – und mit jedem Interview verdichtete sich die Gewissheit, dass man es hier mit einem echten Mysterium zu tun hatte. Ist es möglich, das komplizierte Piktogramm zu fälschen? Hat tatsächlich ein Scherzbold Metallplatten im Wert von fast 200 000 DM vergraben?"

Es ist rätselhaft, wer diese Platten hergestellt hat und wie alt sie sind. Die Reinheit des Silbers z.B. war zur Verblüffung der Fachleute ungewöhnlich hoch. Die herausragende Merkwürdigkeit dabei aber ist, dass eine der Platten das selbe Motiv zeigt: eine Gesamtansicht des Grasdorfer Piktogramms!

Abb. 3: Die Bronzeplatte mit Einprägung der Grasdorfer Formation. Woher stammt sie?

Uns geht es hier jedoch nicht in erster Linie um die Platten, sondern um das, was sie abgebildet haben: den Grasdorfer Kornkreis. Allerdings ist dieser lange schon nicht mehr sichtbar, und die (unterschiedlichen) Platten haben ein besonderes Merkmal, welches im Kornkreis-Phänomen nicht sichtbar war (oder aber übersehen wurde): Die Metallplatten haben Erhöhungen und Vertiefungen. Auch diese Hinweise gilt es, für eine Deutung des Phänomens zu berücksichtigen. (Vgl. Kap. F)

B 3   Geometrisches zum Grasdorfer Kornzeichen

Es liegt eine bestimmte Versuchung darin – ähnlich wie bei der landläufigen Astrologie, das bloße Winkel- und Streckenmessen immer weiter zu treiben, und dadurch natürlich auch – wenn man nur genügend viele Maße kennt, z.B. der Pyramiden, der Fixsterne – alles mögliche finden und beweisen zu können. Man unterscheidet dann nicht zwischen wichtigen, vielleicht durch andere, übergreifende Tatsachen bevorzugten Punkten oder zwischen Variationen und Verschiebungen, welche dadurch entstehen, dass andere Gesetzmäßigkeiten „in die Quere kommen" und so Kompromisse erzeugen müssen. Wir möchten daher mit diesem Kapitel – ebenso wie mit Kapitel B 6 bis 10 und L – nicht zu weit gehen. Es soll all dies ja, wie gesagt, auch lediglich zur Anregung dienen. Was daran wertvoll oder was daran zu verwerfen sei, möge künftige Forschung entscheiden. Mit dieser Bemerkung sei nun an die Geometrie der Zeichen herangetreten.

Die exakt vermessen dokumentierte Formation hat in der Ära der Kornkreise nichts Vergleichbares – in mehrfacher Hinsicht[1]. So gibt es nirgendwo sonst bislang Metallscheibenfunde, wie oben geschildert, weder vor noch nach 1991. Nirgends kommt eine derartige Kombination von Einzelmotiven vor – dazu noch asymmetrisch – sowohl der Länge wie der Breite nach. Die Lage ist genau nach der Himmelsrose orientiert, die Hauptachse Ost-West, die verschiedenen vertikalen Geraden etwa Nord-Süd. Gerade geringe Abweichungen der verschiedenen Winkel machen das Objekt lebendig und interessant. Es fällt zunächst auf, dass die Gesamtform in zwei Hauptrichtungen gelegen ist (Abb. 4, 5), deren Winkel als halbe Pentagrammspitze erscheint: Die beiden ersten Gestalten (bzw. die Gruppe aus vier Einzelmustern) zielen, verglichen mit den folgenden, in eine abweichende Richtung (1a, 1b). So liegt es nahe zu vermuten, ein Fünfstern habe als Konstruktionsgerüst zugrunde gelegen. Diese Vermutung wird durch Messungen reichlich bestätigt. Im Genaueren variieren auch 1a und 1b um

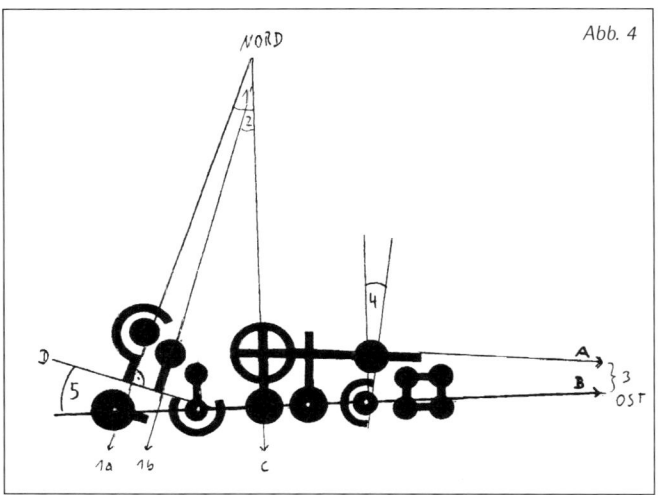

Abb. 4

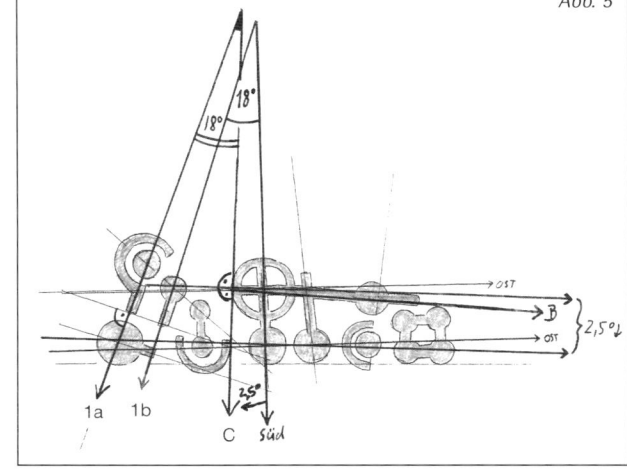

Abb. 5

[1] Wir verdanken die exakten Daten des Grasdorfer Zeichens Dirk Müller, Paderborn: Östliche Breite 10 Grad, 10 Minuten, 1 Sekunde und nördliche Länge: 52 Grad 6 Minuten, 55 Sekunden (WSG 84), sowie die exakten Achsenwinkel.

Zu Abb. 4: Die Formation beinhaltet auf das Subtilste variierte Winkel, von denen einige oben vermerkt sind. Im weiteren beschränken wir uns jedoch auf das Pentagramm, welches auf der Linie 1a aufbaut, die exakt durch die Bauten in Malsch und Dornach zielt. Die genau OW gerichtete Achse B läuft durch die Mittelpunkte der fünf unteren größten Kreise. Die Linien BC und D1a bilden rechte Winkel.

Winkel 1 = 20,5 Grad
Winkel 2 = 18 Grad = 1/20 Kreis
Winkel 3 = 5 Grad = 1/72 Kreis
Winkel 4 = 8 Grad = 1/45 Kreis
Winkel 5 = 20 Grad = 1/18 Kreis

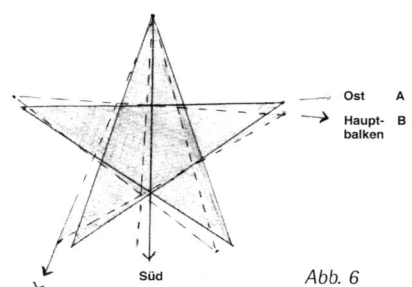

Abb. 6

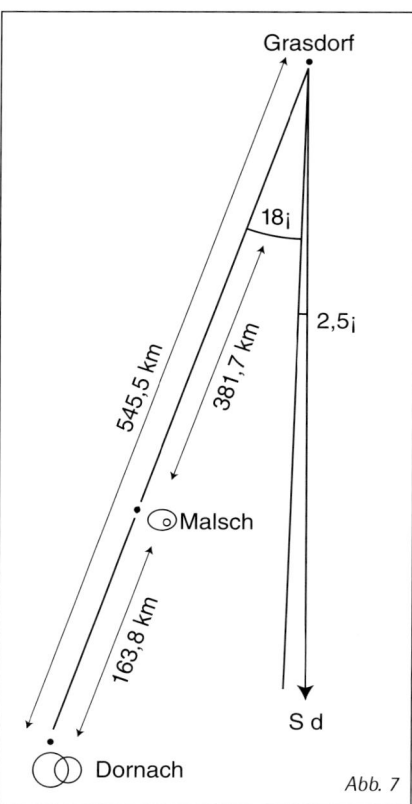

Abb. 7

ca. 2,5 Grad (= 1/144 Kreis). Andererseits ist bedeutsam, dass sich ein Pentagramm nur mittels des rechten Winkels (z.B. Kreuz) konstruieren lässt. Kreuz und Pentagramm gehören zusammen, so verschieden sie auch aussehen mögen.

Es zeigt sich nun, dass sich *mehrere* Pentagramme über dem Grasdorfer Zeichen konstruieren lassen, z.B. von der Ost-West-Achse aus, wobei dann der westliche Fünfstern-Ast der zweiten Form entlang verläuft (1b). Vom „Balken" aus wäre eine Konstruktion nicht möglich. Legt man jedoch die Richtung des ersten, sichelförmigen Zeichens als weisend zugrunde – diese zielt durch Malsch und Dornach –, so kommt der zugehörige waagerechte Balken genau zwischen die Ebenen A und B, die sich in 5° auseinander bewegen. Diese Linie trifft die Kante des ersten Zeichens, zielt durch das Zentrum des Kreiskreuzes und endet am oberen Endpunkt des Balkens, bildet also eine Art Ausgleich. – Der gesamte nun konstruierbare und auf Landkarten übertragbare Fünfstern ist etwa 2,5° geneigt. Diese Linie trifft, parallelisiert, ebenfalls die Mittelpunkte von Basis-Ellipsen wie die Ost-West-Linie; zusätzlich jedoch durchquert sie *alle* Grundellipsen. Ihre obere Parallele trifft einen Ellipsenpunkt, zwei zentrale Kreuzungspunkte und zwei Ecken. So stellt sie offenbar die harmonischste Längsebene dar (Abb. 5).

Zehn Jahre nach unseren Pentagrammuntersuchungen hat Jan Schwochow in mehreren Formationen solche Konstruktionslinien dokumentiert (A. Müller, *Kornkreise*...S.72ff.) Andreas Müller kommentiert dazu: „Den meisten komplexen Formationen liegt ein *unsichtbares Grundmuster*, eine Art Matrix zugrunde, auf der die sichtbaren, niedergelegten Flächen aufbauen. Dieses Grundmuster bestimmt Positions- und Proportionsverhältnisse und stellt das eigentlich sichtbare Ausmaß der Kornkreise oft in einen weiteren Zusammenhang, indem es ihre Position im Feld auf erstaunliche Art und Weise

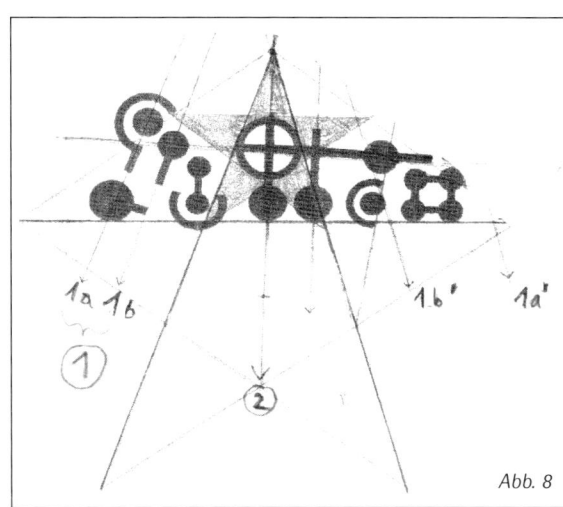

Abb. 8

in Beziehung zu Landschafts- und Feldmarkierungen setzt." (S. 68)

Anstelle langatmiger Beschreibungen mögen einige Zeichnungen anregen, dieselben zu ergründen bzw. zu weiterer Forschung aufzufordern. Neben den Pentagrammen erweisen sich gewiss noch andere geometrische Figuren als Schlüssel (zum Beispiel die Sechsecke der Abb. 9). Diese ergeben sich aufgrund der Lage der vorher genannten Metallobjekte.

Selbst wenn diese sich als Fälschung erweisen sollten, bleibt die Tatsache bestehen, die durch das Dreieck zwischen den *drei von Kreisbögen umrahmten*, also hervorgehobenen Ellipsenkreisen gegeben ist (A = Silber, B = Gold, C = Bronze).

Zu Abb. 9:

Das auf der Grundlinie B-C errichtete Sechseck berührt mit seinem um den Mittelpunkt gezogenen Kreis wichtige Punkte der Formation. Ein Lot von diesem gefällt, trifft genau die Mittelpunkte der ganzen Form. Das Lot des kleinen Sechsecks (auf A-B errichtet) begrenzt die Kugel des zentralen Motivs. Auch dessen Linien und Parallelen berühren wichtige Punkte der gesamten Formation. Eine Parallele zu A-C verläuft durch die Oberkanten der beiden Halbkreise von A und C und zieht ebenfalls durch den oberen Mittelpunkt bzw. durch die Mitte beider (AC^3). Deren untere Parallele durch B bildet die aufsteigende Linie der drei ersten Motive bis zum Grundpunkt des Zentralmotivs (AC^1). Linie AB^2 begrenzt die Oberkanten von zweien der drei absteigenden Motive und bildet mit AC^1 einen Winkel von 40 Grad (1/9 Kreis) – Die Beispiele lies-

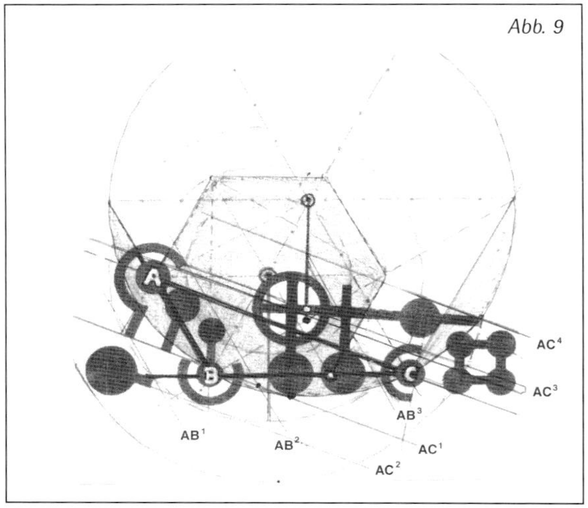

Abb. 9

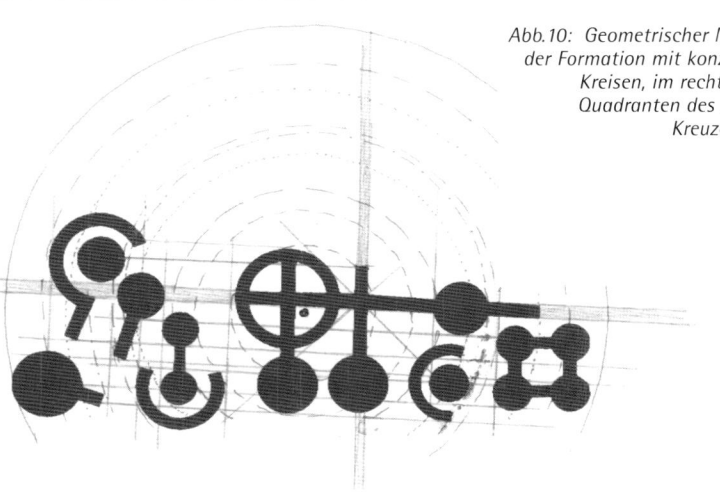

Abb. 10: *Geometrischer Mittelpunkt der Formation mit konzentrischen Kreisen, im rechten unteren Quadranten des „Keltischen Kreuzes" gelegen*

Abb. 11: Werden von Schwerkraftpunkt Sc aus Kreise gezogen, verbinden sie andere Punkte als auf Abb. 10

sen sich zahlreich anschliessen, wie schon beim Fünfstern gezeigt.

Auch Kreuz- bzw. Quadrat- und Rechteckformen, sowie verschiedene Zirkelschläge erweisen sich als „in der Formation (latent) schon vorhanden". Diese stellt somit ein erstaunliches, sensibles Kompendium, eine *harmonische Komposition verschiedener* regelmäßiger geometrischer Gebilde dar. Dabei scheinen die verschiedenen Formen jeweils auf andere Bereiche zu weisen: Die Pentagramme auf die Landschafts- und Geschichtsstruktur (mindestens) Europas; das Hexagramm bzw. die Hexagramme (Abb. 9) auf die Besonderheit der drei genannten hervorragenden Punkte und der Metallqualitäten; die Kreuzungen auf den „Inhalt", die „Aussage" des Zeichens, in Verbindung mit dem Ort, wo es entstand usw. Man könnte im Weiterforschen so z.B. physische, ätherische, astralische und geistige Ebenen und Schlüssel finden, in Harmonie zusammengefasst zu einer beeindruckenden Gesamtgestalt. So gilt esoterisch das Pentagramm als Grundform des menschlichen Ätherleibes, das Hexagramm als solche des menschlichen Astralleibes (z.B. GA 264, S. 188ff), das Kreuz als solche des Ichs.

An den rechtwinkligen Kompositionsgeheimnissen der Formation kann z.B. Folgendes beeindrucken: Teilt man dieselbe in zwei Teile (der Grund für eine solche Teilung wird auf S. 25 nachvollziehbar), so ergibt sich etwas Erstaunliches:

Die östlichen Formen lassen sich in zwei Quadrate bzw. ein Rechteck, die westlichen in ein gleichschenkliges Dreieck einpassen. Geometrische Verbindungslinien der sieben Ecken treffen jeweils charakteristische Punkte der Formation, die dadurch wie in diese Geometrie hineinkomponiert erscheint (in der Zeichnung hervorgehoben). Im Genaueren kann überraschen, dass die Streckenlänge EF und DG exakt der

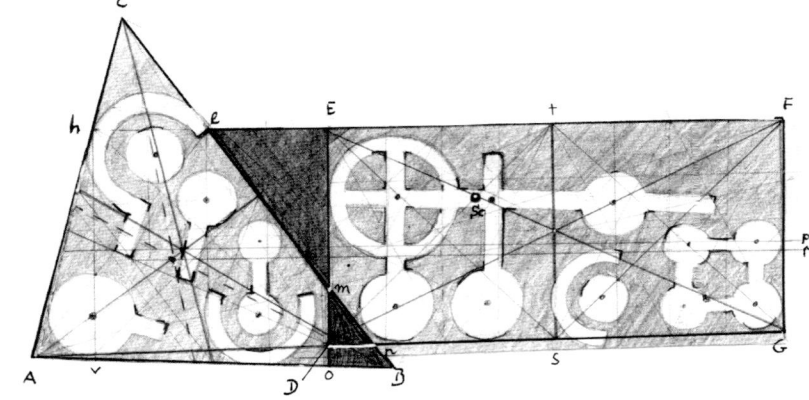

Abb. 12
(Berührungspunkte der Konstruktionslinien mit der Formation sind zur Verdeutlichung verstärkt)

Grundlinie des Dreiecks BC entspricht. Ein weiteres, an EF westlich angehängtes gleichgroßes Quadrat trifft genau die Linie AC des Dreiecks in h. Die Linie Eo wird durch Punkt m in 1:2 geteilt. Das ist 1:10 der Länge von DG oder EF bzw. CB. Die Mittelpunkte des Dreiecks (Kreuzpunkt der Winkel- und Seitenhalbierenden) liegen genau auf Parallellinien des Rechtecks, welche den unteren Bogen des Kreis-Kreuzes und weitere Punkte und Strecken einfassen (p,r). Eine Linie der Spitze C zur Ecke G gezogen, schneidet den Kreuzbalkenschnittpunkt, der Schnittpunkt von EG und Dt ist der Schwerpunkt Sc der großen Hauptformgruppe. Die Diagonale ES schneidet den Mittelpunkt des umkreisten Kreuzes. Eine Linie von A durch m trifft ebenfalls wichtige Punkte. Der Inhalt von Dreieck zu Rechteck verhält sich etwa 3:5, deren Umfang wie 29:33. Die Punkte E l m bilden das berühmte rechtwinklige „ägyptische Dreieck" mit den Streckenverhältnissen 3:4:5; Ah:Ch=2:1; vB:AB=1:9; Dn:DG=1:10. (Maßverhältnisse wie goldener Schnitt oder Pi wurden nicht untersucht.) Der Winkel zwischen den Linien AB und AG beträgt die auch in Abb. 4/6 gezeigten 5 Grad, d.h. die Hauptachse der Formation verläuft parallel zu AB, d.h. in Ost-West-Richtung. Die Linie Ao setzt sich also etwa 20 m weiter nördlich parallel in den langen Balken fort. Weitere Kompositionsgeheimnisse entnehme man der Abb. 11. Bedeutsam kann auch die Zerlegbarkeit der Form in Dreieck und Viereck erscheinen: Die Drei als göttliche Vergangenheit (Saturn, Sonne, Mond, vgl. Kapitel über den Goetheanumarchitrav) und die Vier als fester Grund der Gegenwart der Menschenevolution, auf welcher die Zukunft aufbaut. Man kann in den vom Dreieck und vom Viereck umschlossenen Teilen der Formation auch die Qualitäten der zwei Ursäulen „Jachin und Boas" sehen (Siehe GA 284 und GA 93): offen, gelöst, schwebend von der Drei- bzw. gefestigt, geschlossen von der Vierkantigkeit eingerahmt, wobei das eben genannte ägyptische Dreieck D–n–m die kleine, beiden gemeinsame Form bildet.

Unter manch anderem Erstaunlichen kann z.B. auch Folgendes beachtet werden: Die längste Gerade der großen, mittleren zusammenhängenden Form ist leicht gebogen. Sie erweckt den Eindruck, als sei sie auf dem (kreislosen) Kreuz fest und beuge sich unter der Last der beiden Arme etwas hinab. (Der Mittelpunkt des weitergezogenen Kreisbogens liegt etwa in 600-700 Meter Entfernung Richtung Süden in Grasdorf selbst.)

Man kann im ganzen, zusammenhängenden Gebilde eine Metamorphose der „Irminsul" sehen, welche asymmetrische Balken trägt (zu „Irminsul" siehe Kapitel über die Externsteine): Im Osten eine lange (leicht gebogene) Gerade mit Kugel, im Westen ein „Christuskreuz". Sie scheint beides (Ost und West, bzw. vorchristliche und christliche Mysterien) im Gleichgewicht zu halten. Doch nicht ganz: Der tatsächliche Schwerpunkt Sc der Form, (zu finden z.B. mittels einer Nadel, an welcher die aus Pappe ausgeschnittene Form im Gleichgewicht aufgehängt wird) liegt nicht in der Kreuzung des mittebildenden Kreuzes, sondern in dessen westlichem Balken, genau zwischen östlichem Kreis und dem Kreuzstamm (Abb. 13).

Es hat somit das westliche Kreuz leichtes Übergewicht. Am Kreuzpunkt des östlichen Kreuzes aufgehängt hingegen neigt sich der Balken um etwa 23,5 Grad westlich hinab: Dies ist die Neigung der Erdachse gegen die Eklip-

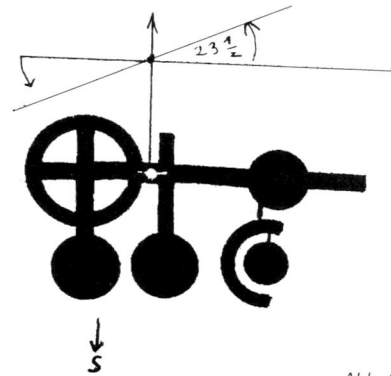

Abb. 13

tik! – Das Grasdorfer Piktogramm vereinigt also in sich die verschiedensten geometrischen Harmonien, wovon sicherlich nur ein Bruchteil hier zur Darstellung gelangen konnte. – Im Weiteren soll eine der dargestellten Geometrien, der Fünfstern, weiterverfolgt werden. Dass – insbesondere das Golgathageheimnis betreffend – Landschaftsgeometrien eine wesentliche Rolle spielen, hat Kurt Jauch in seinem Werk *Kosmisches Maß und Heiligtum* dargestellt (Novalis 1996).

Praktischer Hinweis

Noch viele weitere Konstruktionen wären möglich. Einige wurden durchgeprüft. Diese sollen hier nicht verzeichnet werden, um nichts zu sehr festzulegen. Doch kann jeder Folgendes probieren: Man fertige sich auf zwei durchsichtigen Folien einmal einen zehnstrahligen Stern (also pro Sektor 36 Grad), der die wesentlichen Winkel des Pentagramms enthält. Dieser läßt sich auf jede Landkarte legen und so per zusätzlichen Zirkelschlag rasch überblicken, in welcher Lage, Neigung und Größe dieser auf wichtige Örtlichkeiten weist. Eine Fülle z.T. einander größer und kleiner überlappender Zusammenhänge kann so deutlich werden. Zum anderen zeichne man die genauen Umrisse der Grasdorf-Formation (und die Richtungslinien einzelner Motive). Diese Folie kann ebenso verwendet werden. Dabei offenbart sich ein unterschiedlicher Abstand zur jeweiligen Karte (oder zum jeweiligen Grundriss, z.B. von Malsch, Dornach, Hildesheim usw.) im Durchblick oder mittels schattenwerfender Lichtquelle wiederum andere, oft verblüffende Zusammenhänge. Auch hierbei ergänzen sich verschiedene Maßstäbe. Die Grasdorfer Formenkomposition erweist sich als Kompendium vieler geometrischer, geographischer und, wie später verschiedentlich zu zeigen, physiologischer und esoterischer Details. Dass vielen Kornkreisen als Matrix Pentagrammstrukturen zugrunde liegen, weiss man inzwischen. Dass andererseits die Maßverhältnisse des Ersten Goetheanum ebenfalls von außerordentlich vielen solcher Strukturen durchzogen sind, hat Carl Kemper in seinem Grundwerk *Der Bau* auf das allergründlichste nachgewiesen. So muss es nicht verwundern, dass in Landschaften – die ja meist Götterwerk sind, auf das menschliches Mysterienwerk jahrtausendelang aufbaute, sowohl Pentagramm-Verhältnisse als auch Goetheanum-Grundrisse aufzufinden sind. Dies ist insgeheim „der Erde konstituierend eingezeichnet" (Vgl. dazu auch die Schriften von Kurt Jauch).

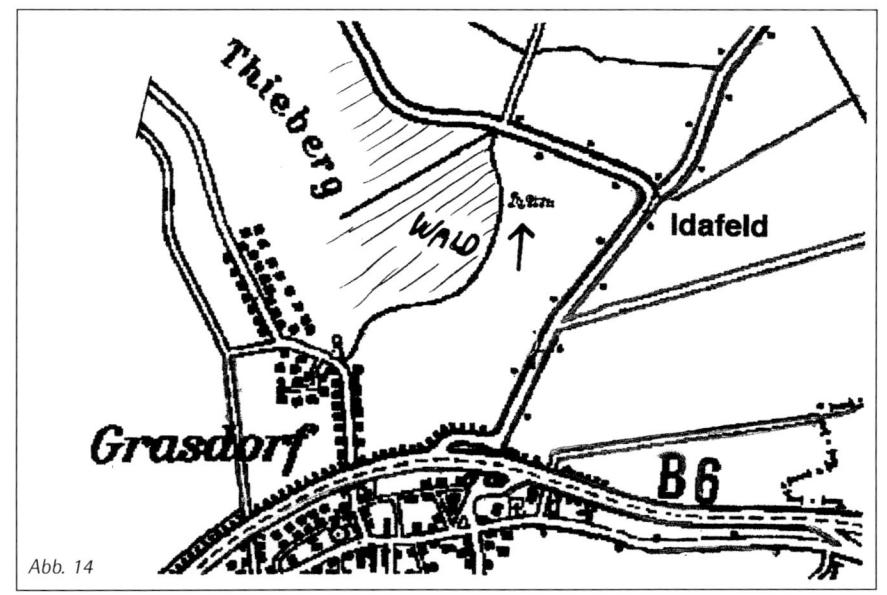
Abb. 14

B 4 Ort und Umgebung von Grasdorf

Es ist für das Phänomen nicht unwesentlich, einiges von der Örtlichkeit zu schildern, in welcher das zu behandelnde Kornkreis-Zeichen entstand. Eine spätere Recherche vor Ort ergab Folgendes: Grasdorf ist ein Dorf in Niedersachsen, etwa 25 Kilometer südsüdöstlich von Hildesheim, westlich von Salzgitter, unweit des Harz, des nördlichsten Mittelgebirges Deutschlands. Das Dorf ist Teil der Gemeinde Holle. Holle war ein Knotenpunkt zweier Jahrtausende alter Handels- und Heerstraßen. Die Bedeutung Holles reicht weit in die Vergangenheit zurück, sowohl in kultureller wie in politischer Hinsicht. Davon zeugen noch heute die Burgruine Wohldenberg sowie die Schlösser Söder, Henneckenrode und insbesondere Derneburg. Das ehemalige Zisterzienserkloster Derneburg liegt nur etwa zwei Kilometer Luftlinie vom Feld des Grasdorfer Zeichens entfernt.

Bei dem Gemeindenamen Holle assoziiert man ja schnell die Märchengestalt Frau Holle. Eine entsprechende Frage im Holler Heimatmuseum ergab keine Kenntnis eines Bezuges zu der Märchengestalt. Aber auch dem vor zehn Jahren entstandenen Kornkreis steht man desinteressiert bis ablehnend gegenüber. Der *Genius Loci* der Frau Holle, der Hohe Meißner, liegt eine Stunde südlich nahe der selben Autobahn A7 in Richtung Kassel, in dessen Umgebung in den letzten Jahren nach Grasdorf die meisten der kontinentalen Kornkreise erschienen sind. Zur Märchengestalt Frau Holle (wohl auch identisch mit Nerthus, Berchta und Frigg, vgl. GA 121) kommen die beiden Mädchen durch einen tiefen Brunnen, also in ein unterirdisches Reich. Anderseits werden die Betten von ihr und den Mädchen aus den Wolken heraus ausgeschüttet, also von einem überirdischen Bereich aus. Und wenn nun einige Kornkreis-Erforscher um Sascha Jakoblew in einer Untersuchung des Grasdorfer Zeichens 1991 zu dem Ergebnis kamen, *„daß die (verursachende) Kraft eher eine saugende oder ziehende, als eine drückende oder von oben pressende Wirkung hat"* und sie folgern: *„Das hieße, dass die Kraft von unten bzw. aus dem Boden kommt"* (Spuren im Korn, 1992, S. 87), so sei hier auch an diese Möglichkeit erinnert. Denn auch prähistorische Anlagen wie insbesondere in Südengland werden mit „Erdgeistern", mit der „Schlangenkraft", den „Ley-Lines", welche die Erde weltweit kraftend durchziehen sollen, in engen Zusammenhang gebracht. Die Umrisse des „weißen Pferdes" (siehe S. 31) z.B. folgen den Einflusslinien, die Rutengänger gefunden haben. Der englische Geomantiker John Michell wies schon vor Jahrzehnten darauf hin, dass die megalithischen Bauten nicht nur unterirdische Erdströme markieren, sondern sogar bestimmen könnten. In den späten 1990er Jahren gab es viele Kornkreise in Nordhessen, die mit diesen Linien in einer Beziehung stehen könnten.

Abb. 15: Das Wappen der Gemeinde Holle, in

dessen Gemarkung das Grasdorfer Zeichen erschienen ist, leitet sich von dieser altgermanischen Bronzefibel ab (um 100 n. Chr., Durchmesser: 50 mm.), die als Grabbeigabe in einem Grab in Holle gefunden wurde. (Was auf der Abbildung wie vier Löcher aussieht, sind rundgeschliffene Halbedelsteine.)

Das Wahrzeichen des Wappens der

Gemeinde Holle ist eine altgermanische Scheibenfibel mit sechs Kreisen, die in schöner Verarbeitung um einen zentralen Kreis angeordnet sind. Es handelt sich bei dieser kleinen Bronzefibel um einen archäologischen Fund, der in den dreißiger Jahren des 20. Jahrhunderts auf einem alten Friedhof gemacht wurde. Neben der ältesten schriftlichen Urkunde aus dem 12. Jahrhundert, in das man auch die Gründung von Wohldenberg und Derneburg datiert, ist die frühe Besiedelung Holles durch zahlreiche Knochenfunde eines uralten Friedhofs belegt. Im ersten Jahrhundert lebten dort *Cherusker*. Wir befinden uns also bezüglich unseres Phänomens im Land Hermanns des Cheruskers, der zur Zeit Christi die Römer aus deutschen Landen vertrieben hatte, wodurch ein germanisches Eigenleben ohne römische Kulturdominanz erst ermöglicht wurde.

Nahe Grasdorf findet sich der Flurname „Heiliges Holz" in der Landschaft. Ein anderer bedeutsamer Ort ist die etwas weiter entfernt liegende Wotans-Klippe bei Bockenem, ein alter germanischer Kultplatz. Der Grasdorfer Kornkreis erschien auf einem Feld, das von alters her *Thingsfeld* genannt wurde. Dies deshalb, weil es am Fuße des Thi(ng)berges liegt. Der Name verweist auf den germanischen Gott der Versammlung, Tiu. Das Holler Heimatmuseum in ca. 3 Kilometer Entfernung liegt am alten Dorfversammlungsplatz, unweit des Holler Kirchberges, auf dem vermutlich einmal ein Heiligtum gestanden hatte. Eine schöne Sicht in Richtung der Burgruine Wohldenberg ergibt sich von der Höhe dort, wo auch die Knochenfunde gemacht und die Scheibenfibel gefunden wurde.

Wiederum an anderer Stelle im Umkreis des Grasdorfer Kornkreises befindet sich Derneburg. Das ehemalige Kloster ist seit 20 Jahren von einem wohlhabenden modernen Künstler bewohnt und macht auf den Betrachter einen gepflegten Eindruck. Anfang des 19. Jahrhunderts wohnte dort der Fürst von Münster, der für das Land Hannover politisch tätig war und sich oft in England aufhielt.

Bei Derneburg befindet sich der Donnerberg. Dort wurde 1988 der „Laves-Kultur-Pfad" angelegt, weil hier geheimnisvolle Gebäude der ersten Hälfte des 19. Jahrhunderts in besonderer Landschaft errichtet wurden. Hier kann der verblüffte Spaziergänger einen kleinen griechischen (Zeus-)Tempel begutachten, dann eine Grabstätte der Grafen Grothenhaus, in dessen Zentrum eine von ehemals vier alten Eichen gesäumte Pyramide (siehe nebenstehendes Foto von Markus Schlottig) mit 33 Steinreihen zu sehen ist. Nachbildungen keltischer Grabkreuze

Abb. 16

sind an diesem Ort auch zu finden. Neben diesem Mausoleum gewahrt man eine interessante Felsformation, die sich aus dem Wald hervorhebt. Es wirkt auf den Betrachter wie eine prähistorische Kultstätte.

Auf dem Donnerberg befindet sich ein uralter vertrockneter Baum, zu dem heute noch Menschen pilgern. Alle diese Sehenswürdigkeiten sind eng beieinander. Bemerkenswert ist die Umsäumung der acht Meter hohen Pyramide: Bäume, die mindestens doppelt so alt sind wie das 1828 erbaute Mausoleum. Hier muss also schon lange vorher ein besonderer Ort gewesen sein. Radiästetische Messungen bestätigten diese Vermutung: Sowohl im Inneren des Zeustempels mit den vier dorischen Säulen wie auch im Innenraum der Pyramide, in die man hineinschauen kann (dort stehen mehrere Särge), kreuzen sich Kraftlinien.

Immer wieder findet man Verse aus der altgermanischen Edda (Völuspa, Gesicht der Seherin) zitiert, die auch für unsere Thematik interessant sind:

Auf dem Idafelde die Asen sich finden.
Und reden dort vom riesigen Wurme,
und denken da der großen Dinge,
und alter Runen des Raterfürsten.
Wieder werden die wundersamen
goldenen Tafeln
im Grase sich finden,
die vor Urtagen ihr eigen waren[1].
Unbesät werden Äcker tragen
Böses wird besser.
Baldur kehrt heim.
Hödur und Baldur hausen im Sighof,
froh die Wal-Götter –
wisst ihr noch mehr? Und was?

Dieser Auszug ist in mehrfacher Hinsicht interessant. Vom *Idafeld* ist da die Rede, auch von den wundersamen goldenen Tafeln im Gras, aber auch von Baldurs Wiederkehr. Es ließen sich Bezüge zwischen der oben bezeichneten Geographie um Grasdorf zu dem altgermanischen Text herstellen, was hier aber zu weit führen würde. Verbindet man die Linien A und B unserer Abbildungen 4 und 7 des Grasdorfer Zeichens, so schneiden sich diese Linien in einem Feld bei Grasdorf, welches den Namen Idafeld trägt. Die Namen *Hild* und *Id/Ida* entsprechen sich. Es sei noch darauf hingewiesen, dass viele Kornkreise, aus der Höhe betrachtet wie „goldene Tafeln" aussehen, dass der wiederkehrende Baldur bei Rudolf Steiner mit neuen Lebenskräften in Verbindung gebracht wird und das Korn lebenstragender Ausdruck davon ist (dazu unten Näheres). Nahe der Stadt *Hildes*heim[2] wurde das Grasdorfer Zeichen gefunden. Hella Krause-Zimmer schrieb über eine Äußerung Rudolf Steiners, die er gegenüber Ilona Schubert einmal machte:

Rudolf Steiner hat von einer Stadt im nördlichen Mitteldeutschland gesprochen, die ein großes Ausstrahlungszentrum für das Mittelalter gewesen ist, und das war Hildesheim. „Wenn der Doktor von Hildesheim sprach, dann hatte man den Eindruck, dort müsse das Paradies sein! Man hätte fliegenden Fußes nach Hildesheim laufen wollen. Er sprach von dem Zauber, den die Kunstwerke dort ausstrahlen, das müsse man gesehen haben, dort müsse man hinfahren."
(Hella Krause-Zimmer: *Bernward von Hildesheim und der Impuls Mitteleuropas*, Stuttgart 1984, S. 269)

Rudolf Steiner bezeichnete die Stadt auch als „Mitte des nördlichen Mitteleuropas". Dort tritt einem die Edelstein-/Metallkunst „urphänomenal bedeutsam entgegen" (22. Oktober 1917; GA 292). Man beachte auch, dass eben dieses Gebiet der Ursprung des gegenwärtigen „Hochdeutsch" ist. Luther wählte aus den vielen verschiedenen Dialekten Mitteleuropas diesen

---

[1] In 2 Vorträgen von Albert Steffen im noch unvollendeten 2. Goetheanum 1930 über Mani wird etwas Verwandt-Klingendes zitiert:
„Höchst merkwürdig ist nun, da auch Mani nach morgenländischen Schriftstellern in einer ... Höhle mit ›herrlicher Luft und frischen Wasserquellen‹ ein Jahr verbracht haben soll und hierauf mit ‚Bildern von außerordentlicher Schönheit' erschienen sei, eben jener Tafel, die man in der Folge ‚Ertenki Mani' nannte." ... „Die Kunstgebilde, die Mani schuf, waren kosmische Imaginationen des Weltalls, nicht nur irdische Gesetze wie die Tafeln Moses." – Man beachte, dass Mani von Rudolf Steiner als eine vorige Inkarnation von Parsifal erkannt wurde, wodurch ein später zu verfolgender Zusammenhang mit den Gralsmysterien gegeben ist. – (Mani oder Manes ist nicht zu verwechseln mit Manu-Melchisedek.)

[2] „Heim der Hilda" (= Hulda, Berchtha, Nerthus)

klarsten, aber abstraktesten Dialekt aus für seine Bibelübersetzung und ließ sie – als erstes Werk mittels der neuen Buchdruckkunst – im Volk verbreiten. Dadurch bürgerte sich diese Mundart des Raumes Hildesheim-Hannover zur Schriftsprache ein. Im 20. Jahrhundert wurde sie das geeignete Medium, Anthroposophie in aller Klarheit und Differenziertheit in die Welt zu tragen.

Es war also in der Tat dieser Punkt der Erde ein Quellort für den deutschen Sprachgeist. Am nähsten Punkt zu Hildesheim, wo Rudolf Steiner esoterische Stunden gab, Hannover, findet sich eine nur hier so offenbarte Darstellung über den Christus und sein gegenwärtiges Wirken auf der Erde. Am Persephone-Tag (!), dem 24. September 1907, gab er die erste esoterische Stunde in Hannover. Hält man den Inhalt derselben – nicht abstrakt-philiströs, sondern seelenvoll erlebt – neben die Grasdorfer Hieroglyphe, so klingt da etwas zusammen. Rudolf Steiner hielt dort vom 21. September bis zum 4. Oktober 1907 einen ausführlichen Zyklus über den Inhalt seiner (1909 erscheinenden) *Geheimwissenschaft*, also eben die Darstellung der Weltevolution, welche man in dem Piktogramm runenhaft gezeichnet erkennen kann. Von diesem Zyklus – 7x12 Jahre vor 1991 gesprochen – gibt es keine Nachschriften oder auch nur Notizen (siehe Christoph Lindenberg *Rudolf Steiner eine Chronik*, S. 262). Das bedeutet aber okkult: Die Worte wirken von solchem Ort aus unentweihbar und unmissbrauchbar weiter! Gerade für das Wirken des Christus Jesus deutet Rudolf Steiner auf diese Tatsache hin: „...jedenfalls hat er nicht wie andere Religionsstifter seine Lehren aufgeschrieben. Das ist kein Zufall, sondern das hängt innig zusammen mit der Gewalt des Wortes, der vollen Macht des Wortes.

Man muss das allerdings, sonst wird man zu anzüglich, gerade mit Bezug auf unsere Zeit, nur mit Bezug auf den Christus Jesus charakterisieren. Sehen Sie, hätte der Christus Jesus geschrieben, aufgeschrieben seine Worte, sie umgesetzt in diejenigen Zeichen, die dazumal die Sprache hatte, so würde Ahrimanisches eingeflossen sein: ... Die aufgeschriebenen Worte wirken anders, als wenn die Schülerschar...einzig und allein angewiesen ist auf die eigene Kraft des Geistes. Man darf sich nicht vorstellen, dass der Schreiber des Johannes-Evangeliums daneben gesessen hat, wenn der Christus Jesus gesprochen hat und seine Worte nachstenografierte wie die Herrschaften hier. Gerade dass es nicht geschah, darauf beruht eine ungeheure Kraft, eine ungeheure Bedeutung. Diese Bedeutung, die sieht man erst dann ganz ein, wenn man, ich möchte sagen, aus der Akasha-Chronik heraus verstehen lernt, was eigentlich in den Worten liegt, die der Christus Jesus immer gerade gegen Schriftgelehrte, gegen diejenigen einzuwenden hat, die ihre Weisheit aus den Schriften haben. Er hat das gegen sie einzuwenden,... dass sie in ihren Seelen nicht unmittelbar zusammenhängen mit jenem Quell, aus dem das lebendige Wort unmittelbar fließt. Darinnen sieht er die Verfälschung des lebendigen Wortes und muss sie sehen. (GA 175 S. 214)

B 5   Angelsachsen und Niedersachsen im betreffenden Raum

Mit dem Jahr 1991 gesellten sich zu den südenglischen Kornkreisen immer mehr deutsche dazu. Auch wenn wir die Fälschungen darunter abrechnen: Es begann in diesem Jahr eine Art „Überschwappen" des Phänomens von der Insel auf das Festland. So konnte das *Magazin 2000 plus* in seiner Ausgabe 165 aus dem Jahr 2001 auf einer Doppelseite (S. 92/93) sechs deutsche und sechs englische Kornkreise seinen Lesern im Jahresrückblick nebeneinander präsentieren.

Die Verbindung zwischen Angelsachsen und Niedersachsen ist neben dem gemeinsamen Namen (Sachsen) mehrfach gegeben.

Nach Rudolf Steiner sind es Angeln und Sachsen, welche Südengland bevölkerten und zu Angelsachsen wurden. Das ganze Werden Mitteleuropas durch das Mittelalter stellt Rudolf Steiner eindringlich dar, z.B. in den Vorträgen vom 12.–14. April 1919 (GA 190). Dort ist auch merkwürdig oft von den „aus den Wäldern hervorgegangenen Kornfeldern und Wiesen" die Rede: „Unter dem Sonnenglanz der Kornfelder und Wiesen hat sich die mitteleuropäische Menschheit entfaltet."

Viele Kornkreise tauchen immer wieder in unmittelbarer Umgebung des „weißen Pferdes" auf, im alten Lande der Angeln. Das „weiße Pferd von Uffington" in Oxfordshire/ England wurde in weit zurückliegender Zeit in die Kreide der Berkshire Downs geritzt. Steht man im Kopf des Pferdes, so sieht man den „Dragon Hill", auf dessen Spitze ein kahler Flecken Kalkboden der Überlieferung nach die Stelle anzeigt, an der St. Georg den Drachen getötet hat. Das weiße Pferd war das Wappentier der Angeln und Widukinds. Heute noch ist es das Wappentier Niedersachsens.

Man sieht es dort heute noch in Form von gekreuzten Pferdeköpfen an Scheunendächern oder Reetdachgiebeln.

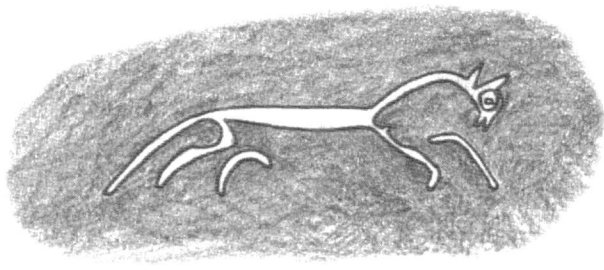

Abb. 16: White Horse – das weiße Pferd von Uffington, Grafschaft Berkshire, Südengland. Länge etwa 110 m. Immer wieder tauchen Kornkreise auch in der Umgebung dieser prähistorischen weißen Pferde auf, die es häufig im Süden Englands gibt. Die meisten haben nicht die schlangenartige Form des hier abgebildeten, sind also sehr wahrscheinlich Nachahmungen jüngeren Datums. Auf keltischen Münzen sind oft sehr ähnliche „Schlangenpferde" geprägt, umgeben von Motiven, die auch in den Kornkreisen vorkommen. Auf der Rückseite solcher Münzen sind meist stilistische Köpfe dargestellt, manchmal aber auch Kornähren. Vgl. Kapitel E

Abb. 17 Goldmünze von 14 mm Durchmesser (Fundort nördlich Paris, nach Lengyel) Daneben: Schlangenhaft gebogene Kornähre (Motiv auf Goldmünze, 21 mm Ø; Lengyel, S. 143) Das „Pferd" Abb. 16 wird von Fachleuten gleichalt geschätzt wie die keltischen Münzen: ca. 2000 Jahre.

Abb. 18 zeigt das weiße Pferd in der Landschaft, darunter einen Kornkreis (aus Müller: Kornkreise. S. 128)

Mit Stonehenge und den Externsteinen beherbergt angelsächsisches (Einfluss-)Gebiet zwei Zentralheiligtümer Europas. Sollten die Kornkreise im alten Angelngebiet, dem heutigen Nord-Schleswig-Holstein, in Niedersachsen und in Südengland auf ähnlich gelagerte Ur-Volkskräfte schließen lassen, so dass auch gerade in diesen Gebieten heute besonders intensiv geforscht wird?

Auch geschichtlich lassen sich zwischen England und Deutschland personelle Beziehungen finden. Nicht nur König Richard Löwenherz und Herzog Heinrich der Löwe (beide 12. Jahrhundert) können hier genannt werden. Auch in der Umgebung Grasdorfs finden sich solche Spuren. Das oben erwähnte Mausoleum mit der Pyramide beim alten Kloster Derneburg stammt von dem Grafen Grothenhaus, dessen Familie den Erzieher eines englischen Königs stellte. Der für das Königshaus Hannover arbeitende Graf zu Münster lebte viele Jahre in England und hatte beste Verbindungen zur Insel.

B 6   Geomantische Landschaftsstrukturen

Das Kunstwort „Geomantie" bedeutet Erdweissagung und bezeichnet die Kunst, mit den Mysterien der Erde, insbesondere der sichtbaren und unsichtbaren Wirklichkeit der Landschaft, in Einklang zu leben. Diese eigentliche „Ur-Ökologie" hat ein divinatorisches Element: durch Orakelkunst können qualitative Aussagen gewonnen werden. Dies war in alten Zeiten weithin bekannt und geläufig. Im Folgenden sei an das oben behandelte „weiße Pferd" erinnert; Kornkreise entstehen oft im Umfeld solcher Orte: „Eigentümlich ist den Germanen die Weissagung und Mahnung durch das Pferd. In gewissen deutschen heiligen Hainen und Gehölzen werden auf Gemeindekosten weiße Rosse gehalten, die durch keine irdische Arbeit entweiht werden durften. Vor den heiligen Wagen gespannt, wurden sie begleitet vom Priester und dem König oder einem anderen Oberhaupt der Gemeinde und man beobachtete das Wiehern und Schnauben der Tiere." (Tacitus, Germania, 10; zitiert nach Wilhelm Teudt: „Germanische Heiligtümer", S.120ff) Die Gegend in der sog. Senne in Ostwestfalen weist durch Namen und Überlieferung darauf hin, dass es hier eine heilige Pferdezucht (Winfeld) westlich der Externsteine gab. Das Pferd war im Frieden wie im Krieg das bedeutendste Tier, das auch zum Tempeldienst herangezogen wurde. Das Pferd, vor allem Wahrzeichen *Wotans*, war bei großen Festen der Germanen die vornehmste Opfergabe. Odin ritt ein heiliges Roß mit acht Beinen (Sleipnir). Mit einem weißen Pferd erritt sich Armin (Hermann) der Cherusker gemäß der Überlieferung seinen Sieg über die Römer.

In China sind geomantische Untersuchungen zu Hauskauf, -bau und -einrichtung offiziell. Seit einigen Jahren wird dies auch im Westen wiederentdeckt und praktiziert (z.B. Feng Shui, I-Ging, Runenorakel u.a.). Spirituelle Menschen wie der slowenische Landschaftsgestalter *Marco Pogacnik* erzielen große Heilungserfolge durch ihre geomantischen Kenntnisse .

Geomantie bezeichnet auch bestimmte Punkte auf der Erdoberfläche, an denen sich eine bisher weitgehend unbekannte Energieform konzentriert, die sog. „Orte der Kraft", die durch „heilige Linien" oder engl. „Leylines" verbunden sind (Der Name „Ley" stammt von seinem englischen (Wieder-)Entdecker Alfred Watkins 1921). Es handelt sich dabei um Schlangenlinien oder gerade in der Landschaft verlaufende Linien, die unterschiedliche Kultplätze, andere historische Stätten oder Berge, Quellen, Haine usw. verbinden. *Dieser* alte Aspekt der Geomantie interessiert uns hier.

An den Externsteinen wirkten damals angesehene, weise und mediale Frauen, die alles Persönliche zurückstellten um sich ganz dem Dienst des Orakels widmen zu können. Eine „Erden-Geistigkeit" sprach dann durch sie. Dass „die Weledas"(so wurden diese Frauen genannt) gerade an den Externsteinen ihren Sitz hatten, erklärt sich auch dadurch, dass an diesem Ort einige heilige Linien zusammenlaufen. Eine überdurchschnittlich große Anzahl von spezifisch angelegten Kultplätzen und heiligen Orten um die Externsteine sind hier zu finden. Einige dieser heiligen Orte dieses „Ringes" um das ehemalige Zentralheiligtum wurden bereits mit Kornkreisen „gewürdigt": 2001 z.B., bei dem eindrücklich in der Landschaft liegenden Desenberg bei Warstein an der Diemal, südöstlich der Externsteine.

Verfolgen wir exemplarisch das Pentagramm „mikrokosmisch" als Grundstruktur des auf das ICH hinorientierten Äthermenschen – „makrokosmisch" auf Europa gelegt – von Grasdorf ausgehend. Gerade Mitteleuropa ist ja die Mission der ICH-Gestaltung und -Belebung aufgegeben (Siehe z.B. GA 287, 11.10.1914, in Zusammenhang mit dem Merkurstab). Man könnte also entlang der Linien besondere Orte erwarten, welche der geschichtlichen oder auch der esoterischen Ich-Evolution dienten, dienen oder dienen sollen.

Dabei ist aber zu beachten, dass diese Orte nicht unbedingt *exakt* auf diesen Linien liegen müssen. Etwas Ähnliches liegt ja auch bei ihrem mikrokosmischen Pendant, den Umrissen des menschlichen Ätherleibes vor. Es kann die Linie ihre Wirkung bis zu einem gewissen Grad links oder rechts ausweiten, wenn bestimmte Bedingungen (z.B. geographische Veränderungen) vorliegen. Weiter ist zu bedenken, dass bei weitem nicht jede spirituell bedeutsame Stätte geschichtlich dokumentierbar ist oder sich als solche offenbart, und dass überhaupt unser wissenschaftlich erfassbares Wissen doch sehr lückenhaft ist. So wurde z. B. eine „prähistorische Stufenpyramide in Deutschland" entdeckt. (Siehe *Synesis* Nr. 47 vom Sept./ Okt. 2001 und folgende – EFODON e.V., Europäische Gesellschaft für frühgeschichtliche Technologie und Randgebiete der Wissenschaft). Und natürlich gibt es außerhalb der Fünfstern-Linien, Linienparallelen und -fortsetzungen ebenfalls wichtige Orte, die anderen geometrischen Figuren folgen, weil sie sich auf andere Wirklichkeiten beziehen: ein weites Feld geomantischer Forschung! Bei einer Fünfstern-Figur sind spezifisch das *Ätherische* betreffende Verhältnisse zu erwarten also Ereignisse, Geschehen, Prägungen, die im *Lebensbereich* urständen oder in diese hinein wirken. Dies ist z.B. bei geschichtlich wirksamen Taten (auch, wenn sie unbekannt bleiben) und Naturcharakteristika der Fall (Gebirge, Gesteinsarten, Gewässer, Äthergeographisches, Klimagebiete usw.). Vielleicht könnte man bei strittigen Fragen über die Lage bestimmter Orte und Gegenstände solche Linien sogar als Hilfe zur Suche und Entscheidung nutzen?

Zu bedenken ist auch, dass nicht nur Positives, sondern gerade auch dessen negative Schattenseiten an den Linien sein können (z.B. Atomkraftwerke oder Militäranlagen, große Funktürme etc.). Diese verdecken ja – oft unbewusst gerade dort gebaut – das „Licht". So soll nun, ohne im Geringsten Vollständigkeit anzustreben, sondern lediglich als Anregung zum Weiterforschen, das von Grasdorf ausgehende Fünfeck betrachtet werden.

Über die Wahl der Länge der Fünfstern-Linien – man könnte auch eine andere wählen, oder aber den Fünfstern z.B. mit seinem *Zentrum* auf Grasdorf legen (statt der Nordspitze) oder dergleichen – das folgende: Für das in der Einstimmung erwähnte Seminar in Freiburg 1992 wurde gerade dies hier gewählte Beispiel einer Großformation genau geometrisch untersucht. Dabei stellte sich heraus, dass die äußerste Linie Richtung Südwest (siehe Abb.. S. 22) haargenau durch die Stelle südöstlich von Malsch zieht, wo der von Rudolf Steiner 1909 geweihte „Modellbau" steht, um, weiterstrahlend, exakt nach Dornach zu gelangen, wo das erste Goetheanum stand (das uns hier noch beschäftigen soll). Dabei mag zusätzlich erstaunen, dass, einem Wink Rudolf Steiners gemäß, die Ereignisse des 20. Jahrhunderts um 1950 wie gespiegelt untersucht werden können, was mancherlei Aufschlüsse gibt. So liegt 1991 41 Jahre vor, 1909 41 Jahre nach dieser Jahrhundertmitte-Spiegelachse, bzw. jeweils neun Jahre vor oder nach den Jahrhundertwenden. 1913-1923 hingegen (Bauzeit und Existenz des Ersten Goetheanum) spiegelt sich in den Jahren 1977-1987, wo die ersten, noch einfachen Kornkreise entdeckt wurden.

Zum großen Erstaunen ergibt die genaue Abstandsrelation – per Autokarte ermittelt – das Folgende: von Grasdorf bis Dornach misst die Strecke

B 7 Ein „Stern" über Mitteleuropa – geografisch und historisch

1. Geographische Skizze

Das Pentagramm, über Mitteleuropa von Grasdorf aus errichtet, offenbart, dass schon geologisch die Wahl seiner Lage und Maße nicht willkürlich ist. So liegen etliche wichtige Gebirgszüge entlang seiner Linien und Schnittpunkte, während es mit seinen verlängerten Fußpunkten über den gewaltigen Bergmassiven des Montblanc und Großglockner ruht. Das Alpenmassiv schmiegt sich in die über Dornach südwärts weisende Linie ein und biegt dann unterhalb der Grundlinie um. Insgesamt umschließt das Pentagon selbst in etwa die mittelgebirglichen Höhenstufen Mitteleuropas und läßt die NW- und NO-Tieflagen ebenso außerhalb wie das hohe Alpengesamtmassiv im Süden. Es nimmt also den Raum mittlerer Höhenlage ein. Die übrigen Verhältnisse übereinstimmender Gebirgshauptrichtungen auf den Fünfsternlinien, deren Verlängerungen oder Parallelen entnehme man Abb. 20 und entsprechenden Landkarten.

Luftlinie genau 3,33 mal so weit wie von Dornach nach Malsch. Anders gesagt: Würde sich jemand die Aufgabe stellen, von Dornach aus eine Linie über Malsch zu ziehen (weil dort die beiden Ur-Bauten des neuen esoterischen Baugedankens standen bzw. stehen[1]) und solle die Linie weiter strahlend insgesamt 3,33 mal diese Strecke enthalten, so endete sie in Grasdorf, wo in der Form eben dieser Fünfstern fixiert ist – interessanterweise in der dem Saturn entsprechenden Teilform (vgl. Abb. S. 21. Diese Strecke Grasdorf – Dornach ist hier den Zeichnungen, dem folgenden Mitteleuropa-Fünfstern sowie dessen Erweiterungen als Maßeinheit zugrundegelegt worden.

[1] Über die unterschiedliche Art und Bestimmung der beiden Baugedanken vgl. den Aufsatz des Autors in der Zeitschrift *STIL*, Ostern 2000

Abb. 20

Ecken (Linien) des Fünfsterns:

G – Nordspitze: Grasdorf/Harz
P – Ost: Werningerode, Tschechien/Erzgebirge
West: Eifel/Ardennen
D – Südwest: Dornach (Malsch/Karlsruhe, Heidelberg, Freiburg)
Südost: Großglockner

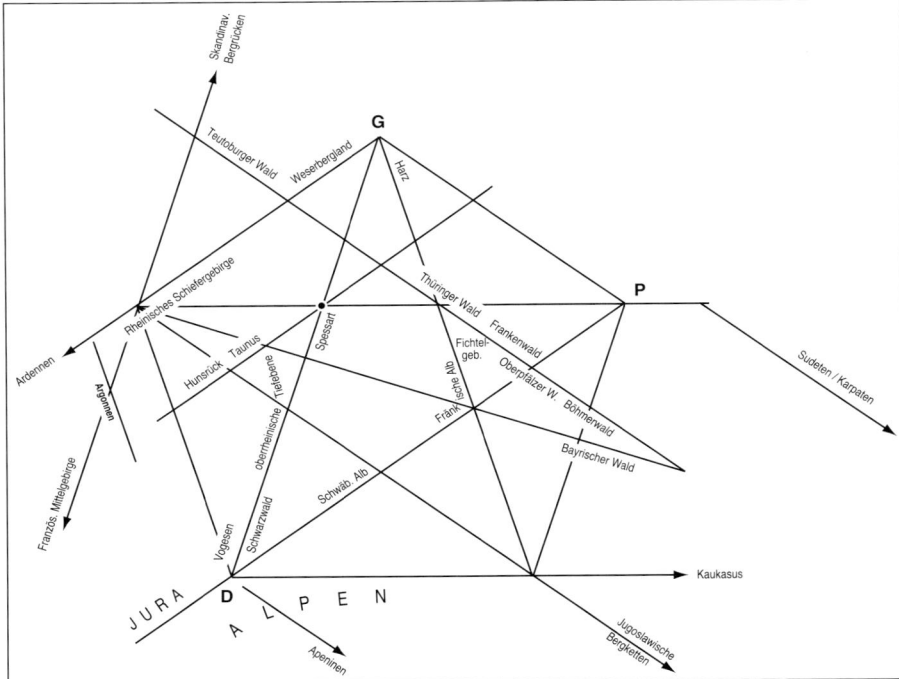

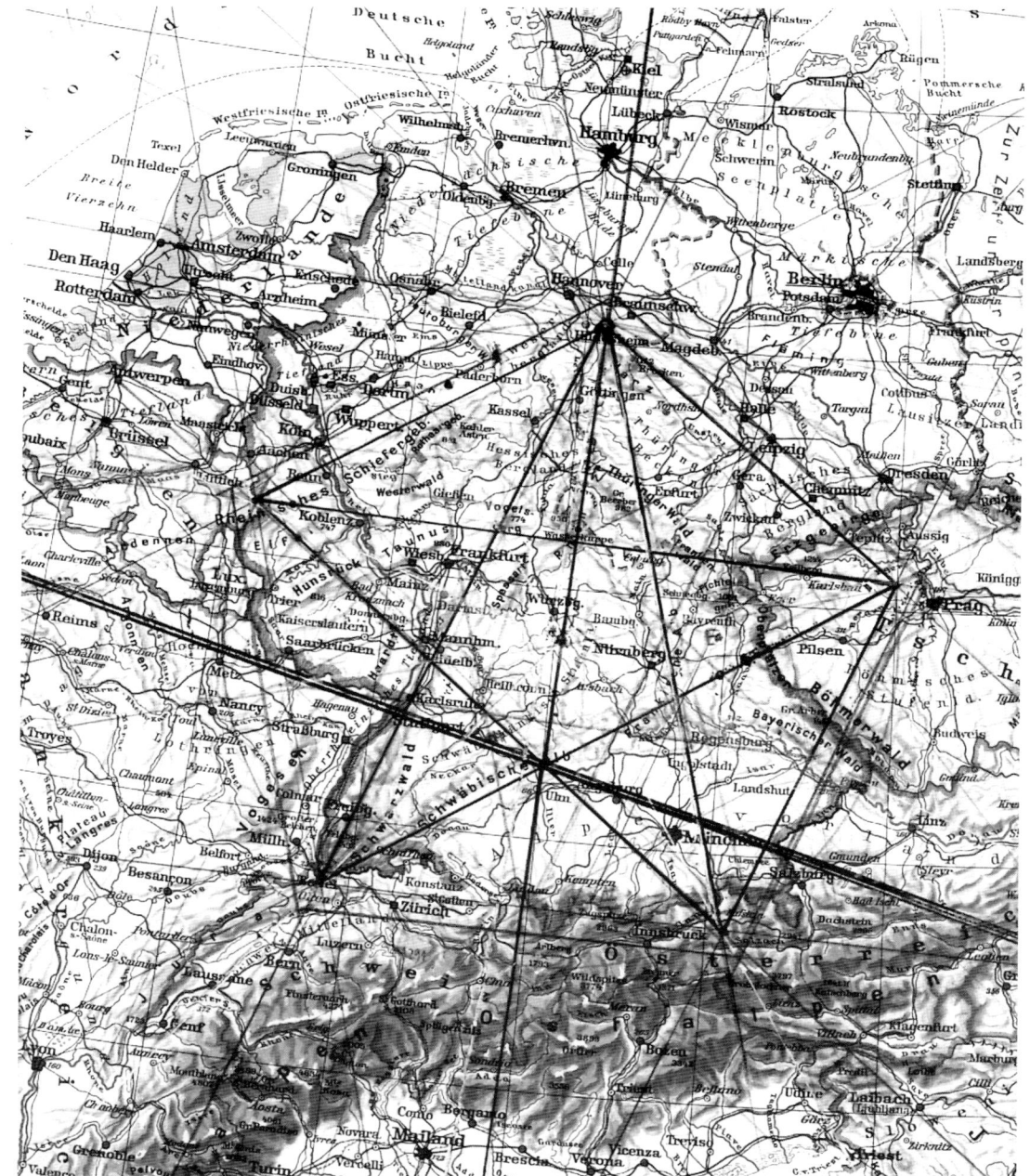

Abb. 21

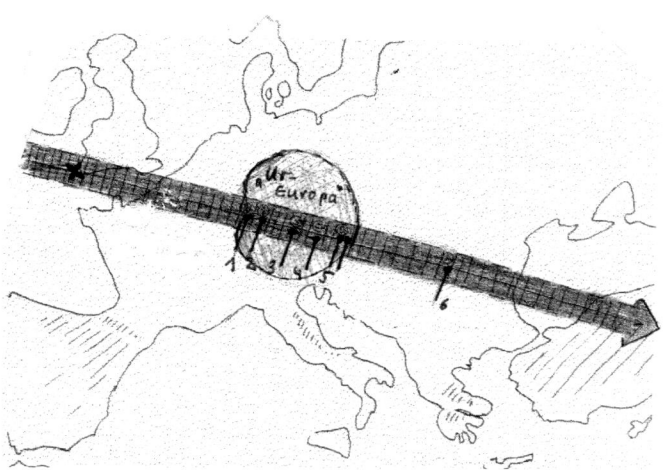

Abb. 22

Sonnenfinsternis am 11. August 1999
X Tintagel 12.00 h,
1 Malsch 12.32 h,
2 Stuttgart 12.33 h,
3 München 12.37 h,
4 Salzburg 12.40 h,
5 Mariensee/Herzberg 12.45/46 h,
6 Maximum/Mitte/ 150 km westlich von Bukarest.

(Zeitangaben in MEZ)

Der Kernschatten der Sonnenfinsternis vom 11. August 1999 schneidet das Pentagramm exakt im unteren Diagonalschnittpunkt (siehe Abb. 21 und 22). Der Winkel zur NW-SO-Diagonale des Pentagramms entspricht dabei wiederum der Erdachsenneigung von ca. 23,5 Grad.

Diese Schattenspur trifft übrigens genau sämtliche Bauten, welche den ovalen Grundriss des Malscher Modells zeigen bzw. die Stätte, wo 1907 der Ur-Impuls dieses Baugedankens in Erscheinung trat (München). Dabei liegt Malsch am westlichen Ende von „Ur-Europa" (nach Rudolf Steiner endete hier zunächst das atlantische Meer), Mariensee bzw. Herzberg nahe des östlichstenEndes. (Bis zum östlichen Alpenausläufer reichte das Pannonische Meer. Deshalb mußte Gilgamesch seine Reise zum Herzberg im Burgenland – heute „Steinstückl" genannt, neben Redlschlag bei Bernstein gelegen – per Schiff unternehmen.) Auch das Kornkreis-Land Südengland liegt am Zentralschattenband – es wird als erstes europäisches Festland davon getroffen.

Die nächstgrößere, zu dem Fünfstern gehörige Form (Abb. 23, inneres Fünfeck) umgrenzt in etwa Mitteleuropa im weiteren Sinne, die größte Form Gesamteuropa, mit Ausnahme des höchsten Nordens und Nordostens und dem SW-Teil der Iberischen Halbinsel, bezieht hingegen die nordafrikanische Küste mit ein. Dieser Teil Afrikas wird auch biologisch nach Fauna und Flora zu Europa gezählt. – Die Spitze dieses großen Pentagons endet exakt am Polarkreis. Italien richtet sich dabei nach der NO-SW-Diagonale des Pentagramms, die nordwestliche Mittelmeerküste etwa nach der SW-NO-Diagonale, auf welcher die Balearen liegen; sie läuft weiter an die Süd-Grenze des Ural. Seine Basis ruht auf dem Atlasgebirge, Afrikas Küste gleitet dieser OW-Grundlinie entlang, die dann durch Jerusalem verläuft.Hier kreuzt sie sich mit der NO-Pentagon-Linie des Mitteleurop-Sterns von Grasdorf aus. Norwegen grenzt an die steile westliche Diagonale und östlich an deren durch Grasdorf laufende Parallele. Die adriatische Ostküste mit dem dinarischen Gebirge liegt entlang der dazu parallelen Linie, die durch England geht, das ägäische Meer durchkreuzt und im Nildelta endet. Das Westufer des Schwarzen Meeres begrenzt die große nordöstliche Pentagonlinie. Die durch Grasdorf und den Großglockner verlaufende Diagonale läuft außerdem exakt durch die Vulkane Vesuv und Ätna. Jütland richtet sich an der nach Norden weisenden Mittellinie auf, welche Skagerrak und Kattegat trennt bzw. den scharfen Küstenwinkel bei Oslo trifft. Noch weiter wollen wir die Linien hier nicht verfolgen[1].

---

[1] In dem ausführlichen Aufsatz des Autors *Vorahnungen einer Geosophie* ist ein Gesichtspunkt entwickelt, der mit dem „Europa-Pentagramm", nachträglich bemerkt, erstaunlich harmoniert (s. Literaturhinweise und Abb. 24a)

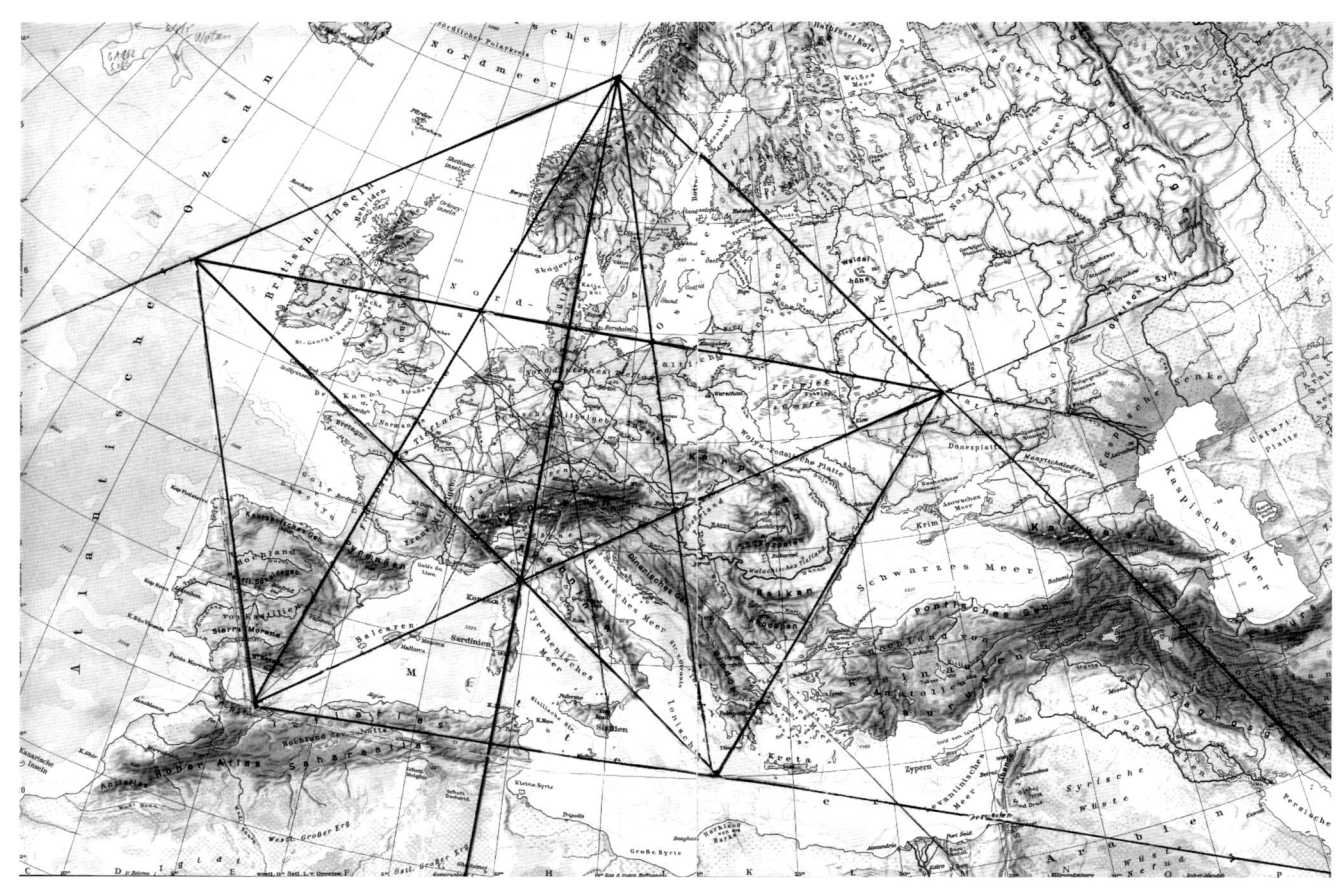

Abb. 23

Es ist erstaunlich, dass fast alle großen Flüsse an der NO-SW-Diagonalen (oder deren Parallelen) verlaufen. Mit Ausnahme von Po, Rhone und den spanischen Strömen folgen fast alle, wenigstens in großen Strecken, dieser Hauptrichtung. Po, Arno und Donau folgen großenteils der Grundlinie des Pentagons.[1]

Interessanterweise waren die ersten Globen nicht alle nach kreuzenden Längen- und Breitengraden eingeteilt, sondern in Fünfecke; d.h. die Erde wurde mit den Kanten des Pentagondodekaeders überzogen. Diese wurden dann in je fünf Dreiecke mit gemeinsamer Spitze in jedem Pentagonmittelpunkt weiter unterteilt.

[1] Wie nachträglich bemerkt, liegen auf den Linien des „Europasterns" oder gar deren Kreuzungen *genau* die sechs Vorkommen des therapeutisch wichtigen Metalls Antimon. Die wichtigsten globalen Vorkommen befinden sich auf den Verlängerungen dieser Linien (vgl. W. Cloos: *Werdende Natur*). –

Wer sich für mathematische Verhältnisse in den Kornkreisen interessiert: Max Seurich hat in seinem Büchlein *Das Menetekel der Kornkreise* Winkel- und Streckenverhältnisse vieler Kornkreise vermessen und in Beziehung zu kosmischen Maßrelationen gebracht.

2. Geschichtlich-kulturelle Skizze

Bei der Prüfung des „Mitteleuropa-Sterns" in Bezug auf kulturelle oder esoterische Übereinstimmungen stellte sich heraus, dass vor allem der kontinuierliche Strom dabei betroffen ist, welcher, beginnend in Atlantis über die keltisch-germanischen Mysterien zu den urchristlichen-, Grals- und Rosenkreuzermysterien, bis hin zur Anthroposophie weist. Die nicht unmittelbar diesem Hauptmysterienstrom der nachatlantischen Menschheit zugehörigen Strömungen haben zu diesem Mitteleuropa-Stern weniger Bezug.

Im folgenden sei das Pentagramm, der Fünfstern, bzw. wenn die fünf Sternspitzen verbunden werden, das Pentagon, nach den geschichtlichen Orten und Begebenheiten, insbesondere an den Extrempunkten, knapp geschildert – und zwar mit periphärem Sehen, d.h. es sind qualitative Annäherungen beabsichtigt. Man kann die Spitzen des Fünfsterns bzw. des Fünfecks auch als die Extremitäten eines Menschen anschauen, der Arme und Beine ausstreckt (vgl. dazu Abb. 24). Dann liegt im Norden mit Grasdorf der Kopf, vom Betrachter aus gesehen die linke Hand in der Gegend des Grenzbereiches zu Belgien und Luxemburg südlich von Aachen im Gebiet der Schneeeifel. Die rechte Hand liegt östlich: im westlichen Sudetenland, dem heutigen Tschechien nordwestlich von Prag. Am linken Fuß liegt das französisch-schweizerisch-deutsche Grenzgebiet im Raum Basel, am rechten Fuß die Kitzbüheler Bergregion im österreichischen Tirol. (Der westlichen Pentagonlinie nach gehört das Elsass eigentlich zum deutschen Kulturgebiet.)

Alle fünf Punkte sind im Prinzip deutschsprachig, auch wenn an der rechten Hand heute tschechisch die amtliche Sprache ist. (Man vergleiche dazu eine Zeichnung, die Rudolf Steiner innerhalb der esoterischen Stunden in München am 27. August 1909 über Parzifal gegeben hat: Abb. 24. Im genauen Verfolgen der dortigen Darstellung vermag sich im Hinblick auf den „Stern" Europas einige Erhellung zeigen!)

Linke Hand und linker Fuß standen französischem Einfluß stets nahe. Aachen war der Hauptsitz des Frankenkaisers Karl dem Großen. Diese verlängerte Kopf-, westliche Hand-Linie führt nahe an Chartres, Orleans und Tours vorbei. Im alt-alemannischen Basel tagte 1431 bis 1449 die letzte große Reformsynode des 15. Jahrhunderts, wo ein paar Jahre später von Papst Pius II. die Universität gegründet wurde (1459). Im Basler Münster liegt der Reformator und Humanist Ökolampadius begraben. Die Spitze bildet Dornach. Bei Stuttgart streicht die Mittellinie der Sternspitze genau durch Herrenberg, wo am 15.8.1586 Johann Valentin Andreae, der Verfasser der „Chymischen Hochzeit des Christian Rosenkreutz" geboren wird. Die beides vereinigende westliche Pentagonlinie weist über Colmar zum Odilienberg, einer für das Fortwirken der Gralsströmung entscheidenden Stätte[1].

Demgegenüber standen rechte Hand und rechter Fuß im habsburgischen und slawischen Einflußbereich.

Abb. 24: Skizze Rudolf Steiners aus der esoterischen Stunde – München, 27. August 1909 (GA 266)

---
[1] Vgl. Thomas Meyer: *Helmuth von Moltke*, Bd. II (Perseus 1993) und Th. Mauser: *Die heilige Odilie* (Geering 1982)

Prag erwählte der laut Rudolf Steiner „letzte Eingeweihte auf einem Kaiserthrone", Karl IV., zu seiner Residenz, wo er bereits im Pestjahr 1348 eine deutsche Universität gründete, die mit den italienischen Humanisten um Petrarca in engem Kontakt stand. Karlstein liegt exakt auf der NW-SO-Pentagon-Linie (siehe dazu M. Eschborn: *Karlstein. Das Rätsel um die Burg Karls IV* – Stuttgart 1971). Anlässlich eines Besuches Rudolf Steiners in Prag äußerte er, dass oben auf der Prager Burg, dem Hradschin, die Flamme der nächsten (der slawischen) Kulturepoche, verkündet werde (vgl. dazu Hanna Krämer-Steiner: *Geistimpulse in der Geschichte des tschechischen Volkes von den Ursagen bis Karl IV.*, Mellinger Verlag, Stuttgart 1971). Schon zum ausgehenden Mittelalter wurden im Prager Umland durch die Wirksamkeit des großen Vorreformators Johannes Hus, der 1415 in Konstanz während des Konzils wegen Häresie verbrannt wurde, künftige Bewusstseinsimpulse veranlagt.

Der rechte Fuß weist mit seiner Linie, die über Westeuropa verlängert England und Irland durchquert, auf die Gegend des nördlichen Oberösterreichischen Alpengebietes, südwestlich, unweit von Hallstadt am Dachstein, wo die größten keltischen Ausgrabungsfunde gemacht wurden. Die Grundlinie weist über Dornach westlich zum bedeutsamen keltischen Zentrum Alesia, das von den Römern vernichtet wurde (um 46 v.Chr.). Unterhalb Dornachs, auf der verlängerten Linie Prag–Dornach liegt La Tène, das bedeutsame Zentrum der keltischen Kultur (bei Neuchâtel).

Betrachtet man die Flussläufe beider „Füße", so ändert der Rhein bei Basel seine östliche Fließrichtung, zieht nicht weiter in französisches Gebiet, sondern schwenkt nach Norden. Ähnlich verläuft der Inn, der sich bei Kufstein aus seiner östlichen Flussrichtung ebenso nach Norden wendet. Die Moldau, die Smetana so herzergreifend musikalisch „malte", zieht sich parallel zur Linie zwischen linkem Fuß und linker Hand.

Dasjenige Pentagon, welches die fünf Spitzen des Mitteleuropa-Sterns in ihrem Inneren bilden, ist das Kernland des Sterns. In dessen Mitte wiederum im fränkischen Grenzgebiet zwischen Bayern und Baden-Württemberg liegt Rothenburg ob der Tauber (an der A7). Die alte Reichsstadt ist eine der besterhaltenen mittelalterlichen Städte und noch heute ein Denkmal des 15. und 16. Jahrhunderts. Die alte Burg hoch in einer Tauberschleife gelegen, wurde 1356 durch ein gewaltiges Erdbeben zerstört – im gleichen Jahr, als große Teile Basels zerstört wurden. In der eigentümlichen Gegend um Rothenburg finden sich folgende Städte: Das westlich gelegene württembergische Bad Mergentheim (dort wohnte der Dichter Eduard Mörike) war einst Mittelpunkt der bedeutendsten Ballei des über weite Teile Europas ausgebreiteten Deutschen Ordens und 1527-1809 Sitz der Hoch- und Deutschmeister. Im östlich gelegenen bayerischen Ansbach ist die Grabstätte Kaspar Hausers, des „Kindes Europas", durch dessen Ermordung viele nötigste Impulse der Mitte Europas zunichte gemacht wurden.

Linke und rechte Seite des Mitteleuropa-Sterns lassen sich durch die Mittelachse spiegeln. Diese Linie führt durch teils wenig besiedelte deutsche Landschaften. An dieser Linie durch Grasdorf aber liegen u.a. die Orte Heidenheim, Rothenburg/Tauber, Herleshausen (ehemalige Grenzstadt zwischen BRD und DDR) und Seulingen (bei Göttingen). Das am Fuße des verfallenen Schlosses Hellenstein angesiedelte Heidenheim lag auch im Kerngebiet der totalen Sonnenfinsternis vom 11.8.1999. 30 km südwestlich liegt Lauingen an der Donau, die Geburtsstadt des Albertus Magnus und nordwestlich das fruchtbare Nördlinger Ries, welches durch einen Meteoreinschlag entstanden ist.

Im Sommer 2001 wurden bei Randersacker/Würzburg von Hobbyforschern gewaltige Megalithanlagen mit Ganggrab entdeckt. Diese von der offiziellen Archäologie bisher nicht beachtete Sensation liegt auch auf dieser Linie (siehe dazu Walter Haug: *Die Entdeckung deutscher Pyramiden*. Cernunnos 2003). Ähnliche Megalithanlagen wurden an der Linie: österreichische Alpen–Eifel zwischen Karlsruhe und Heilbronn gefunden, nämlich im Kraichgau bei Kurnbach und Sternenfels (wo merkwürdigerweise ein Siebenstern und eine angedeutete Pyramide im Ortswappen zu sehen sind!). Weiter südöstlich liegt Hohenstaufen. In aller Munde dagegen ist die Entdeckung des „Keltenfürsten vom Glauberg" am Ostrand der Wetterau: mehrere weitgehend zerstörte Steinstelen, die an jene erinnern, die bei Bonn gefunden wurden und die Rudolf Steiner mit dem Gott Vidar in Zusammenhang brachte. Der Glauberg liegt nahe der Linie Dornach-Grasdorf, nordöstlich von Frankfurt.

Nun kommen wir zu Verbindungslinien zwischen West und Ost. Die vom linken Fuß (Dornach) in Richtung rechte Hand (Prag) des gedachten Großmenschen ausgehende Gerade verläuft östlich Donaueschingen durch die Schwäbische Alp (Staufergebiet). Auf ihren höchsten Höhen – die Linie geht durch das Gebiet des Großen Heubergs – liegt die Ruine der Oberburg bei Egesheim, wo 1990 ein einzigartiger frühkeltischer Opferfund (Fibeln) gemacht wurde. Es geht weiter über Heidenheim, Nördlinger Ries zur Fränkischen Alp, wo sie nahe Ellingen (südlich von Nürnberg) vorbeizieht. In Ellingen befindet sich eine Deutschordensballei mit einem im 19. Jahrhundert verstorbenen, in einem Sarg liegenden Hochmeister, dessen Leib unverwest ist. Weiter durchquert die Linie den Pfälzer und Böhmer Wald, ehe sie das alte keltische Siedlungsgebiet des Böhmischen Kessels erreicht (der Name stammt, so Tacitus, von dem keltischen Stamm der Bojer, welcher die goldenen „Regenbogenschüsselchen" prägte – vgl. Kap. E).

Bei einer Nachprüfung kann man feststellen, dass nicht wenige anthroposophische Einrichtungen oder Wohnorte auf den Sternlinien liegen, sowohl auf dem dargestellten als auch auf dem „Externstein-Pentagramm" (siehe Kap. L2), bzw. dessen Verlängerungen. Niemals aber bedeutet das ein Ausruh-Lob! War es schon zu Rudolf Steiners Zeiten so, dass „wir alles, alles tun müssen, um unsere Sache gut zu machen – und es wird immer noch zu wenig sein", so heute erst recht! Zum Ansporn mögen solche Linien (oder weitere Querverbindungen) helfen.

Zuletzt noch ein Blick auf die besondere Linie, welche durch den Hauptast gewiesen ist, der die beiden Kreuze verbindet und 5° südlich gegen Osten weist. Eine entsprechende Linie von Grasdorf aus über den Globus gelegt verläuft durch die Ukraine, am Nordrand des Kaukasus vorbei durch das Kaspische Meer nach Afghanistans

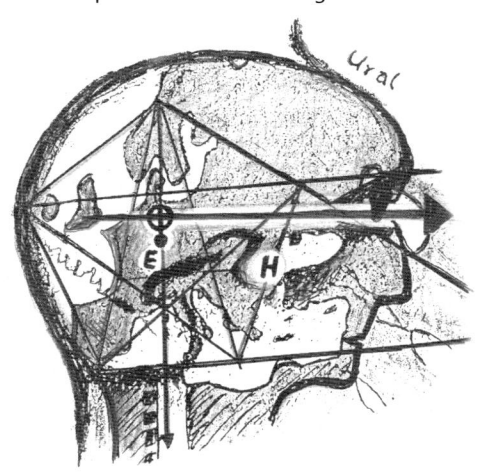

Abb. 24a:
Geometrisch vervollständigte Skizze aus dem Aufsatz des Verfassers von Februar 1991 über den „Kopf Europa" (siehe Lit.hinweise: „Vom Ich-Punkt des Erdglobus"). Das Bild wirkt wie eine Illustration der Worte Rudolf Steiners an Gräfin Keyserlingk: „Man schaut viel zu wenig nach dem Osten; dort wird die Entscheidung über Europa fallen." Die Winkel sind hier der Freihandzeichnung Rudolf Steiners in seiner Pastellskizze „Es werde die Weite und das Leben" angepaßt. Bei E liegt im Gehirn die Zirbeldrüse, bei H die Hypophyse. Die Spiegelachse des Fünfsterns trifft in den Rückenmarkskanal.

B 8 ... und über Europa und der Erde

Mittelregion, dann durch Zentralindien am Südrand von Sumatra/Java vorbei (vgl. Abb. 24a) nach Südwest-Australien und Süd-Neuseeland. Die Gegenrichtung führt die versunkene Nordatlantis („Niflheim") am Golfstrom entlang durch die Bermuda-Inseln über Kuba/Jamaica und Nicaragua zu den Galapagosinseln. Das im Pazifik gelegene Zentrum dieses Ringes weist auf die Austrittsstelle des Mondes bei Hawaii. Die eindringlich deutende Geste Richtung Südrussland soll wohl noch auf etwas Bestimmtes, Entscheidendes weisen? Nah oder fern? Vergangenes, Gegenwärtiges oder erst Zukünftiges betreffend? – Diese Linie ist auch identisch mit dem Blickstrahl des „Kopfes Europa", welchen der Verfasser bereits Anfang 1991 erarbeitete (Abb. 24a). Es weist diese Richtung westwärts durch das „Welt-Kornkreiszentrum" Südengland.

Es ergaben sich (Abb. 23) fünf nähere Zentren bei Tours (Frankreich), der Spitze von Korsika, bei Budapest (Ungarn) sowie in der Nordsee (Doggerbank) und an der Ostseeküste. Die Verlängerung der Verbindung dieser Punkte ergibt die ferneren Fünfsternspitzen bei Norwegen am Polarkreis, westlich von Irland, im südlichen Griechenland sowie an der Küste Afrikas bei Gibraltar und in der nordöstlichen Ukraine. Die Mittelpunkt-Spitzen-Diagonalen verlaufen durch London und Irland, Jütland, Norwegen, Südrussland, Adria und die Mittelmeerküste Spaniens. Eine im rechten Winkel zur Nord-Süd-Achse durch Grasdorf gelegte Linie streicht exakt durch das Kornkreis-Land im südlichsten England. Erweitert auf die Welt ergibt sich folgendes Bild (Abb. 25).

Abb. 25

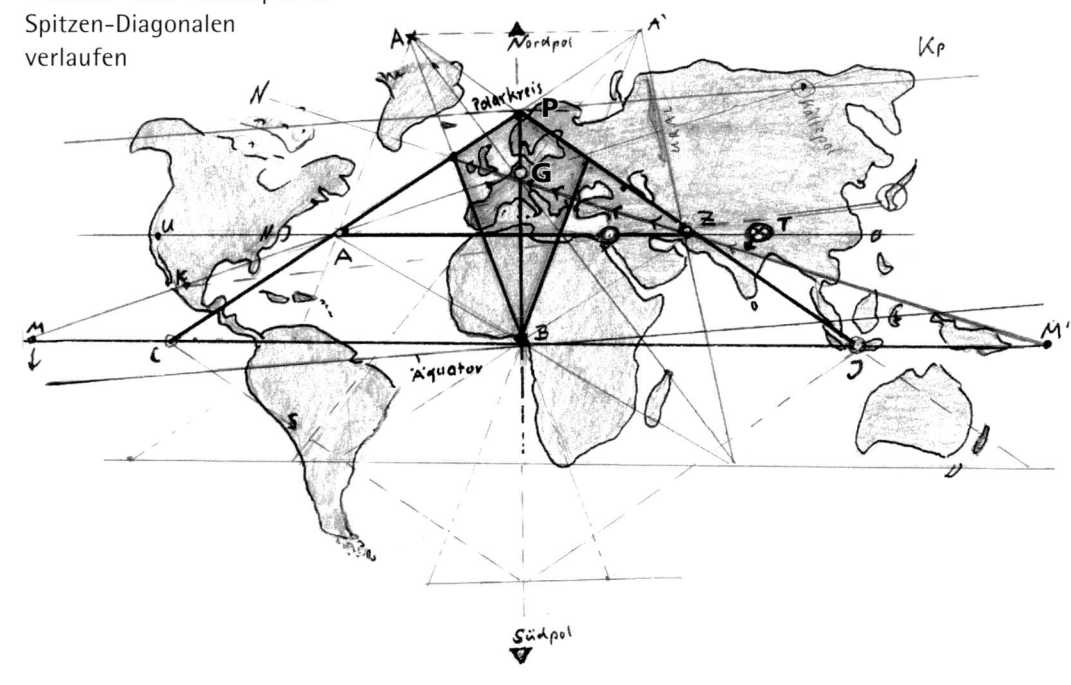

Dabei ist zu beachten, dass eine Landkarte, je mehr sie umfasst, umso verzerrter das Landgefüge wiedergibt – und je nach Abbildungs-System auch verschieden. Einen unverzerrten Blick auf den Globus zeigt Abb. 26 mit Blick auf den Nordpol: Man sieht – analog zum eng zusammengezogenen europäischen Erdteil die Konzentration der Linien zum Pentagramm. Das ganze erinnert etwas an einen embryonalen Kopf mit „Augen" über der Ukraine und dem westlichen Irland sowie dem „Ichpunkt" bei Norwegen. Gegenüber, unter Alaska, bildet sich der Fünfstern spiegelbildlich ab. Die nördliche Polarregion zeigt ein ganz anderes Bild als die südliche, welche – konsequent zu den auf der Nordhalbkugel konzentrierten Landmassen – viel weiter auseinandergezogene Linien mit großer Öffnung um den Pol zeigen. (Das korrespondiert mit Rudolf Steiners Hinweis auf den „Erdtetraeder", wo der Nordpol dessen einer Spitze, der Südpol hingegen der Mitte einer Fläche entspricht. Auch *Jakob Lorber* schildert beide Pole im Wesen polar: im Norden eine Art „Erdmund", im Süden ein spiraliger Ausgangskanal [1].

[1] 18. September 1924, GA 354. H. U. Schmutz hat diesen Hinweis Rudolf Steiners mit seiner naturwissenschaftlichen Phänomenstudie *Die Tetraederstruktur der Erde* (Freies Geistesleben 1986) gründlich untermauert.

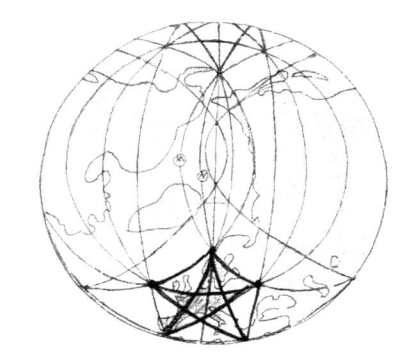

Abb. 26

Ohne dies vorher geahnt zu haben, trifft die Basis des großen Dreiecks **PJC** exakt den Äquator, und zwar am rechtwinkligen Knick der westlichen Küste. Dessen Ufer verlaufen in etwa entlang der um 2,5 Grad von der Himmelsrose verschobenen Linien des Sterns. Im Osten liegen Java und Neuguinea auf dieser Linie, nach Norden durch den Äquator selbst begrenzt. Die westliche Spitze **C** umschließt die Inseln der Karibik und endet bei Clifferton-Island. Die östliche Spitze **J** liegt an dem Punkt in Java, wo im Jahre 535 ein gewaltiger Vulkanausbruch durch seine Asche eineinhalb Jahre die Erde verfinsterte und katastrophale primäre und sekundäre Folgen hervorrief (siehe Davis Keys *Als die Sonne erlosch*, München 1999, der dieses Ereignis akribisch nachweist und damit, sonst ungeklärt und rätselhaft bleibende, geschichtliche und geologische Tatsachen aufhellt). Bemerkenswerte Punkte weist das nächst kleinere Dreieck an seiner Basis auf. Die Westspitze **A** und **Z** umschließt den nördlichen Teil der alten Atlantis („Nifl-heim"). Nach G. Wachsmuth lag hier das Sonnenorakel (*Werdegang der Menschheit*). Vor dem Untergang der Atlantis zog Noah, der göttliche Manu (der *Führer*) gen Osten zum Punkt **T** (dem Tarimbecken westlich der Wüste Gobi, das ebenfalls von dieser Geraden durchzogen wird). Von hier aus stiftet dieser Manu mit wenigen Getreuen, die ihm von Atlantis gefolgt waren, die urindische Kultur. Sein Lieblingsschüler Zarathustra, der große Sonneneingeweihte, gründete von hier aus die urpersische Kultur, auf dem Gebiet des heutigen Iran (Punkt **Z**). Die Linie **M′N** verläuft durch den Weg der nachatlantischen Kulturen Indien, Persien, Chaldäa-Babylon, Griechenland nach Mitteleuropa und streicht über Irland und dessen nordwestliches Meer, wo Manu das wichtigste Zentrum in Atlantis vor seinem Zug nach Osten bildete. Bei **A** und **Z** lagen also die wichtigsten Mysterien, welche der Menschheit ihre heutige geistige Konstitution veranlagten (im Sinne ihrer positiven Möglichkeiten!). Die Sonnenfinsternis 1999 durchwanderte diese Linie zwischen Europa und bengalischem Golf in umgekehrter Reihenfolge.

Die äußersten Punkte des großen

flachen Dreiecks von Grasdorf aus durch **A** und **Z** (Abb. 25) gezogen, enden in **M** und **M′**, welche, gegenüber **B**, ebenfalls wieder auf dem Äquator, in Eins zusammenfallen (auf dieser zweidimensionalen Karte nicht darstellbar). Hier (M/M′ auf dem Globus) lag etwa das südliche Lemurien, der bereits vor Atlantis untergegangene Urkontinent. Hier verließ der Mond die Erde (nicht als „kosmische Katastrophe", sondern eher einer Geburt vergleichbar. Die Substanzen der Erde waren hauptsächlich noch gallertig-weich). Die Linie **MAG** verläuft weiter durch den Kältepol (**Kp**), die Linie **M′ZG** weitergezogen durch den magnetischen Pol der jetzigen Erde (**N**). All dies bedeutet, dass die heutige Erde sich im Pentagramm Mitteleuropas geologisch und kulturell konzentriert, bzw. dass Europa – oder enger gefasst Mitteleuropa – auf den gesamten Globus ausstrahlt. – Von diesen Strahlen werden auch Punkte des „Erdtetraeders" getroffen: Die von Grasdorf nach Punkt **M** zielende Gerade führt nach Mexico, zum „Vulcan Collima" (**K**). Zieht man von diesem eine Gerade durch Jerusalem, so trifft man den zweiten Punkt des Erdtetraeders – Japan. Der dritte Punkt (Kaukasus) wird von der oberen östlichen Pentagongeraden **PZ** durchkreuzt. Der vierte ist der Nordpol.

Insgesamt deckt sich das Europapentagon mit einer Zeichnung Rudolf Steiners, wo dies Gebiet als menschliches Profil und als Erde skizziert ist. (*Es werde die Weite und das Leben*, vgl. den Aufsatz des Verfassers darüber: *Vorahnungen einer künftigen Geosophie*, siehe Abb. 24a u. Literaturhinweise) Hier liegt auch die größte Konzentration der globalen *Bleilagerstätten*.) Die Punkte **Z**, **U** und **A** korrespondieren überdies mit den *Überkreuzungslinien vom Dilatations- und Kompressionstetraeder der Erde* (Schmutz, S. 81). Bei **S** liegt ferner der Titicacasee: das bedeutsame Mysterienzentrum und Quelle mehrerer alter südamerikanischer Kulturen. Hier kreuzen sich die Linien durch **Ax–A** und **CS**.

Halten wir nochmals Rudolf Steiners Skizze daneben (Abb. 24), so läßt sich vielleicht folgender Sinn ablesen:

Abb. 27 zeigt Sechsstern auf Fünfstern gemäß Rudolf Steiners esoterischer Stunde vom 6. November 1906, ebenfalls in München (GA 266 I). Bei dem Sechsstern entsprechen **P** dem Kopfpunkt, die oberen Spitzen den Ohren, die unteren den Armen, die untere Spitze **G** dem Herz. Damit wäre die Stelle des Nordens, welche der Fünfstern freiläßt, ausgefüllt. Dass dies nicht nur Spielerei ist, zeigen die dadurch entstehenden neuen Punkte. Oslo bildet das Zentrum (vgl. folgendes Kap.), G (Grasdorf) ist als Herz gewählt. – Es geht eine NW–SO-Linie (durch G) von den Inseln Iona/Staffa, einem für die Wiederkunft Christi nach Rudolf Steiner wichtigen Ort, nach Damaskus, wo Paulus „als Erster" das Ereignis der ätherischen Christusschau „prophetisch vorauserlebte". Die spiegelbildliche Linie geht vom nördlichen Moskau bis zur Spitze Spaniens. Sie schneidet

Abb. 24 (Wdh.)
Die Nordpolregion („Hyperborea") bildet das Gottesauge im Dreieck, die oberen Pfeile laufen entlang der Diagonalen KpG und NG, das Herz liegt etwa bei G über Nord-Mitteleuropa und der „warme" Flügel über dem slawischen Osten, der „kalte" über Westfrankreich. Die kleinen oberen Flügel breiten sich über Nord- und Ostsee. Die Pfeile in den anderen Sternzacken („Genien der Weisheit") sind genau über den von A und A′ ausgehenden, durch G verlaufenden Diagonalen. Alle Pfeile beziehen also in der Zusammenschau beider Pentagramme den Punkt G (Grasdorf) ein als Anfang oder Ziel. Das untere Dreieck umschließt das Mittelmeer westlich Italiens, „der Umkreiser" fällt auf die nordafrikanische Küste, vielleicht von Gizeh/Heliopolis aus nach Gibraltar.

Abb. 27

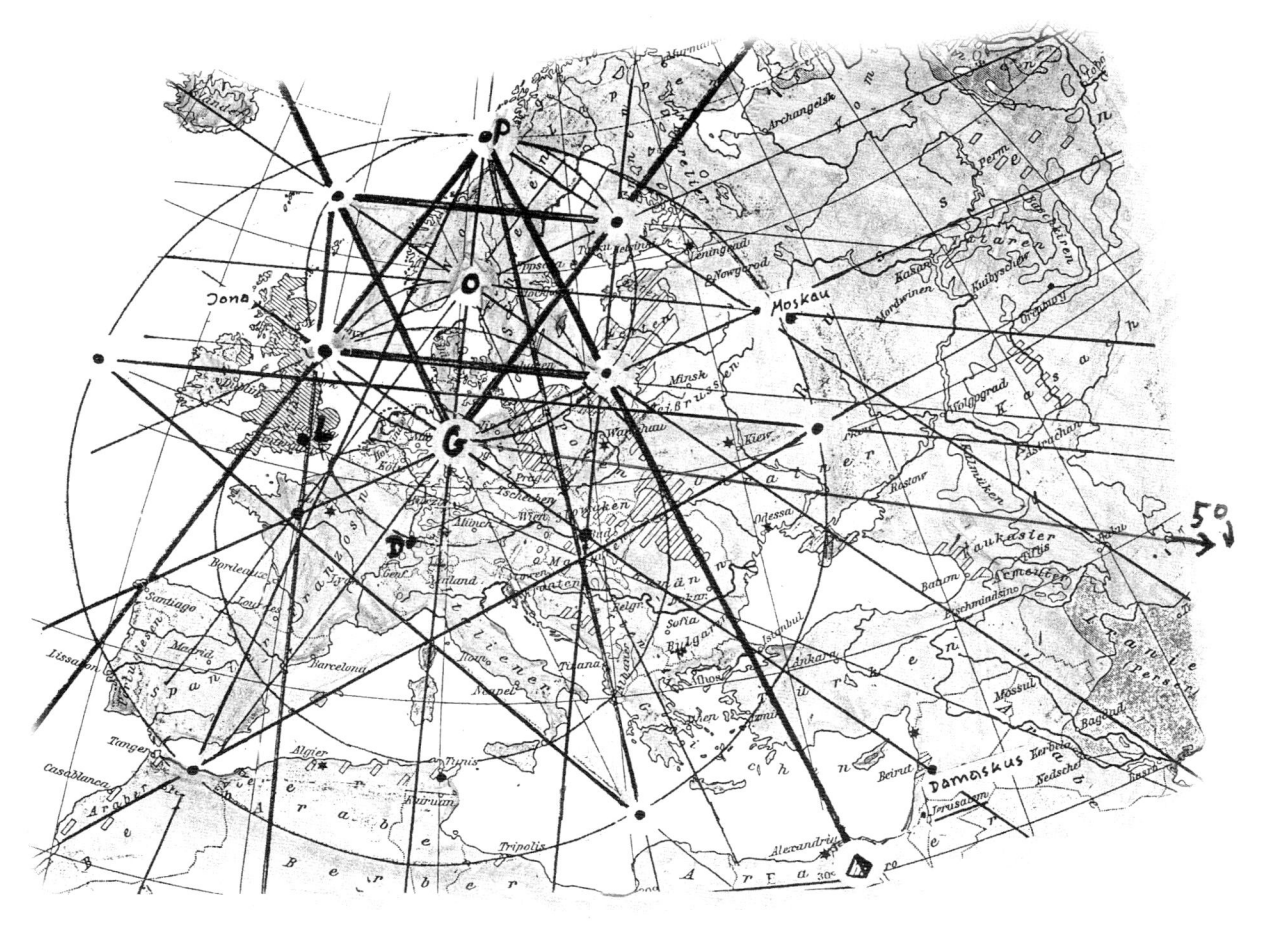

hier die von P südwestlich weisende Linie, die durch Torquay geht. Ihre Spiegellinie, über Stockholm, Königsberg, Warschau, Klausenburg und Bosporus, weist zu den Pyramiden von Gizeh. Durch Budapest streift die N–S-Linie, die durch die östlichen Sechseckspitzen festgelegt ist. Sie endet am Nordkap. Deren westliches Pendant geht durch London, Tours und Andorra. Die durch das Zentrum (Oslo) nach SO weisende Linie durchquert die Krim, das Zweistromland, nach NW zu Bergen (vergl. folgendes Kapitel) und Island.

Den Kreis um das Sechseck als „kleine Kuppel" genommen, lässt sich der Grundriss des 1. Goetheanum auftragen. Das Zentrum der „großen Kuppel" liegt etwa bei St. Gallen. Dornach, Wien, Warschau, Wlaclavec (Geburtsort von Marie von Sivers), Gotland, Stockholm, Oslo, Cambridge, Amiens und Reims liegen auf dem „Ur-Kreis"(vgl. Kap. B9 und C.)- Würde das Pentagramm, statt 2,5⁰ verschoben, genau in OWNS-Richtung liegen, so verliefe die Grundlinie des Europa-Sterns von Abb. S. 38 nicht durch Jerusalem, sondern duch Nazareth. Ob diese Verschiebung vom Wohn-(bzw. Zeugungs-)Ort des nathanischen Jesus zu seinem Todesort als Grund für die 2,5⁰-Verschiebung in Betracht kommen kann, möge weiterer esoterischer Forschung anheimgestellt sein.

B 9   Wesentliche Vortragszyklen Rudolf Steiners in ihrer geographischen Lage

Von den Orten, wo Rudolf Steiner besondere und/oder viele Vortragsreihen gab, finden sich die wichtigsten in Abb. 28 eingetragen. Man muss den Bogen nicht überspannen und für jeden Ort eine Begründung des Zusammenhanges mit dem „Stern" heranziehen. Aber gewisse Übereinstimmungen sind für manche Orte doch offenbar. Man sieht z.B. das starke Hervortreten der Grasdorf-Dornach-Achse von Lausanne bis Kopenhagen: diese Achse endet in Schweden bzw. in Milano.

Wir sehen wichtige Wirkensorte Rudolf Steiners tatsächlich im Zusammenhang mit den Strahlen des „Mitteleuropa-Sterns", auch außer der genannten Hauptachse. So liegt auf der Zentrallinie, welche sich an der Nordspitze Korsikas mit den östlichen und westlichen Schenkelverlängerungen trifft, im Norden Oslo (Kristiania), wo 1913 das zentral entscheidende (aber wohl nicht genügend aufgegriffene) *Fünfte Evangelium* ursprünglich gegeben wurde und 1910 der *Volksseelenzyklus* (GA 121)[1]. Hamburg ist ebenfalls ein wesentlicher Wirkensort. Die beiden Orte mit den meisten Vorträgen Rudolf Steiners (außer Berlin und Dornach), Stuttgart und München, liegen auf den westlichen bzw. östlichen Fünfsternzacken im Norden. Sie treten auch hervor durch die Ur-Waldorfschule bzw. den geplanten Johannesbau, für den dann – wegen Widerstand von Klerus und Künstlerschaft – mit 1 1/2 Jahren Verspätung der Grundstein 1913 in Dornach gelegt wurde. Die Stadt (München) lehnte ab – kurz darauf wurde Adolf Hitler dort mit Jubel empfangen!

Auf der Strecke Dornach-Prag (wo die *Okkulte Physiologie* 1911 gegeben wurde) liegt östlich auch Breslau mit Koberwitz, der Geburtsstätte der biologisch-dynamischen Landwirtschaft: Diese Linie trifft sich hier mit der großen „Europa-Pentagramm"-Kante vom Polarkreis bis südliches Griechenland, etwa in deren Mitte (Abb. 25, **PZJ**). München liegt am Kreuzpunkt der Spitzenmittelachse vom Großglockner-Gebiet aus durchs Ruhrgebiet mit der Verbindungslinie der Pentagon-Seitenmitten zum Böhmer Wald und östlich von Lindau.

Stuttgart liegt genau auf der Spiegelachse von Dornach über Leipzig, an Berlin vorbei, die südöstlich von Helsinki (Helsingfors) die NO-Europa-Pentagon-Kante schneidet. Wien, Graz und Budapest flankieren die südöstliche Pentagrammspitze. Deren untere Kante führt von Dornach über St. Gallen an Zürich vorbei nach Siebenbürgen, wohin Rudolf Steiner im Winter 1889 seine erste größere Reise antrat. Die Spiegelachse dieser Spitze führt nordwestlich über Nürnberg nach England in die Nähe von London, Ilkley, Oxford, Penmaenmawr, Torquay. Die westliche Pentagonlinie von Dornach aus zieht über Holland. Die im Duktus seiner Vorträge eine gewisse Polarität darstellenden Städte Stuttgart (Intelligenzkräfte und Lebenspraxis anregend) und München (künstlerisch-esoterisch) liegen im westlichen bzw. östlichen Nordzacken des Fünfsterns.

---

[1] Andrej Belyi schildert die Umstände und Stimmung dieses bedeutsamen, mit Rudolf Steiners Individualität existenziell verknüpften Zyklus eindringlich in *Verwandeln des Lebens* (Zbinden 1975)

Auf der folgenden Skizze bedeutet:
□ = sehr viele Darstellungen
○ = einmalige wichtige Enthüllungen
✕ = an diesem Ort war eine Gemeinschaft, mit der Rudolf Steiner esoterisch oder kultisch arbeitete (es gibt Kombinationen wie ○ ⊗ etc.) Einzelheiten des Wann und Was entnehme man den Verzeichnissen der Gesamtausgabe.

Abb. 28

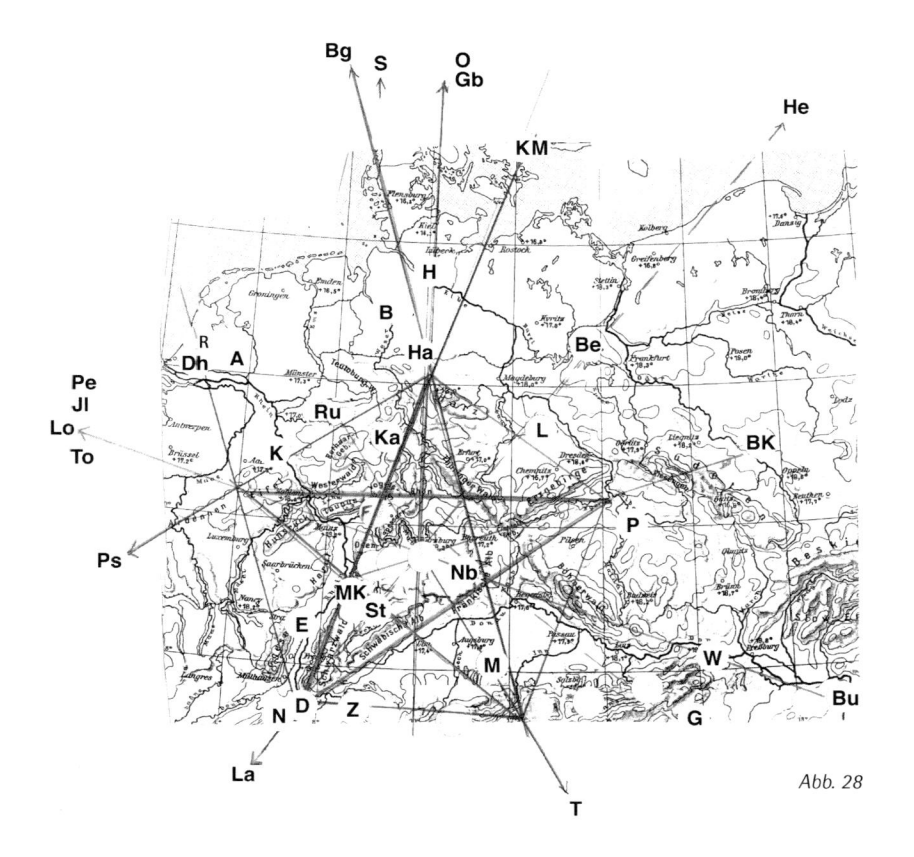

I Mitteleuropa
- ⊠ B — Bremen
- ⊠ Be — Berlin
- ⊠ H — Hamburg
- ⊠ Ha — Hannover
- ⊠ K — Köln-Düsseldorf
- ⊠ Ka — Kassel
- ⊠ L — Leipzig
- ⊠ M — München
- ⊠ MK — Mannheim, Karlsruhe, Malsch
- ○ Nb — Nürnberg
- ⊠ Ru — Ruhrgebiet
- ⊠ St — Stuttgart

II Schweiz
- ⊠ D — Dornach / Basel
- ⊠ La — Lausanne
- ⊠ N — Neuchatêl
- ○ Z — Zürich / St. Gallen

III Skandinavien
- ☐ Bg — Bergen
- ⊠ He — Helsinki (Helsingfors)
- ⊠ KM — Malmö und Kopenhagen
- ⊠ O — Oslo (Kristiania)
- ☐ S — Stockholm/Upsala
- No — Norrköping

IV Westliches Europa
England:
- ○ Il — Ilkley
- ⊠ Lo — London
- ○ Ox — Oxford
- ○ Pe — Penmaenmawr
- ○ To — Torquay

Niederlande:
- ○ A — Arnheim
- ○ Dh — Den Haag
- ⊠ R — Rotterdam

Frankreich:
- ⊠ E — Elsass
- ○ Ps — Paris

V Südliches Europa
- Bo — Bologna
- La — Lausanne
- Ml — Milano
- Pa — Palermo
- R — Rom
- T — Triest

VI Ostmitteleuropa
- ○ BK — Breslau / Koberwitz
- ○ Bu — Budapest
- G — Graz
- He — Hermannstadt
- Kl — Klagenfurt
- × P — Prag
- ⊠ W — Wien

47

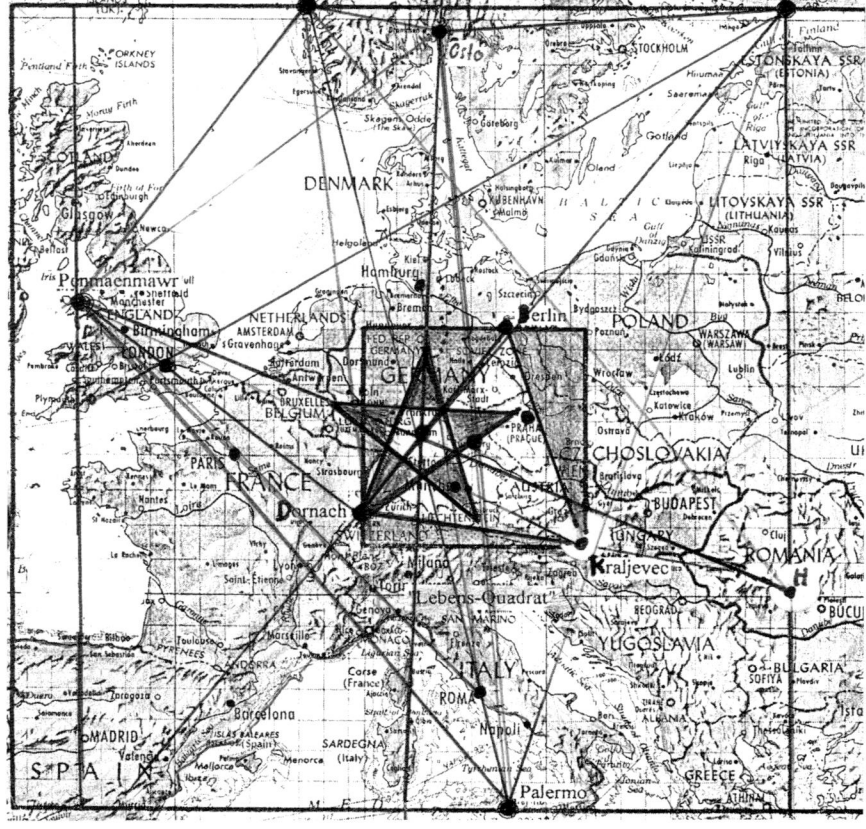

Abb. 29

punkt gesammelt, von dem Ort zu jenem Ort. Und der Leib des Jesus war das äußere Zeichen, das den Augen sichtbar machte, wie sich die Sonnenkraft bewegte. Die Wege des Jesus in Palästina waren die Wege der auf die Erde herabgekommenen Sonnenkraft. Und zeichnen Sie die Schritte des Jesus als eine besondere Landkarte auf, dann haben Sie ein kosmisches Ereignis." (12. Dezember 1910, GA 124)

Eine Überraschung ergab sich durch das Buch von Kurt Jauch *Kosmische Geometrie im Leben Rudolf Steiners* (S.118, Oratio Verlag) : Der Autor erforschte kosmisch-geometrische Verhältnisse in Rudolf Steiners Lebens- und Wirkensorten. Dadurch konnte eine wesentliche Ergänzung der vorangehenden Verhältnisse erarbeitet werden. Die wichtigsten Ergebnisse sind in Abb. 29 gekennzeichnet. Für Kurt Jauch ergab sich ein „Lebens-Quadrat" Rudolf Steiners: Geburtsort (Kraljevec), Wirkens- und Todesort (Dornach) und Berlin (langjähriger Wohn- und Wirkensort) – in dieser Zeichnung als K, B, D bezeichnet. Ebenso erschien ein „Vortrags-Quadrat". Daraus ergeben sich zwei Mittelpunkte dieser Quadrate: L (Lebens-Quadrat) und V (Vortrags-Quadrat, s. Abb. 31).

Abbildung 30 zeigt diese Verhältnisse, ergänzt durch weitere Verbindungslinien wichtiger Vortragsorte. So

Man sieht, dass in der Tat viele der wichtigen Wirkensorte mit dem Pentagramm korrespondieren. Die Städte Berlin und München liegen auf den Mittelstrahlen der Sternzacken. Lediglich die italienischen Vortragsorte liegen sämtlich nicht auf oder bei irgendwelchen sich durch das Pentagramm ergebenden Linien. (Weitere Verhältnisse suche man auf entsprechenden Karten)

Von Rudolf Steiner selber mag ähnliches gelten, wie das, was er über Christus enthüllt: „In der oder jener Zeit ging der Christus von dem Ort zu dem Ort. Man könnte ebensogut sagen: Zu dieser Zeit bewegte sich die geistige Kraft der Sonne, wie in einem Brenn-

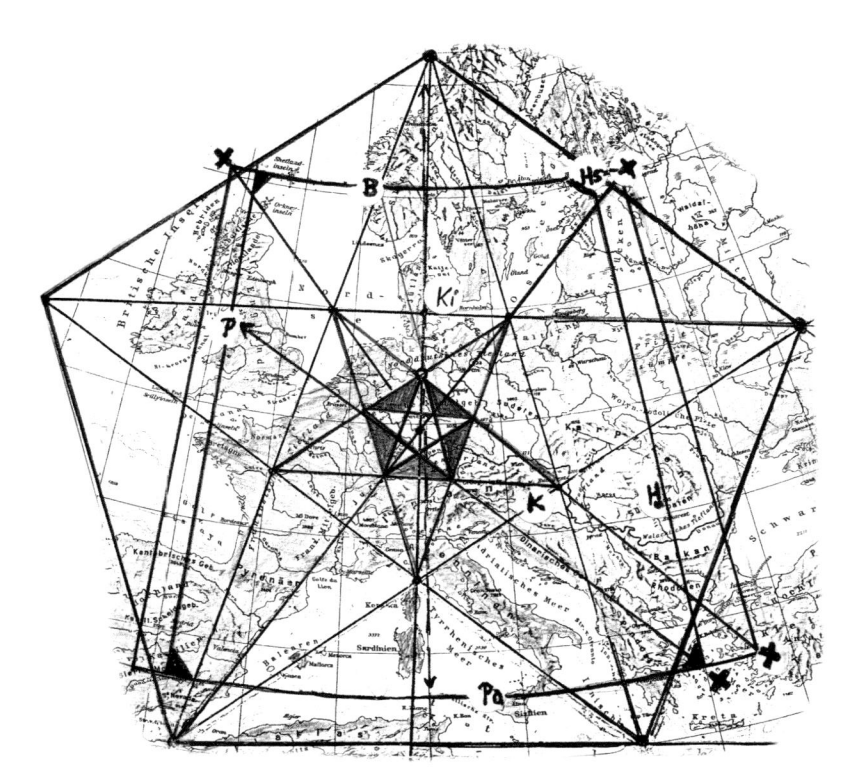

Abb. 30 liegt Berlin (fast) auf der Linie nach Dornach, vom nordöstlichsten Punkt Helsinki (damals Helsingfors) aus gezogen. Genau südlich von Helsingfors liegt das Ziel der ersten größeren (und östlichsten) Reise Rudolf Steiners bei Hermannsdorf (H), wo er Ende Dezember 1889 einen seiner ersten Vorträge hält (über das „Männlich-Weibliche"). Die Senkrechte von Oslo Richtung Süden teilt das „Vortrags-Rechteck" in zwei Hälften, sowohl von Helsinki-Penmaenmawr, als auch vom zum Quadrat ergänzten Feld aus. In Oslo – damals Kristiania – gab Rudolf Steiner 1913 zum ersten Mal das *Fünfte Evangelium*, eine Art persönliches „Herzstück" der Zyklen. Das Interessante ergibt sich nun, wenn in diese Karte zu den zwei Quadraten das Mitteleuropa-Pentagramm gezeichnet wird, wie in Abb. 30. (Das „Vortrags-Quadrat" ist hier der Kartenprojektion angepasst.) Die Mittellinie (durch Oslo) schneidet sich etwa bei Kiel (Ki) mit der Achse des Mitteleuropa-Pentagramms. Und das Vortrags-Quadrat fügt sich genau in das große Europa-Pentagramm ein! Bergen (B) bildet den Schnittpunkt mit der großen N-SW-Pentagrammlinie.

Abb. 31 zeigt das gegenüber dem großen Quadrat etwas ostwärts verschobene „Lebens-Quadrat" im Verhältnis zum „Mitteleuropa-Pentagramm". Dabei ergeben sich äußerst bemerkenswerte Konstellationen. Das Zentrum L (an der Naab beim Oberpfälzer Wald ca. 40 km südöstlich Wolframs Eschenbach) liegt auf dem Pentagramm-Strahl von D (Dornach) nordostwärts, und zwar genau in der Mitte des Mittelachsenpunktes 5 und der Spitze 2 des Pentagramms. Dadurch ist die Konstruktion eines kleineren, in das größere eingeschmiegten Pentagramms möglich (mit den Endpunkten 1–5. Dessen Mittelpunkt P liegt am Berg Predigtstuhl inmitten des Bayrischen Waldes). Die Mittelachse des großen Pentagramms von 4 aus trifft recht genau das Zentrum V des „Vortrags-Quadrates", das bei Ansbach (!) liegt.

Die Punkte M, L, V, P bilden zudem ein fast exaktes Parallelogramm, dessen Geraden, verlängert, bestimmte Punkte treffen: Eine Verbindung der zentralen Punkte L und V trifft auf der Pentagramm-Linie GD durch 6 exakt auf Malsch (!, T), etwa im Verhältnis 9:13. Malsch liegt außerdem auf demselben Breitengrad wie X. Der Winkel von L nach D und T beträgt ca. 18°, also eine halbe Pentagrammspitze. Ihre Ergänzung nach oben schneidet die westliche Pentagramm-Innenkante bei 11, welches auch von der Geraden P-V-L1 durchlaufen wird. M liegt außerdem auf dem Umkreis des kleinen Pentagramms. P liegt zudem exakt auf der

Seiten-Halbierenden des annähernd gleichschenkligen Dreiecks DBK von B aus und endet, verlängert, in L 2. Deren Mittelpunkt ist etwas südlicher bei X. Dieser Punkt wird überdies von einer Linie von G (Grasdorf) aus durch L getroffen, desgleichen trifft ihn eine Linie vom Schnittpunkt des Quadrates mit der Pentagramm-Horizontalen (7, etwa Koblenz. Auch eine Linie von K durch V endet hier) durch M. Beide bilden einen Winkel von 40°. Eine Gerade von K durch P trifft den Kreuzpunkt der Pentagramm-Mittelachse mit der Horizontalen (8). P teilt außerdem die Achse 9-10 und ihre Spiegellinie im kleinen Fünfstern an deren Kreuzpunkt. Von P über L und 1 gelangt man in die Nähe der Externsteine (E). Eine Ergänzung dazu ist im Kapitel L beschrieben. Weitere Verhältnisse, z. B. Winkel, Strecken, Inhalte usw. der geometrischen Gebilde oder damit korrespondierende naturhafte oder kulturelle Punkte auf der Erde zu finden, sei dem Interessierten überlassen.

Dass in Rudolf Steiners Leben geometrisch Kreuz (Quadrat) und Pentagramm sich so vielfältig durchdringen, mag für seine hervorragende Mission in Europa im 20. Jahrhundert realsymbolisch außerordentlich passend sein.

Wie auch das menschliche Skelett durch nichts ahnen lässt, dass und wo innere Organe, wie Leber, Milz, Herz usw. liegen, so mag es auch wichtige Örtlichkeiten geben, die, obwohl sie dem „Skelett des Ätherleibes" (Fünfstern) anhängen und dessen Dasein voraussetzend, sich nicht geometrisch vom geomantischen Pentagramm ableiten lassen. Umgekehrt hingegen mögen sich Zusammenhänge ergeben. (So korrespondiert z.B. die Wartburg bei Eisenach mit dem menschlichen Herzorgan.)

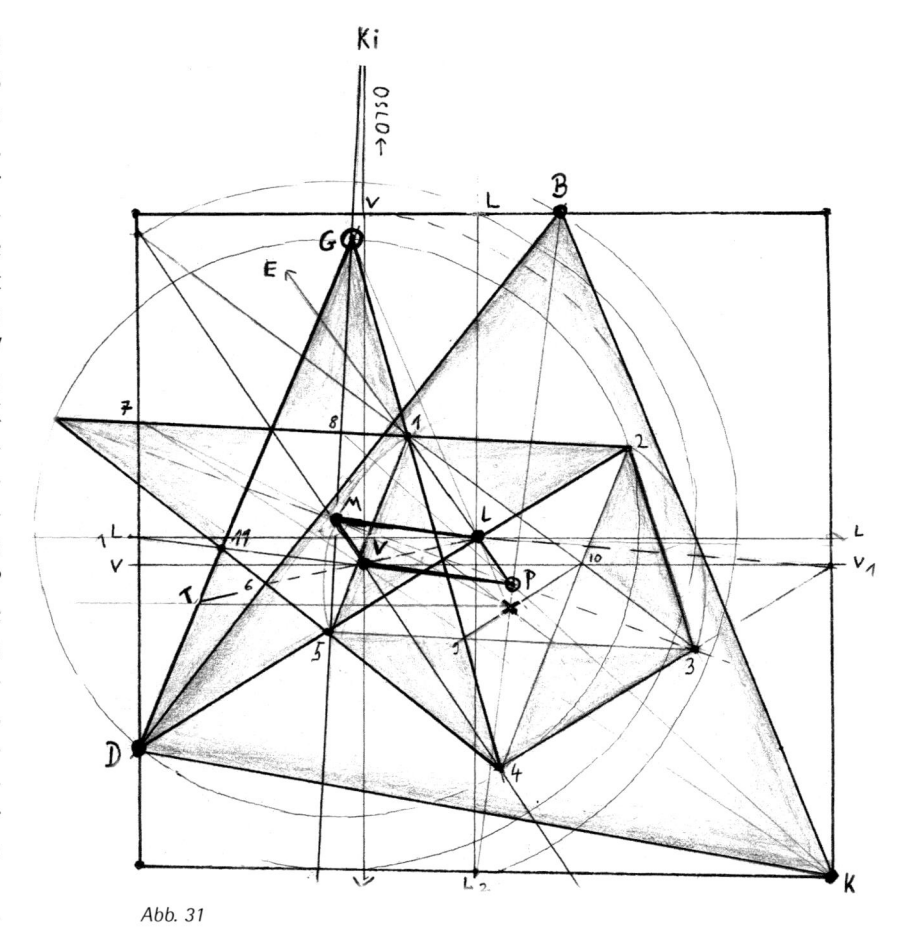

Abb. 31

B 10   Kaspar Hauser[1]

Die entscheidenden Stationen im Leben des „Kindes von Europa" Kaspar Hauser ereignen sich auf den Linien des Mitteleuropa-Pentagramms (I) oder des um 2,5° nach Süden verschobenen, mit den Externsteinen verbundenen Pentagramms (II), dessen Mittelachse Nord-Süd verläuft. Geburt, erste und spätere Kindheitsjahre und die geplante Ungarnreise (K, H, L, W) spielen sich auf dem Fünfstern I, die übrigen Orte auf dem Fünfstern II ab. Mit der Überführung nach Schloss Beuggen und dann in den Pilsacher Kerker wechselt das Leben auf den 2. Stern. Die vier ersten Lebensstationen (K, B, S, H) bilden ein etwas schiefes Rechteck, die Leidensstufen (P, N, A) ein gleichschenkliges Dreieck. N und P liegen dabei auf der Mittellinie der Nordwestweisenden Sternachse P, zugleich am östlichen Kreuzpunkt des Pentagons. A liegt am Kreuzpunkt zweier Pentagon-Diagonalen, deren eine exakt nach Weimar weist (W). B und P liegen darüberhinaus auf der selben Pentagramm-Achse.

Kaspar Hauser hätte der spirituelle Mittelpunkt Süddeutschland werden sollen, wenn er als Herzog von Baden

Zu Abb. 31a (rechts) Stationen in Kaspar Hausers Leben:

K = Karlsruhe
B = Beuggen
S = Salem
H = Hohenstaufen
A = Ansbach
N = Nürnberg
P = Pilsach

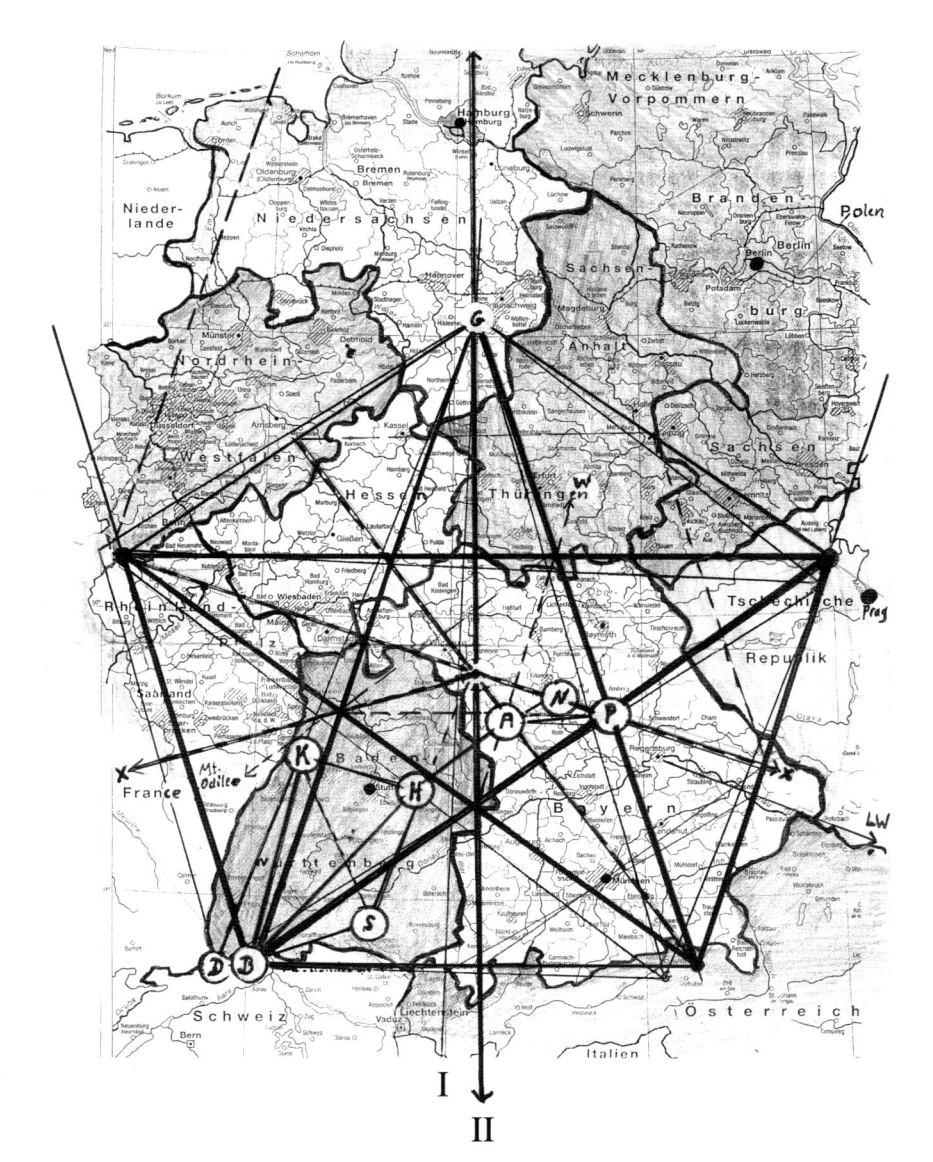

[1] Vgl. Johanna von Keyserlingk: *Kaspar Hauser* (Verlag Hilfswerk Elisabeth)

hätte regieren können. Das Gebiet des Fünfsterns von dessen Zentrum unterhalb und zwischen den Linien Richtung Südost und Südwest wäre dies gewesen.

Bedenkt man, dass in früheren Zeiten auch Landesgrenzen nicht immer willkürlich gezogen wurden, sondern nach spirituellen Gegebenheiten, wie z.B. äthergeografischen Kraftgrenzen, so erstaunt nicht, dass dies auch noch an den heutigen Bundesgrenzen sichtbar wird: Die Mittellinien beider Pentagramme trennen die östlichen (Bayern und neue Bundesländer) von den westlichen. Die nördlichen (Westfalen, Hessen, Thüringen) werden durch den horizontalen Sternbalken von den südlicheren getrennt. Westfalen wird zudem von Hessen, etwa durch die nordwestliche Pentagonlinie geschieden, Süddeutschland von den Alpenregionen durch die waagerechte Grundlinie. Das westliche Pentagonteil und dessen nördliche Verlängerung trennt Frankreich (allerdings ohne das Elsass) vom eigentlichen Mitteleuropa. Ähnlich grenzt der östliche Teil die slawischen Regionen ab.

Interessant ist vielleicht, dass die ehemalige DDR nicht unter die rechte obere Hälfte des nördlichen Pentagondreiecks vordrang.

Auch astronomisch ergeben die sieben Orte, die für Kaspar Hauser bedeutsam waren, einen Bezug. Sie ähneln sehr deutlich dem kleinen Wagen (kleiner Bär), dessen Endstern am Himmelspol liegt. Oder auch (hier seitenverkehrt, wie auf die Erde gespiegelt) dem großen Wagen (großer Bär, Siebengestirn). Der Wagen selbst stimmt sogar mit den Winkeln des schrägen Vierecks überein. Würde die Deichsel bei K statt bei H ansetzen, wären beide Chiffren praktisch identisch.

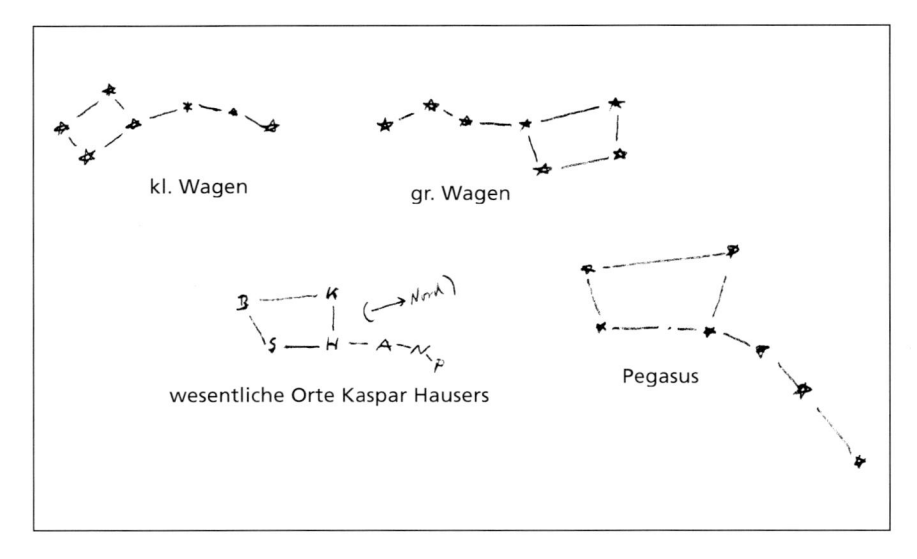

Auch das Sternbild Pegasus (geflügeltes Pferd) zeigt eine Ähnlichkeit mit den sieben Örtlichkeiten.

Ist es nicht auch merkwürdig, dass die Anfangsbuchstaben der sieben Orte (mit Ausnahme von B und R) sich im Namen KAsPAr HAuSer finden? (Eventuell war Kaspar Hauser noch in anderen Orten, solchen, die mit S, R, E oder U (Au) beginnen. Es ist ja noch nicht alles erforscht.)

---

[1] Neben den bekannten Schriften über Kaspar Hauser (Tradowsky, Keyserlingk usw.) sei aufmerksam gemacht auf die weniger beachteten Arbeiten von Dr. Rudolf Biedermann (Nordring 56, D-63067 Offenbach) und Wilhelm Floride (postlagernd, D-83395 Freilassing)

C 1 Was ergibt eine Zusammenschau mit dem Goetheanum-Impuls?

In Torquay, Südwest-England, thematisierte Rudolf Steiner im Sommer 1924 Folgendes: Wie können – durch Aneignung zeitgemäßer Esoterik – falsche und problematische Wege (Magie, Spuk, Spiritismus etc.) erkannt werden? Er begrüßte frühe Arbeiten seiner Schüler dazu (leider nicht weitergeführt und sämtlich vergriffen, vergessen, verschollen, wie so manches der frühen anthroposophischen Sekundärliteratur). Am 18. August 1924 gibt Rudolf Steiner eine Skala übersinnlicher, vom Menschen ausstrahlender Kräfte, deren sechste (Klangäther) problematisch, deren siebente als „unmittelbare geistige Lebensausstrahlung, Vitalstrahlung" geschildert werden, „die gerade als etwas Gutes in unser Zeitalter hereinkommen müssen; denn mit all den Impulsen, welche im Michael-Zeitalter gegeben werden, soll nach und nach die Beherrschung der Lebensausstrahlung (...) verbunden sein" (GA 243). Was „Vril" genannt wurde, ist offenbar identisch damit. Bis in die Formen des Ersten Goetheanum suchte Rudolf Steiner „nicht ... über etwas zu forschen, sondern die *Verbindung* mit den Vitalkräften selbst. Und in unserem Bau hier wurde angestrebt, die Formen zu gestalten, dass in diesem Gestalten dieselben Kräfte sind, die dieser Natur zugrundeliegen. ... alles sind die Formen, die dem Schaffen vom Geist in der Natur selbst nachgebildet sind." (13. Dez. 1919, GA 194, vgl. auch S. 78) Rudolf Steiner hält sich immer an die von ihm selbst aus der „Chymischen Hochzeit des Christian Rosenkreutz" übersetzten „Fünf Sätze", die er für die Zeitschrift des Herausgebers Alexander von Bernus, *Das Reich* 1917 formulierte. Man kann an diesen Sätzen, welche die Schaffensmethoden der Götter selbst in Erkenntnisform enthalten, damit Menschen in ihrem Sinne weiterschaffen, auch zur Erschließung der Kornkreise, viel gewinnen:

„In fünf Sätzen wird zusammengefasst, was Seelen leitet, die im Sinne des Christian Rosenkreutz im Menschenleben wirken möchten:
1. *Ihnen soll es fern liegen, aus einem anderen Geiste heraus zu denken, als aus dem, der sich im Schaffen der Natur offenbart, und sie sollen das Menschenwerk dadurch finden, dass sie die Fortsetzer werden der Naturwerke.*
2. *Sie sollen ihr Werk nicht in den Dienst der menschlichen Triebe stellen, sondern diese Triebe zu Vermittlern der Werke der Schöpfung machen.*
3. *Sie sollen liebevoll den Menschen dienen, damit im Verhältnis von Mensch zu Mensch der wirkende Geist sich offenbare.*
4. *Sie sollen sich durch nichts, was die Welt ihnen an Wert zu geben vermag, beirren lassen in dem Streben nach dem Werte, den der Geist aller menschlichen Arbeit zu geben vermag.*
5. *Sie sollen nicht dem Irrtum verfallen, das Physische mit dem Geistigen zu verwechseln, und nicht vergessen, dass das Physische nur solange Wert hat, als es durch sein Dasein sich als rechtmäßiger Offenbarer des ihm zugrunde liegenden Geistigen erweist ...*

Eine solche Erkenntnis ist ein weiterer Spross auf dem belebten Wesen der Welt. Durch sie wird die Entwicklung der Wirklichkeit fortgesetzt, die bis zum Leben des Menschen herauf aus den Ur-Anfängen des Dasein waltet."

Von Torquay aus fährt Rudolf Steiner dann unmittelbar durch das (heutige) Kornkreisland, um in London seine letzten Vorträge in England zu geben. Eineinhalb Jahre vorher verbrennt das erste Goetheanum, dessen Grundstein am 20. September 1913 gelegt wurde.

Das wunderbare „Haus des Logos", des Wortes, der ab 1917 für die Öffentlichkeit „Goetheanum" genannte „Johannesbau", wurde in der Silvesternacht 1922 auf 1923 ein Opfer frevlerisch entzündeter Flammenströme. Genau 66 2/3 Jahre nach Sylvester 1922/23, im August 1989, macht das bis ins Mittelalter zurückverfolgbare Kreis-Phänomen den entscheidenden Vorwärtssprung. In die bis dahin einfachen Rundgebilde werden *gerade* Linien und Felder eingefügt. Damit beginnt die eigentliche Ära der neuen Formationen. Müller schreibt dazu (S. 26): „Am 12. August 1989 erschien ... der perfekteste Kornkreis, den die Welt bis dahin gesehen hatte. Der Kreis von 18,5 m Durchmesser fiel durch die kreuzförmig in alle vier Himmelsrichtungen gekämmten Halme auf, abgeschlossen durch einen rechtsdrehenden Rand von 1 m Breite. Ein Vorgeschmack auf die 90er Jahre?" (Vgl. Abb. 32; der „Kreis" ist abgebildet in Müller, *Kornkreis* 12.8.89).

Die *Geistgestalt des Goetheanum* jedoch, in die sein Erbauer seine Lebenskraft mit eingegeben hatte, strebte gen Himmel, unversehrbar. Es war ja „gebaute Anthroposophie", real Form

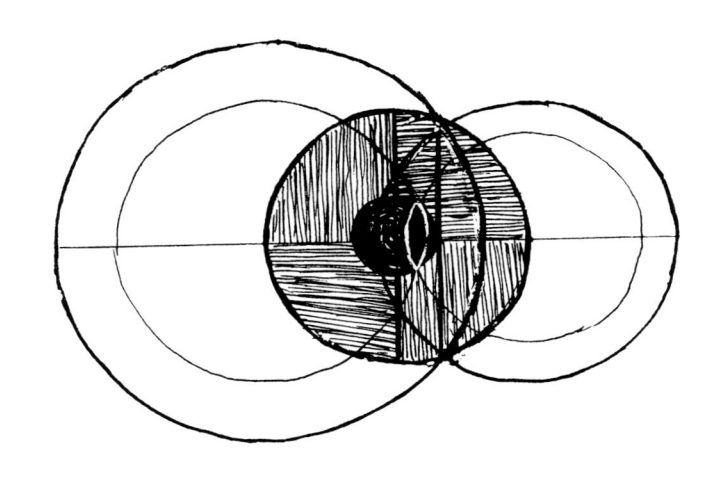

Abb. 32
Über das am 12. August 1989 erstmals mit Geraden auftretende Gebilde (hier in Form einer sauber „gekämmten Swastika" mit Wirbelkreiszentrum) läßt sich der Goetheanum-Grundriß konstruieren, indem der Kornkreis als dessen Urkreis genommen wird. Die Verbindungslinie der Außenkreisschnittpunkte tangiert das Wirbelzentrum, die Punkte der inneren Säulenkreisüberschneidungen fallen auf dessen Umkreis. Die vertikale Halbierung des Kornkreises trifft die Verbindungslinie zwischen den Schnittpunkten von großem Säulen- und kleinem Außenkreis. Dieses Novum in der Geschichte der Kornkreise erschien bei Winterbourne Stoke, Wiltshire – fast exakt 66 2/3 Jahre nach dem Vernichtungsbrand des Goetheanum. Auch sein Durchmesser von 18,5 m kommt dem „Urkreis" des Goetheanum (21m) recht nahe. (In Noyes: „Die Kreise im Korn", Heyne 1990, ist auch eine Nahaufnahme dieses bis dahin „spektakulärsten Kreises, den ich je gesehen hatte".)

und Farbe gewordene, durchchristete Welten-Menschen-Weisheit, echte tiefe Menschen-Liebe entzündend in denen, die in ihm weilten, die Rudolf Steiners Wort darin lauschten. Das geistige Goetheanum, der Geist desselben, strahlte mit den Brandflammen in den Akashafeuermantel der Erde und strahlt inspirierend und heilend zurück auf die Erdenmenschheit:

„So obliegt es uns – und werden wir auch schon imstande sein können zu benutzen dasjenige, was ... auch als Flammen des Goetheanum in den Äther das hinausgetragen hat, was durch Anthroposophie gewollt worden ist, weiter gewollt werden soll ... Was mehr oder weniger Erdensache vorher war, erarbeitet, gegründet wurde als Erdensache, das ist mit den Flammen hinausgetragen in die Weltenweiten. Wir dürfen, gerade weil uns dieses Un-

glück getroffen hat, in dem Erkennen der Folgen ... sagen: Nunmehr verstehen wir es, dass wir nicht bloß eine Erdensache vertreten dürfen, sondern eine Sache der weiten ätherischen Welt, in der der Geist lebt ... Wir dürfen uns von den Goetheanum-Impulsen, aus dem Kosmos hereinkommend, durchdringen lassen ... Dieser esoterische Zug (der Weihnachtstagung) ist deshalb da, weil das, was irdisch war, durch das, was mitgewirkt hat im physischen Feuer – aber als Astrallicht, welches hinausstrahlt in den Weltenraum, weil das wiederum zurückwirkt – hinein in die Impulse der anthroposophischen Bewegung, wenn wir nur in der Lage sind, diese Impulse aufzunehmen." (22.4.1924, GA 233a)

Dass vor allem die Geister der elementarischen Welt besonderes Interesse an dieser Weihnachtstagung bzw. ihrem Grundsteinspruch haben, schildert Rudolf Steiner: Es gab Unwetter und Stürme, als er den Spruch vortrug; die Elementarwesen hätten revoltiert, aus Angst, sie seien „vergessen" worden. Daraufhin fügte Rudolf Steiner die Schlußzeile ein: „Das hören die Elementengeister von Ost, West, Nord, Süd; Menschen mögen es hören!" Wie lebten diese Geister mit diesem Geistesgut weiter durch die Jahrzehnte? Welchen Einfluss hat es, wie die Menschen hören – oder nicht hören – auf diese? Muß man heute ergänzen: Menschen mögen es *sehen* ?

Insofern dieser Weihnachtstagungs-Impuls nicht aufgenommen wurde, tritt ein, was Rudolf Steiner warnend schilderte:

„... dann verduftet sie allmählich, ... und es wäre besser gewesen, man hätte sich nicht versammelt. ... Es sucht sich eben andere Orte im Kosmos. Und für so etwas wie unsere Weihnachtstagung, ist man ja nicht angewiesen auf dasjenige, was innerhalb des Erdenkreises geschieht"
(13.1.1924, GA 260a)

Wird die Kraft der Weihnachtsstagung nicht zur Wirklichkeit, zieht sie sich *„zurück von dem Erdendasein, (wird) dieselbe Richtung gehen, die ich heute von den Mondenwesen beschrieben habe. Sie war natürlich in einem gewissen Sinne in der Welt da. Ob sie als Weihnachtstagung für das Leben wirksam sein wird, hängt davon ab, ob sie fortgesetzt wird."*
(6.2.1924, GA 240)

An dem Streit, ob die Weihnachtstagung gelungen ist oder nicht, wollen wir uns nicht beteiligen. Jeder kann ja die inneren und äußeren Symptome erforschen, die darüber Auskunft geben, ob das Initiationsprinzip zum Zivilisationsprinzip geworden ist, oder ob die vielgerühmte Kulmination der Anthroposophie am (20.) Jahrhundertende (so) eintrat, wie Rudolf Steiner erhoffte (19.7.1924, GA 240).

Fragen wir aber: Welche Möglichkeiten hatte die Anthroposophie als durchchristete Mysterienweisheit seit der zweiten Hälfte des 20. Jahrhunderts noch, wenn sie sich den Menschen allgemein (nicht nur den Anthroposophen) offenbaren will? Denn der „Kulturtod" aller Völker ist ja längst eingetreten[1]. Die Menschen haben innerhalb dieser – von ihren wahren Volksgeistern längst verlassen – als *einzelne* schwer zu kämpfen. Massenmedien konnten bis in den physischen Leib hinunter gerade das reine Denken und das spirituelle Erkennen weitestgehend zerstören. Das entgeht allgemein vor allem deshalb dem Bewusstsein, weil eben der Kontrast zu wahrer zeitgemäßer Kultur fast ganz fehlt. Man glaubt, dass der sich zeigende Zerfall das Normale sei.

Die Minderheit, welche heute noch „Ohren hat zu hören", wird meist in dubiose New Age-Milieus abgezogen. Zudem wirken nicht wenige „Anthros" befremdend, gerade auf ehrlich Suchende, sei es zu Recht oder zu Unrecht. Auch die sogenannten anthro-

---

[1] Viele entscheidende Wortlaute dazu sind im Kapitel zum „20. Jahrhundert" des Büchleins *Rudolf Steiner über die technischen Bild- und Tonmedien* zusammengestellt (siehe Literaturhinweise).

posophischen Einrichtungen (Biodyn., Waldorf, Weleda usw.) überzeugen meist nicht mehr wirklich. Ist der Kern, die zentrale Esoterik der Anthroposophie, sofern sie als irdische Aktivität und Institution auftritt, nicht längst in Sach-, Geld- und Rechtszwängen verschüttet, ja vergiftet?

Wenn man nun nüchtern und ebenso von Furcht und Weltflucht entfernt wie von (noch so edlem) Wunschdenken, auf eine Erscheinung wie die Kornkreise blickt – welches Staunen, welche Ehrfürchtigkeit, welcher Enthusiasmus und Forscherfleiß wird da angeregt! Wieviel sonst anders verbrachte Urlaube und Finanzen werden geopfert zugunsten von „Kornkreisferien" im sommerlichen Südwestengland oder im nördlichen Angeln. Ungezählte Lebensläufe erfahren einen kräftigen Ruck, weg vom gewöhnlichen Konsumdenken, Materialismus, Wellness und Scheinesoterik. Dabei wird oft beim Bestaunen des reinen Phänomens verweilt, und das dadurch sich immer umfassender offenbarende Rätsel wird in forschender Erwartung gelassen (von anderem Verhalten Einzelner abgesehen).

Staunen, Forschen, Begeisterung, Seelen- und Lebenswandlungen: all dies wird noch durch intensives Studium und geistige Schulung vertieft.

Und das Ganze entwickelt sich im natürlichen Rhythmus des Jahreslaufs! Ist die Ernte des Getreides ebenso wie die Erfahrungen der Menschen mit den Kornkreisen im Herbst eingebracht, geht es ans Sichten, Auswerten, Zusammenschauen, Austauschen von Gedanken mit anderen, usw. In der stillen Winterphase ist dann genug Muße, um zu überlegen und zu fragen, was die nächste Saison bringen wird. Wohl viele beschäftigt diese Frage – aber keiner kann vorherwissen, was sich dann überraschend, und voller Spannung erwartet, tatsächlich ereignet.

Auch die kühnste und verwegenste Phantasie bleibt hier stets hinter der Wirklichkeit der tatsächlichen Kornkreis-Schöpfungen zurück. Es fällt den Schöpfern grundsätzlich mehr und Genialeres ein als ihre Bewunderer und Forscher erwarten! So werden Jahr für Jahr Menschengedanken aufs Schönste korrigiert – und diese Korrektur sogar freudig akzeptiert! Ein wahrlich „weltenpädagogisches" Vorgehen! – Von wem?

Das Kornkreis-Phänomen verstärkt die guten Resultate geisteswissenschaftlichen Studiums. Zumindest bildet es einen reellen, guten Einstieg in schwierigere Gebiete der Geisteswissenschaft- es öffnet die Seele und bereitet sie vor zum Empfang echten Gei-

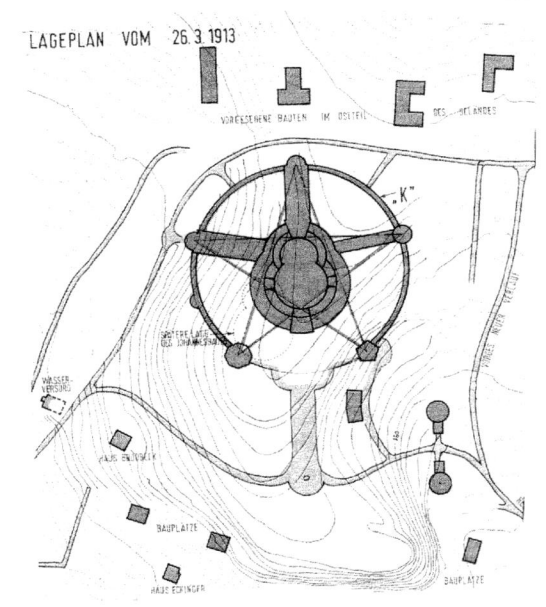

Abb. 33: Bild aus Rex Raab: Die Bebauung des Goetheanumgeländes, S. 13

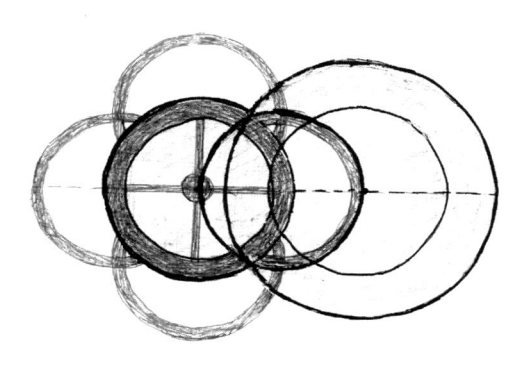

Abb. 34
Manche Formation lässt sich – wählt man einen der Kreise als „Urkreis", zu einem Goetheanum-Grundriss – ergänzen, wobei der zentrale gevierteilte Ring bereits dem kleinen Kuppelkreis samt Säulenumgang entspricht. (Dünne Linien = Ergänzung vom Autor. Ein Foto dieser Formation, leider ohne nähere Angaben, in: Andreas Müller, Kornkreise....S. 126)

steswissens und zur Erübung wahrer Geistesschulung. Das unbefangene Verhalten der Menschen gegenüber den Kornkreisen und ernsthaftes, frohes Streben und Forschen in freundschaftlichem Erfahrungsaustausch selbständiger Persönlichkeiten untereinander wirken vorbildhaft!

Kann daraus geschlossen werden, dass die Phänomene im Korn von der geistigen Welt mit gutem Grund, ausgehen? Oder handelt es sich um Ablenkungen der Widersachermächte? – Wer viele Jahre, immer wieder prüfend betrachtend mit dieser Grundfrage lebt, bekommt Antwort und Klarheit.

In dieser Schrift soll das Phänomen so behandelt werden, dass in ihr zunächst das Positive unbefangen suchend (ohne anderes zu übersehen) vorgestellt wird und das Gute, Schöne und Wahre dem staunenden Forschen anheimgestellt wird. – Stellen wir nach dieser methodischen Einleitung einen Versuch gegenseitiger Beleuchtung zweier, zunächst gänzlich verschiedener Phänomene an: Den Kornkreisen und dem ersten Goetheanum-Bau.

Ist man bereit, gleichsam als Arbeitshypothese, einmal vorerst gelten zu lassen, dass die Korneinprägungen sich als Wirkung des auf die Erde strahlenden geistigen Goetheanum herausstellen – im Sinne des Christusimpulses, gleichsam zur Erhöhung und Durchlichtung der Menschengesinnung. So ist es ferner möglich, neben diesem Ganzen auch einzelne Motive dieses „Hauses des Logos" zu betrachten. Finden sich Ähnlichkeiten, welche eine Verwandtschaft bezeugen? Es finden sich in der Tat etliche und diese sollen der Reihe nach gezeigt werden.

Schon die ersten Grundrisspläne der „Anthroposophenkolonie Dornach" 1913 erinnern den Formen nach deutlich an frühe Kornkreise (Abb. 33). Diese Pläne sollten übrigens auch mit der Gestaltung der Landschaft, inklusive Bodenreliefs kombiniert werden, was teilweise auch realisiert wurde. Es finden sich auch Kornkreise, welche deutlich Elemente des Goetheanum-Grundrisses enthalten. Um ein Verfolgen des Prinzips geht es hier: wie ja auch Rudolf Steiners Goetheanum-Impuls in vielen Bauplänen zum Teil erhebliche Metamorphosen bewirkte.

Oft genug aber tritt auch dieser Impuls selbst deutlich in Erscheinung – jedoch erst seit August 1989 (siehe Abbildungen 32–35). Es war der letzte Kornkreis dieses Jahres. Solche Beispiele gibt es viele, aber diese drei Beispie-

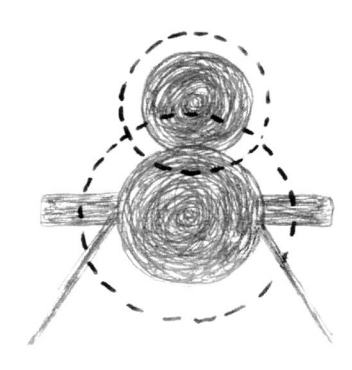

Abb. 35
Bei der Formation von High Wycombe, die zur selben Zeit erschien wie die große Formation in Grasdorf, August 1991, brauchen nur die Außenkreise der Kuppelwände hinzugefügt werden (gestrichelt). Die Kornkreise selbst entsprechen den Mittelpunktskreisen der 26 Säulen. (Jürgen Krönig, Spuren im Korn, S. 48)

le sollen genügen, um das Prinzipielle darzulegen.

Das erste Goetheanum erschien in der sinnlichen Welt. Sein Zweck war, dass die Menschen den Christus-Geist im unmittelbaren, jedoch künstlerischen Abbilde sehen und erleben sollten. Dies sei „besonders für die westlichen Völker sehr wesentlich, da sie so stark mit ihrem Bewusstsein am Materiellen hängen", betont Rudolf Steiner einmal nach dem Brand. Daher sei der Verlust (des ersten Goetheanum-Baus) gerade für den Westen Europas und für Amerika so schmerzlich.

Gerade in diesem Westen Europas ist nun die Quelle der Kornkreis-Erscheinungen. Und die Pioniere der Kornkreis-Forscher sind Engländer. Jedoch zogen die deutsch-sprachigen Forscher bald nach mit Werner Anderhub und Andreas Müller (Schweiz) u.a. auf ausgezeichnete, adäquate Art. Im Jahre 2002 hat sich hingegen der quantitative Schwerpunkt der Erscheinungen nach Mitteleuropa verlegt.

Ein anderer, wesentlicher Goetheanum-Impuls steht mit dem Kornkreis-Phänomen in engem Zusammenhang: die eurythmische Kunst. Vergleicht man Eurythmie-Formen mit Kornkreis-Formationen, so ergibt sich ein neues Forschungs-Gebiet. Dies zu bearbeiten sei aber denen überlassen, die in dieser Kunst schöpferisch arbeiten.

C2 Der Architrav der großen Kuppel

Erinnert sei an die Wortlaute Rudolf Steiners auf S. 54f., um den folgenden Versuch richtig einschätzen zu können. In der Literatur wird inzwischen eine übersprudelnde Fülle von Deutungsversuchen angeboten, die mehr oder weniger treffend die Ähnlichkeit oder Identität der Kornkreise mit (meist sehr alten) Zeichen, Symbolen, Schriften, Vignetten etc. nachweisen wollen. Im Grunde erscheint in den Kornkreisen ein Kompendium vieler okkulter oder kulturgeschichtlicher „Buchstaben", besonders keltischer und alchemystischer Art, die in jüngerer Zeit (seit ca. 1995, und besonders 1997) immer mehr in rein geometrisch-kunstvolle, harmonische Zeichen übergehen. Gerade diese Deutungen, so eindeutig sie sein mögen, bergen in sich eine Gefahr, wenn man sie zu primär nimmt. Denn keine noch so exakte Übereinstimmung beweist einen reinen, guten Ursprung der Zeichen. Sie könnten, wie alle Schriften (auch anthroposophische!) missbraucht werden zu entfremdeten Zwecken. Dies, weil die „Buchstaben", auf welche sie deuten, ja allbekannt sind. Es ist niemals gesagt, aus welchen Quellen sie nachgebildet werden (z. B. ob von guten oder bösen Mächten).

Wie oft werden wahre Inhalte in Schriften so verdreht, dass Lügen daraus enstehen, wobei es auf die wahren Inhalte nicht mehr ankommt. Diese dienen dann dem Verschleiern der wahren Absicht. Diese Gefahr besteht bei dem allgemeinen Charakter der Phänomene rein geometrischer Relationen oder bei Bezügen zur Geometrie, Geographie und Geschichte weniger. Trotzdem soll – in sekundärer Wichtigkeit also – ein Deutungsversuch unternommen werden. (Der allgemeine Charakter wurde oben in Bezug auf das erste Goetheanum angedeutet.) In der folgenden Skizze (Abb. 36, S. 60) wird der Versuch unternommen, vier Gestaltungen zusammenzuschauen

Erinnert man sich an die rätselvolle Aussage des verstorbenen Helmuth von Moltke (S. 17), so ist ja dort gesagt worden, dass die Weltevolution, anthroposophisch gefasst, geistig in Grafik umgesetzt werden kann. Dies, um „am Jahrhundertende" (20. Jh.) etwas besonders Heilsames für Natur *und* Menschheitsbewusstsein zu erwirken. In der Tat, vergleicht man die Evolutionsströme, die durch Rudolf Steiner in inspirative Lebenswellen als *Architrave* für den großen Kuppelsaal des Goetheanum geformt wurden, so lassen sich die Figuren der hier besprochenen Formation zwanglos diesem Architrav (der Nordseite, des besseren Vergleiches wegen) kongruieren, beides von West nach Ost verlaufend. Weniger die sieben Säulen (Kapitelle und Sockel) sind gemeint. Diese geben den direkten Ausdruck der Sphärenkräfte plastisch (nicht symbolisch) wieder, welche die sieben Planetenzustände der Weltenentwicklung schufen bzw. schaffen. Zwischen diesen „Weltentagen" (Manvantaras) aber erheben sich „Weltennächte" (Pralayas), in welchen je eine gewesene Weltverkörperung von den Hierarchien der Geister verarbeitet und aus dieser Verarbeitung heraus eine folgende im Keim angelegt wird. Die überphysisch-überzeitlichen Schwünge *dieses* Urstromes zeigen sich in den Architraven, aus deren Fluten die sieben Säulen sich wie herauskristallisieren.

Das Grasdorfer Piktogramm erscheint nun wie eine zeichenhafte Intuition, eine okkulte Schrift, von der die Architrave des Goetheanum wie eine ins Inspirativ-Flutende realisierte Kraftform wirken. Dabei wird das Stadium der Erde ($♁$) in die zwei Hälften: Mars ($♂$) und Merkur ($☿$) geteilt, während dies im Piktogramm einheit-

Abb. 36

lich symbolisiert erscheint in dem zentralen keltischen Kreuz in der Mitte. Die *genaue* geometrische Mitte befindet sich etwas östlich von dessen vertikalem Mittelbalken (siehe Abb. 9 u. 11). Die *gegenwärtige* Weltenstunde ist ja bereits etwas *über* die Mitte des Erdenstadiums hinausgeschritten, welche durch die Christustat auf Golgatha, bzw. im größeren Rhythmus durch die Mitte der vierten, der atlantischen Wurzelepoche, gegeben ist. Man darf also nicht zu sehr auf *Form*ähnlichkeit spekulieren, da Architrav und okkulte Zeichen *Umsetzungen* (Formänderungen usw.) voneinander sind. Vielleicht passt der Vergleich: Wie wenn für ein Gedicht, für seine eurythmische Darstellung, die zu laufende Linie gezeichnet wird. Der prägnante Gedichtinhalt verhält sich zur Dynamik usw. der Linie(n) entfernt – annähernd wie intuitives Erfassen zum inspirierten Ausgestalten im Zeitlich-Räumlichen. Die bekannte, noch grafisch gehaltene erste *Skizze* von Rudolf Steiner (1911) steht dem intuitiven Zeichen etwas näher als der plastische Architrav und ist hier zwischen beide gezeichnet. Unter diesen – am Ort der Kapitelle – die altbekannten und von Rudolf Steiner aufgegriffenen Planetenzeichen. Diese sollen später betrachtet werden.

Es soll zu der Zeichnung nicht viel *erklärt* werden. Die Aktivität sei dem einzelnen Betrachter überlassen. Aber auf weniges Grundsätzliche sei aufmerksam gemacht: In allen Fällen hat man es mit sieben Motiven zu tun, welche von der vierten Form des Architravs an (♂ bzw. ☿) zusammenhängend sind (vgl. auch Abb. 12, S. 24). Ein achtes Motiv schließt sich – im Piktogramm wieder vereinzelt – an, wie eine Samenfrucht des ganzen Prozesses. (Im Goetheanum tritt dies als „Vulkan", als Oktave des ♄, bzw. als die Gesamtgestalt des *kleinen* Kuppelraumes in Erscheinung, wo die Sternkreiskräfte – repräsentiert durch den Reigen der vier Wesen Löwe, Adler (Skorpion), Wassermann und Stier – walten.) Von ♄ bis ♂ rechnet man einen Abstieg der Evolution, der noch ohne Zutun des menschlichen Ich geschieht, welches erst auf der Fünf (= ☿) „Fuß fasst". So steigen die ersten drei Formgruppen des Piktogramms von schräg oben hernieder, bis sie ab der vierten Form horizontal fortschreiten, nachdem die dritte Formgruppe (☾) einen Übergang vollzieht: von der Schrägen in die Horizontale einschwenkend. Zugleich spaltet sich ein mondförmiger Bogen ab, der sogar teilweise unter die Grundlinie absinkt. Im Jupiter-Stadium (eine gespiegelte und gesteigerte Wiederholung der Mond-Evolution) bildet sich ein ähnliches Zeichen, jedoch mehr aufrecht.

Wenn in drei Ellipsenzentren-Metallscheiben so verteilt gefunden wurden, dass dies nicht der klassischen Zuordnung entspricht, muss das nicht irritieren. „Normalerweise" erwartet man für ♄: Blei, für ☉: Gold und für ♀: Kupfer (vgl. Abb. 9). Letzteres ist immerhin – mit Zinn zu Bronze legiert – beim siebten Formzusammenhang der Fall. Interessant ist, dass, zählt man für das Piktogramm *planetarisch* statt architravisch, so fällt diese siebte Form auf die sechste, den Jupiterzustand, die letzte (achte) auf die Venus-Evolution. In der Bronze verschmelzen *beide* zugeordneten Metalle in eins: ♃ und ♀.

Vielleicht ist der Gesichtspunkt der drei Weltenkönige (in Goethes Märchen) ein zutreffenderer, zumal ja nur drei, nicht sieben Metalle vorhanden waren. Da steht der silberne für Süden, der goldene für Osten, der eherne (oder kupferne) für Westen. Hierbei bliebe jedoch die Verteilung in der Formation rätselhaft. Blickt man jedoch von Südost her auf die Formation, indem man die Abstände in Blickrichtung vernachlässigt, so stimmt die Reihenfolge wieder: Gold – Silber – Kupfer (Bronze). (Diese Ausrichtung hat auch die Längsachse der Externsteine.) Man könnte aber z.B. auch lesen: Die himmlische Urweisheit des Weltengrundes (Silber) durchwärmt sich im Niedersteigen zu Liebe (= Gold) und wirkt in die Zukunft als magische Kraft (= Kupfer, aber mit Weisheitseinschlag des Zinn.) Oder es ist der physiologische Gesichtspunkt gemeint, den Rudolf Steiner in GA 243 ausgestaltet: Dass feinverteiltes Silber die Wärmeprozesse im menschlichen Blut fördert. Aus dieser Wärme aber bestand der alte Saturn.

Auffallen kann auch, dass der dem Kreuz mit Kreis entsprechende Architravteil (zwischen vierter und fünfter Säule) als sich berührende und fortstrebende Schlangen gebildet ist; und über dem 2. Kreuz (jenes ohne Ring) begegnen sich nach innen zu vier Kraft-Impulse aus vier Richtungen. Die herabstrahlenden Kraftspitzen der ersten zwei Architravstücke finden sich in ähnlicher, hier zeichenhafter Gestalt in den zwei ersten Piktogrammzeichen, während die dritte wie durch einen Bogen zur Kugel gestaut wird (ähnlich der in sich selbst zurückkraftenden dritten Architravströmung.)

Obschon, wie oben angedeutet, die Grasdorfer Formation eher dem vormateriellen Evolutionsstrom entspricht, lassen sich dennoch auch die Planetenzeichen finden – eben in entsprechend abgewandelter Gestalt und sekundärer Wichtigkeit (als Keime der zukünftigen Planetenetappen im Pralaya).

C 3 Säulenmotive

Das erste Goetheanum stellte, von den Kuppeln bis zum Sockel einen ähnlichen Weg dar, wie Rudolf Steiner ihn als Grundkonzept der Evolution in seiner spätesten Schrift (*Anthroposophische Leitsätze*, GA 26) lapidar charakterisierte als die Stufen

WESEN – OFFENBARUNG –
WIRKSAMKEIT – WERK.

Alles echte Werden schreitet durch diese Stufen (von Rudolf Steiner zunächst in Anlehnung an theosophische Kreise auch „Elementarreiche" genannt[1])- im Größten wie im Winzigsten. Das Niedersteigen in vier Stufen vom „Arupa-" zum „Rupadevachan" durch die Astralsphäre (oder die elementare Welt) ins Physische entspricht diesem Weg.

Ist in den Farbenfluten der *Kuppeln* das Wesenhafte geoffenbart, so in den *Architraven* die Offenbarung der Wirksamkeiten der Geistwesen. In den *Kapitellen* ist die Wirksamkeit selber ver-

---
[1] Im *2. Elementarreich* sind nach Rudolf Steiner lichthaft „geometrische Figuren wie Tetraeder, Würfel usw." vorhanden. Ferner: „Vieles im Menschen ist pflanzlicher Natur. Und in all dies Pflanzliche wirken die Wesen des 2. Elementarreiches hinein..., welche die Pflanzen in die Gestalt schießen lassen, fliegen von allen Seiten auf die Pflanze ein wie Schmetterlinge." (4. Dezember 1907; GA 98)

Abb. 37: ... Fast schon ein „Jupiter-Siegel"? Kornkreis vom 31.7.1999, Roundaway, Devizes, Durchmesser 125 m, Weizen (aus: Anderhub, S. 15)

sinnlicht (ähnlich dem Tonklang in den „Chladnischen Klangfiguren"). Die *Sockel* zeigen mehr die konkreten Evolutionsetappen in der Werk- und Wirkenswelt." Sie ähneln daher bereits Formen, wie sie z.B. als Pflanzenorgane sich sinnenfällig zeigen.

Man wird also in den Säulen, besonders in deren Sockel, keine deutlichen Anklänge an die Grasdorfer Formen erwarten, und diese Erwartung bestätigt sich. Für die Kapitelle (oder, eher noch in deren Umsetzung in die grafischen „Planetensiegel") lassen sich hingegen entfernte Anklänge finden. So die inhalterfüllte Schale der dritten Grasdorfer Form im Mond-Siegel oder die ausstrahlende Kugelform im Sonnen-Siegel. Die Abgekapseltheit des Mars- und die aufwachsenden Formen im Merkur-Siegel hingegen scheinen sich in der zentralen Kreuz-Ringgestalt der Formation zu vereinen. – Anders steht es, wie noch zu zeigen sein wird,

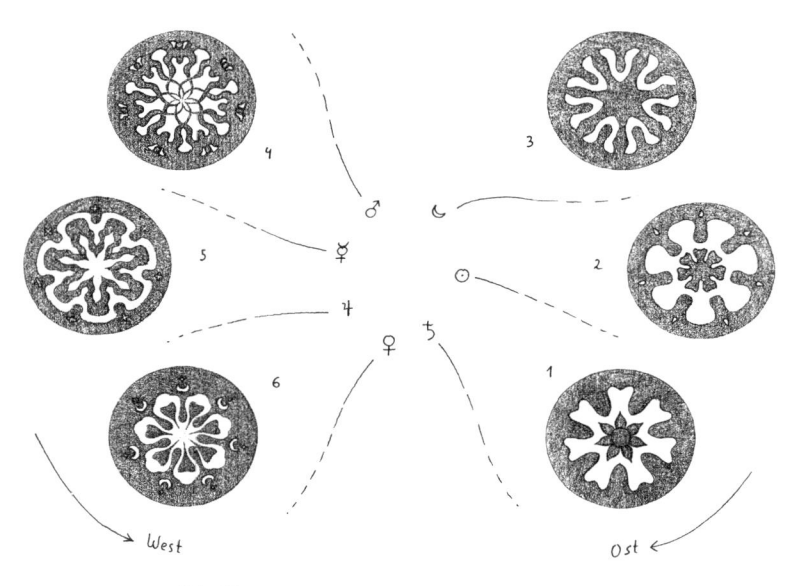

Abb. 38:
Umsetzung der Kapitellmotive der kleinen Kuppel des Goetheanum in Vignetten. Die Formen wirken wie intuitive Zwischeneindrücke der Kapitele des großen Kuppelraumes.

mit den Motiven der Glasfensterreliefgestalten im ersten Goetheanum. In ihnen ist der Pfad der Menschenseele aus der Werkwelt heraus wieder zur Geisteswirklichkeit hin ausgedrückt.

Die Kapitelle der *kleinen* Kuppel lassen jedoch vermuten, dass eine Verbindung zu den Kornkreisen denkbar ist. Denn sie urständen in höherer Sphäre als jene der großen Kuppel und gehören der Fixsternregion an. Sie müssen in Vignettenform (Siegel) umgesetzt werden, um diese zu erkennen. Die keltischen Münzen (siehe Kap. E) geben für die Kornkreise ab dem Jahr 1996 oft keine auffälligen Ähnlichkeiten mehr. Die Siegel der kleinen Kuppel, oder verschiedene grafische Bildsammlungen der Planetensiegel zeigen tatsächlich etwas vom Charakter der neueren, geometrisch in vollendeten Rundmandalas erscheinenden Formationen ab 1997.

Gibt es auch zu den Planetenzeichen Kongruenzen? Im Einzelnen lassen sich die Entsprechungen etwa wie folgt erfassen (Abb. 38):

= Saturn (umgekehrt, und Waage- und Senkrechte der beiden Detailformen vereint).

= Mond. In diesem Stadium bilden sich Polaritäten, besonders Licht und Finsternis, bzw. als deren Versöhnung die Farbenwelt, die heute im Regenbogen nachklingt. In der Wiederholung der Mond-Evolution auf Erden (Lemuris) spaltet sich der androgyne Mensch in männlich und weiblich. Und der Mondenkörper trennt sich vom Erdplaneten.

= Zeichen für Christus Rudolf Steiner zeichnet dies auch als esoterisches Kürzel für das Rosenkreuz.

= Zeichen für Erde, Mensch und Antimon (Gegenwart).

Nimmt man einen Teil des Stadiums der Erde hinzu, entsteht direkt das Jupiterzeichen.

= Venus. Es erinnert auch an eine geflügelte Sonne oder den Saturn als Planet. Mond- und Venus-Evolution (jeweils zwei Stufen vor und nach dem mittleren Mars-Zustand) entsprechen einander. Zählt man hingegen die Erde ganz als Mitte der Zeichen, so entspricht Venus dem letztes und Saturn dem ersten. So wird die Ähnlichkeit mit dem Gralssymbol (Kreis im Kelch) der siebten Grasdorfer Form mit dem ersten oberen Motiv verständlicher.

= Vulkan. Auch das *Neue Jerusalem*, welches, in einer ersten Realisation, dem künftigen Jupiter entspricht, aber auch als *ewige, gevierte Gottesstadt* als Ziel der Gesamtevolution gesehen werden kann.

C4 Kuppeln und Glasfenster

Blicken wir hinauf in die große Kuppel, und zwar zuerst an ihr östliches und westliches Ende, dann sehen wir im Westen die Ur-Erde in tiefem Violett auftauchen. Die Formgeister und Licht- Erzengel senden machtvolle Strahlen wie in Strömen hinein. Wo diese auftreffen, entstehen merkwürdige Gebilde (Abb. 39), scharf hineingezeichnet in den noch widersacherfreien Urplaneten.

Es sind göttlich-schöpferische Ur-Runen für Natur und Mensch. Erinnern sie nicht an Motive, aus denen die Kornkreise häufig zusammengesetzt sind? Kreise bzw. Ovalwirbel, Bögen, Schlangenformen, Augen- und Schwingenähnliches: wie im Erdenreich eingeschrieben durch die Kraftstrahlen der Elohim. Diese Szene ist sehr oft in der großen Kuppel gemalt: Wesen, welche aus Armen oder Gesichtern Kraftströme senden, durch die geistig oder sinnlich etwas geschieht – dort, wo sie auftreffen. So etwa im Atlantis- und Lemuris-Motiv, bei den sieben Rishis (Ur-Indien), Zarathustra (Ur-Persien), Griechenland und „Paradies".

Und im Osten: „Gottes Zorn und Wehmut": der Widersacher, der sich die blaue Erde krallen will, wird von Strahlen aus Gottes Fingerspitzen getroffen,

Abb. 39

während die Erde Feuer fängt, von Geistwesen geschürt. – Auch die Widersacher bewirken etwas in der Erde *nachdem* Gott sie schuf. Denn *das* können sie nicht: schöpferisch sein. Sie können lediglich von göttlichen Schöpfern Gebildetes zerstören, rauben, verdrehen oder nachäffen.

Betrachten wir nun die Fenster. So sehen wir im grünen Nordfenster „Geister der Schwere", welche – selber schneckenschnörkelleibig – *geradlinige* Schwerkraftbahnen von der Erdenfläche herabziehen (Abb. 40). Der oberste Geist der Schwere selbst zieht in Windungen die Planetenkugeln durchs Weltall, die dabei allerlei „Abfälle" aussondern – während das spitze Ende der Windungen wie ein Stachel etwas in die Erde selbst zu schreiben scheint (Abb. 41).

Hier sind nur Details der Fenster

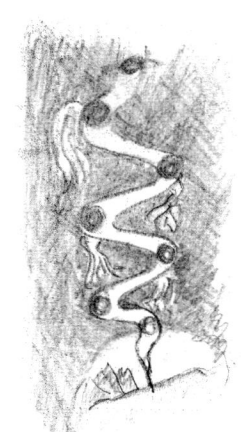

Abb. 40   Abb. 41

skizziert. Die Gesamtkompositionen sind dokumentiert in Raske: *Das Farbenwort* oder *Die Goetheanum-Glasfenster*.

Im violetten Süd- und im blauen Nordfenster erscheinen scharf umrissene Figuren im oder auf dem Erdengrund – oder in der Luft. Bei letzterem (Abb. 42) schreibt Rudolf Steiner darunter: „Die Welt gibt ihm das Sehen – und er sieht (links), und er macht sich sehend" (rechts). Neben einem Weg erscheinen diese scharf umrissenen Formen, wie auf einem Wiesenhang oder im Bergesinneren. Links zackig-sternenhaft („das Äußere hat gesiegt"), rechts quellend-plastisch („das Innere

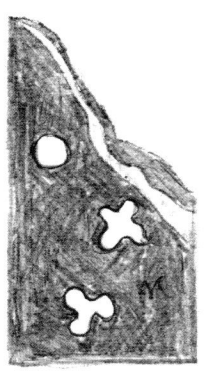

Abb. 42

hat gesiegt" gemäss Rudolf Steiner, 28. Juni 1914; GA 186). Das ganze Fenstertryptichon ist der Sphärenharmonie gewidmet:

Abb. 43

Oben im Mittelfenster ist ein ausgesparter Lichtraum, von drei Sonnen mondrhythmisch durchklungen (Abb. 43) und darunter posaunentönende Geister. Darüber ist ein unerklärlich –rätselhaftes Gebilde über den drei Wesen, welche Klangströme zu den vier Himmeltieren der Sterne schicken und darunter ist diese Form, wie sie im ersten Goetheanum eingraviert war. Wer vermag diese kreuzartige Form zu erklären, die in einer Rundung endet (Abb. 44)? Jedenfalls tritt sie als einer der wenigen „Grundbuchstaben" der Kornkreise oftmals auf.

Das violette Südfenster, das die Geheimnisse der Geburt offenbart, zeigt Folgendes: (Abb. 45) „Es entsteht" schreibt Rudolf Steiner zum ganzen Tryptichon, und links „Es wird sein" (lichte Sternformen in oder auf der Erde, eine dunkle zunehmende Mondsichel schwebt darüber). Rechts „Es ist"

Abb. 44

Abb. 45

(lichte Quellformen im Finstern, dunkle scharfzackige Gebilde in Hellen). Erinnern diese Formgebilde nicht stark an Elemente der Kornkreise? Vor allem durch ihre seltsam scharf begrenzte Gestalt – während sonst die Formen in den Fenstern meist eher verfließen.

Auch das zeichenhafte Gebilde für die „Waage" im Tierkreisfenster (Süden, blau, Abb. 46) hat diesen Charakter.

Abb. 46

Wesentliche Formen, die unmittelbar Grundbuchstaben der Kornkreis-Schrift bilden, sehen wir im roten Westfenster, das Haupt des schauenden Eingeweihten umgebend: „Ich schaue". Wir sehen Wirbel, Strahlen, Schlangenwindungen, Ellipse und Mondsichel.

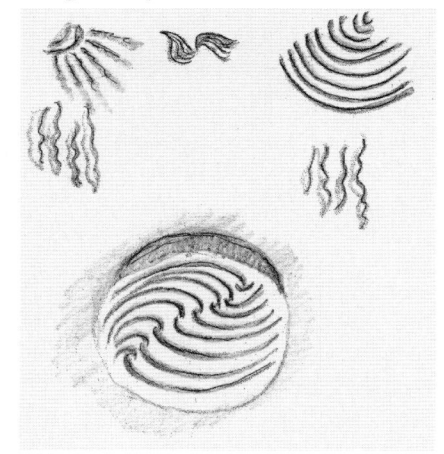

Abb. 47

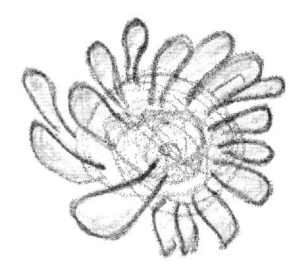

Abb. 48

Eine Skizze Rudolf Steiners (16-blättriger Kehlkopf) erinnert ebenfalls an die eliptisch-runden Details im Kornfeld (Abb. 48). Wir haben nun alle Elemente beisammen, welche – wie man sehen kann – die Kornphänomene bilden: Wirbelkräfte (die auch gerade Bahnen ziehen können – Abb. 40) oder Strahlenbüschel, welche gebogene Zeichen prägen (Abb. 39); Wesen, welche Wellenrhythmen auslösen (Zeichnung 47, links und rechts); scharfbegrenzte Formen in oder am Boden, usw. Natürlich sind *alle* Formen in der Welt letzthin geistgeschaffen. In den Kornkreisen aber treten oft *Ur*gestalten als unverschleierte Zeichen auf. Erinnern wir uns an Rudolf Steiners Diktat an Johanna von Keyserlingk (S. 16). Die Urnatur ist, vom Widersacher verfälscht, verschleiert zur Sinnenmaya geworden. Er wirkt auch hinein ins Götterwerk. Nur im Urzustand (ursprünglichen Sinnensehens oder später des Schauens) erscheinen reine Formgebilde dem vorgeburtlichen Blick auf den Heimatplaneten (Abb. 39). Der Mensch sieht die Erde, wie Gott sie schuf. Gott schuf sie in aktivem Schauen. Es sind polare Prozesse.

Der Widersachereinfluss – zeitweise notwendig – wird immer wieder in die Schranken verwiesen („Gottes Zorn und Wehmut") oder, letztlich von Christus erlöst. Ahriman ist in Erdentiefen, in Lichtgoldströmen gefesselt. Er hat sich selbst dort hineinmanövriert. Aber Christus wird letztlich die Goldfesseln lösen (Abb. 49, rosa Nordfenster). Sind die Kornkreise eine Wirkung *dieses* Geschehens? Eine Art Heilung der Erde, an bestimmten (und stets besonderen) Punkten der Erde, grob vergleichbar einer Injektion oder Akupunktur? Viele geistig Forschenden neigen zu dieser Erklärung. Die *Wirkung* strahlt weit aus und wir sehen nur den Berührungspunkt? (ähnlich der Akupunktur usw.) Dies wird von New Age – Kreisen lange schon postuliert (es muss deshalb nicht falsch sein). Insgesamt zeigen *die* Gestaltungen der Glasfenster, die Kornkreisen ähneln, bemerkenswerterweise die Regionen der Geburt bzw. Empfängnis (lila-Süd), des Denkens und Wahrnehmens (blau- Nord), der Erdentiefenkräfte (grün-Nord) und deren Erlösung (rosa- Nord): jenen Kräftestrom also, welcher als junge, frische Lebensätherwirksamkeiten aus dem geistigen Reich mit der verkörperungswilligen Menschenseele strömt – und welche durch Wirkung der Erdkräfte im Ersterben die Sinnes- und Gedankentätigkeiten des Menschen und ebenso die „Werkwelt" insgesamt schaffen. Nehmen die Kräfte, deren sichtbares Resultat in den Kornfeldern erscheint, auch diesen Weg?[1]

Abb. 49

---

[1] In den reichen, tiefen Vorträgen über die Hybernische Initiation (1923, GA 232) wird dieser Strom ausführlich geschildert, der in einer der beiden Rätselsäulen symbolisiert war.

D1 Merkurs Wirbelwirken

„Denken Sie sich eine Wiese, auf dieser Wiese Pflanzen; es geht von jeder Pflanzenblüte, auch von denjenigen Blüten, die auf Bäumen sind, zunächst eine Art Spirallinie aus, die sich in den Weltenraum hinausschwingt. Diese Spirallinien enthalten die Kräfte, durch welche der Kosmos auf der Erde das Pflanzenwachstum regelt und bewirkt. Denn die Pflanzen wachsen nicht bloß aus ihrem Keim heraus, die Pflanzen wachsen aus den kosmischen, spiralig die Erde umgebenden Kräften. Aber diese Kräfte sind auch im Winter da, auch in der Wüste da, auch wenn die Pflanzen nicht da sind.[1] Um in die Planetenbewegungen hineinzukommen, muß der Mensch diese Pflanzenspiralkräfte jede Nacht benützen wie eine Leiter. Er steigt also durch das Leiterhafte der Pflanzenstrahlkräfte in die Bewegungen der Planetenwelt hinauf. Und mit jener Kraft, welche die Pflanze aus ihrer Wurzel heraus nach oben wachsen läßt – sie muß ja eine Kraft anwenden, damit sie nach oben wachsen kann –, mit dieser Kraft wird der Mensch in die zweite Sphäre, die ich geschildert habe, hineingetragen. So dass in der Tat, wenn wir für diejenigen Erlebnisse, die ich Ihnen geschildert habe, wo der Mensch in eine gewisse Ängstlichkeit kommt und sagt: Ein Nebelgebilde im allgemeinen kosmischen Nebel bin ich, ich muss im Schoße der Gottheit ruhen. – Wenn wir das mit Bezug auf die Erdenverhältnisse ins Auge fassen, so sagt sich wiederum die Seele: Ich ruhe in all dem, was als der kosmische Segen über einem Saatfelde liegt, wenn es blüht, was über der Wiese liegt, wenn es blüht. Alles dasjenige, was sich da zu den Pflanzen heruntersenkt und in spiraligen Kraftlinien sich auslebt, alles das ist im Grunde genommen der Gottheitsschoß, der in sich belebte regsame Gottheitsschoß, in den sich der Mensch zunächst in jeder Schlafenszeit eingebettet fühlt." (30. August 1920, London; GA 214)

–

Sehen wir uns Formationen der beginnenden 1990er Jahre an: diese seltsamen, ja zum Teil albernen und unangenehm wirkenden „Insektogramme" oder wie technisch Erstarrtes legt sich da in die Felder (Abb. 50).

Abb. 50
Drei „Insektogramme" und ein „Technogramm", alle in Südwest-England erschienen

Erinnert die Formation vom 24. Juli 1994 (Abb. 51) nicht sogar unmittelbar an den „gefesselten Ahriman" der Kuppelmalerei? Hatten die Verursacher (wer immer sie seien) nach den anfänglichen, einfachen Formen von vor 1990 ab etwa 1994 mit Widersachern zu kämpfen und die untersinnlich-unterirdischen Kräfte zu fesseln? Ist, wenn dem so wäre, der michaelische Kampf von Sieg gekrönt? – Denn ab 1996 erscheinen vorwiegend herrliche, harmonische Gestaltungen. Nur selten noch erscheint Hässliches – wie z.B. am 14. August 2001 „Gesicht" und „Matrix" bei Chilbolton, oder „Alien" bei Crabwood, 15. August 2002, beide in England (leider werden oft gerade solche Gebilde besonders bewundert).

Abb. 51: 24. Juli 1994, West Kennet, 120 m
(aus: Anderhub, S. 31)

---

[1] Bemerkenswert: „Winter", „Wüste": die Kornkreise treten, wenn auch seltener, ebenso in Fels, Schnee, Eis, Wüstensand usw. auf. Müller widmet diesen „verwandten Phänomenen" ein Kapitel.

Vielleicht ist es ähnlich wie – gerade! – bei meditativer Versenkung: nie tritt versucherische Störung (unpassende Gedanken, Wünsche etc.) stärker heran. Kehrt man jedoch in Ruhe, ohne Zorn oder Enttäuschung zum eigentlichen Inhalt zurück, so verschwinden nach und nach die Störungen. Immerhin „dürfen wir niemals vergessen, dass das letzte Künstlerische in der Welt das Ineinanderspielen, das Kämpfen des Schönen mit dem Hässlichen ist. Denn allein dadurch, dass wir hinblicken auf den Gleichgewichtszustand zwischen dem Schönen und dem Hässlichen, stehen wir in der Wirklichkeit darinnen." (23. November 1919, GA 194)

Über die Medien wurde, ab 1991, mit der Geschichte der beiden Rentner, welche behaupteten, alle Kornkreise selbst angelegt zu haben, die Fälschungskampagne als Ablenkung von den echten Phänomenen verbreitet. Etwa drei Jahre lang wurde damit die Öffentlichkeit fehlgeleitet und allgemein das Interesse an den Kornkreisen gelähmt oder lächerlich gemacht. Viele – auch Kornkreisforscher – fielen darauf herein. Doch auch dies wurde, parallel zu dem Überwiegen vieler, wieder harmonischer Formen überwunden. Mögen sich die *Wirkungen* solcher Siege auch nicht sofort zeigen – außer in den Formgebilden selbst –, vielleicht sind diese sanft, allmählich sich einlebend, wie ein gutes Medikament? Es scheint, als müßten inzwischen die Widersacherkräfte – ohne deren Beteiligung nichts entstehen kann – dem Willen und den Zielen der hohen, guten Mächte, sich dienend fügen.

Stellen wir noch einmal die Schilderung von H. Wiegand dazu:

„Im Zeichen des Löwen sah ich den Herrlichen ... Dann aber ging er in goldenem Licht und beschwingten Schrittes zwischen vielen runden Scheiben, die – ähnlich wie Grabkreuze, nebeneinander standen. Mit dem durchsichtigen Stab in seiner Hand berührte er jede und sie begannen sogleich sich kreisend zu bewegen. Die Dynamik dieses Kreisens war verschieden: geschwind oder verhalten – freudig oder widerwillig-gehemmt. Nun sie sich bewegten, glichen sie nicht mehr gleichförmigen Scheiben, sondern runden, blumenhaften Organen – jenen, die wir das Sonnengeflecht nennen. ..."

Das Christuswesen, im Jahreslauf im Zeichen des Löwen (also Kulminationszeit der Kornkreis-Saison), *mit einem Stab Wirkungen ausstrahlend; Scheiben(!) in Wirbelungen versetzend, die kreisend zu blumenähnlichen Kunstwerken sich ausbilden, Sternformen säend und Lichtwirkungen erregend!* In den Büchern von Anderhub und Müller sind Fotos solcher Blumen- und Sternformen dokumentiert. „Durch die Blumen zieht der Geist des Kosmos in die Erde ein"(GA 130, siehe 19. Sept. 1911). Ist in der Natur schon vorgeprägt, was in den Kornkreisen nur enthüllt, entschleiert hervorbricht? – In dem Märchen *Güldenschuh* lässt ein Gotteskind leuchtende Spuren auf seinem Weg über die Erde zurück (siehe Johanna Keyserlingk *Kaspar Hauser*, S. 113). Daran erinnert auch das Mantram, welches Rudolf Steiner Ita Wegman gab, über das menschliche Verhältnis zu den Elementarwesen. Zu den Reichen von Erde und Wasser heißt es da: „Ihr Geister unter der Erde drücket auf meine Fußsohlen – ich schreite über euch hinweg. Ihr Geister der Feuchtigkeit streichelt meine Haut – Ich drücke euch nach allen Seiten." (Siehe Kircher-Bockholdt: *Die Menschheitsaufgabe Rudolf Steiners und Ita Wegman*)

Blicken wir, dies im Innern bewahrend, auf den „Menschheitsrepräsentanten", wie er im Osten des Goetheanums als zentrale Figur gemalt war, auf seine Rechte: Blitzfeuergarben ausstrahlend, Lichtstrahlen aussendend, in die Ahriman in der Tiefe sich verfängt wie in Goldadern der Erde. Bemerken wir die seltsamen Rätselformen, die Seinen Weg säumen (in der Holzplastik, siehe Abb. 52).

Abb. 52

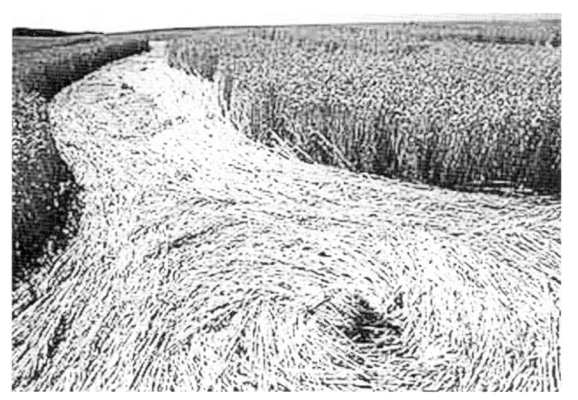

Abb. 53: Kleine Kreise um 1989

Abb. 54: Baden-Württemberg, Sinsheim-Kichhardt, 19.7.2001

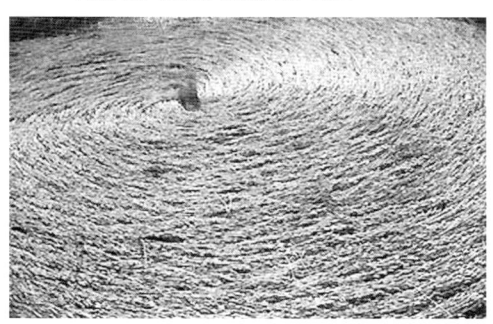

Abb. 55, 56: Rügen, 11.7.2001, Gesamtformation und Detail

Sie sind fast identisch mit den wirbelnden Halmen, die im Zentrum vieler Kornkreise stehen bleiben (Abb. 53-56, F. Laumen/J. Schwochow).

All das klingt gut zusammen mit der Schilderung von Hildegard Wiegand. – Wie nahe ist dies doch, materialisiert verzerrt, den eingangs genannten, aus grober, stoffgefesselter Wissenschaft, „esoterisch" suggerierten Theorien! Da wird ein Kraftlinienstrom geistig-ätherischer Art flugs zum technisch erzeugten Laserstrahl; eine Geistfarbenwolke als Wesensausdruck einer Gottheit zum UFO; Wirbelformen, aus warmen Ätherkräften des Klanges, Lichts und Lebens zu untersinnlichen Resultaten (Schwerkraft, Magnetismus usw.); lebensvolle, komplizierte fraktal-ähnliche Riesengebilde zu computererzeugten und ins Feld gescannten Rechnereien extraterrestrischer Astronauten, usw, usf. Aber einen Schritt weggerückt von solchen Suggestionen hin zum Geistigen, ergibt das nicht einen Sinn? Die Schatten des Lichts treiben als materialistische Verzerrungen ihr Unwesen in Menschenköpfen (Vgl. *Was tut der Engel in unserem Astralleib?*, 1918, GA 182 u. H. Bonneval, siehe S. 96).

Rudolf Steiner macht öfters deutlich, wie echte Esoterik gerade von den Bahnen der profanen oder naturwissenschaftlich-logischen Denkinhalte sich befreien muß; bzw. erst recht von materialistischer Denkart. So z. B. bei der großen kosmischen Schilderung der *Johanni-Imagination*, wo er künstlerisch-esoterisch „kosmisch alchemistisch – es ist das ein ganz richtiger

Ausdruck" – die gewaltig grandiosen Bilder darstellt. „Ich kann Ihnen natürlich nicht über diese Dinge (die aber ganz real sind) so sprechen, wie der Physiker spricht vom Positiven und Negativen und vom Energiepotential usw." Alle diese Informationen, wie: Feinstofflichkeiten, Schwingungen, Frequenzen etc., von denen die populäre „Gegenwartsesoterik" nur so strotzt, kommen bei Rudolf Steiner überhaupt nicht vor. Seine Begriffe, Schilderungen und Denkbewegungen führen hinauf in die Geistwirklichkeit, nicht noch unter das Stoffliche hinab!

Ein Richtsatz von Rudolf Steiner, der verhindern kann, die Sinneswelt und selbst die Anthroposophie zu materialistisch, zu intellektuell zu nehmen, lautet: „*Niemals bewirkt ein Physisches irgend etwas.*" (z.B. Esot. Std. 19. November 1911, GA 266 II). Wie ist das zu verstehen?

Alles Sinnliche ist nur Sinnbild, Zeichen für übersinnliche Wirkungen – allerdings für den Menschen zunächst korrumpiert, verschleiert durch die Widersacher. (Zitat S. 16 Keyserlingk: „Nicht verlangen, dass das im Gebiete des Sinnlichen Auftretende schon in sich ein Geistiges sei. Es kann nur im Zusammenleben mit den Menschen in seiner Geistigkeit sich offenbaren.") Die Urphänomene müssen aus der „Majawelt" erst herausgearbeitet und in einen durch sie selbst bestimmten Zusammenhang gebracht werden, um als wahre Zeichen des Geistes zu gelten. (Tun die Kornkreise dies nicht bereits? Ohne unser gewöhnliches Zutun?) Goethe hat damit begonnen („Alles Vergängliche ist nur ein Gleichnis.....") und Rudolf Steiner konnte daran anknüpfen. So ist, schon exoterisch betrachtet, das Herz keine „Pumpe", sondern *Ergebnis* des Blutlaufs. Es bildet sich bekanntlich embryonal auch aus diesem. (Ähnlich wie der Wasserstrom das Wasserrad treibt, nicht umgekehrt). Esoterisch aber ist das sichtbare Herz „*nur das Zeichen dafür, dass dort ein Wirbel geistiger Kräfte ist.*"

Ein grobes Bild kann verdeutlichen, wie so etwas zu verstehen ist: Wir betrachten den ampelgeregelten Verkehr an einer Kreuzung in seinem taktmäßigen Strom, der sich nach den Lichtern Rot und Grün richtet. Diese Zeichen für „Halt" und „Fahrt" bewirken aber nicht die Bewegung der Kraftfahrzeuge. Dies tut (exoterisch) der Kraftstoff in den Motoren. Und auch dieser täte gar nichts, wenn nicht ein *Bewusstsein* sowohl das Ampelzeichen lesen als auch das Fahrzeug beherrschen würde (das auch nur das Ergebnis vieler, letztlich bewusster, Menschentätigkeit ist). Abgekürzt kann man sagen: das Blut treibt das Herz. Genau und esoterisch ist das Herz ein *Zeichen*. Der Geist bedarf aber dennoch dieser Zeichen und muss sie lesen, wenn er wirken will, ähnlich wie das Auge eines Spiegels bedarf, um sich wahrnehmen zu können (oder die Menschenseele Augen, Hände, usw., um im Erdbereich wirken zu können). Aber es ist immer bewusster Geist selbst, der wahrnimmt, erkennt und handelt.

Im selben Sinne wie die sichtbare Welt allgemein sind auch die Kornkreise *Zeichen*. Aber sie sind offenbar Zeichen höherer, direkterer oder wieder geläuterter Art als die übrige Maja der Natur. Es scheint ein Einfluss überzugehen in diese, vor welchen die Maja sich neigt (wie die Kornhalme). Das Bewirkende sind immer Wirbelbewegungen. Das gilt für alles Sinnlich-Physische. Nur ist bei den Kornkreisen, wie auch beim Wirbelsturm, Wassertrichter usw. das Wirken selbst *im Status nascendi und rasch* zu beobachten, das Ergebnis unmittelbar und rein vor Augen. Insofern können die Kornkreise sogar als Anschauungsmaterial dienen, um sonst verborgene, alltägliche Naturprozesse selbst besser zu begreifen. Denn im Grunde entsteht Natur kaum anders – nur meist langsamer und verhüllter, verborgener. – Der Wirbel ist *das* Mittel zum Schaffen überhaupt; andere Kräfte können diesem Schaffen oder Geschaffenen nur noch Richtung,

Form oder Entformung hinzufügen. So liegt *über* dem schaffenden Wirbel die Geistwelt mit ihren Urbildern und Absichten, *unter* ihm die sinnliche, zeichenhafte Werkwelt. Der geistige Mittelpunkt des Wirbels bildet den Übergang. – Rudolf Steiner notiert sich zu folgender, grundlegenden Zeichnung (GA 265, S. 18):

Abb. 57
„Die Welt ist eine Wirbelbewegung. *Jede Einrollung muß sich in Ausrollung verwandeln. (Das Leben soll Lektion sein.). Alles, was im Sinne der Wirbelbewegung vollbracht ist, ist Magie.*"

Sehr ähnliche Wirbelbildungen zeigt sein erster Entwurf für das rote Westfenster im ersten Goetheanum (Abb. 58) oder für den Wirbel im blauen Südfenster (Abb. 59).

Theodor Schwenk hat das Thema Wirbel in seinem bedeutsamen Werk *Das sensible Chaos* genial dargestellt („Strömendes Formschaffen in Wasser und Luft").

Das menschliche Herz, als Urhauptwirbel des Leibes, hält bis in seine Muskelfasern und seine Gesamtform sichtbar fest, woraus es entstand, selbst in den äußersten Muskelschichten.[1]

„Was verbindet den astralischen Leib mit dem physischen Leib und seinen Organen, und was führt ihn wieder zurück (ins Erwachen)? Da besteht eine Art von Band, eine Verbindung, die eine Zwischenmaterie ist zwischen physischer und astraler Materie. Das nennt man das Kundalinifeuer (oder –licht)."

Eine kosmische Spirale aus Rudolf

Abb. 58   Abb. 59

[1] Wesentliche Einzelheiten zur Bedeutung der Wirbelbildung finden sich in Otto Julius Hartmann *Die Stufen der Menschwerdung in der Evolution der Erde*, Die Kommenden, 1976. Rudolf Steiner bezeichnete im *Landwirtschaftlichen Kurs*, Ga 327, die oberste Erdenschicht als „Zwerchfell der Erde". Auf diesem – beim Menschen eine Art Doppelkuppelgebilde – ruht bzw. pulst die Herzspitze. Wie das Einwirken bewegter Luft als Verursacher der Kornkreise oft von Zeugen geschildert wird, erinnert deutlich an das bewegte Pulsen über dem Zwerchfell (Vgl. Müller, S. 55f)

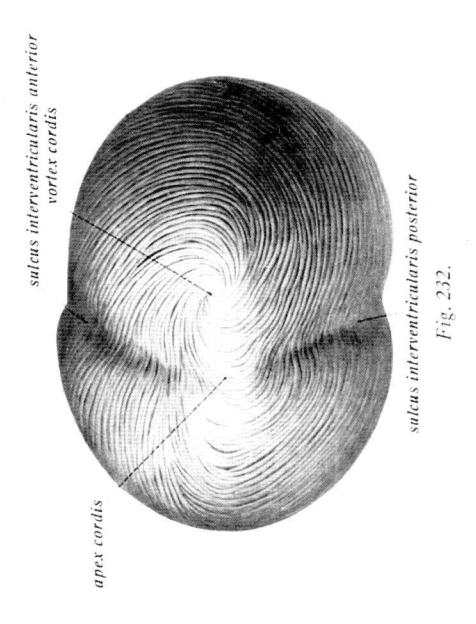

Abb. 60
Ansicht der Herzspitze, halbe natürliche Größe. Aus Sobota; Anatomie, Bd.2. Die Form – größere Herzform umschlossen von der kleineren – ähnelt dem Gralsmotiv.

Steiners Notizbuch ist veröffentlicht in *Beiträge zur Gesamtausgabe* Nr. 20 (Abb. 61). Dies sind nur einzelne Beispiele, deren es viele gibt.

Ganz offensichtlich zeigen die Kornkreise jene schaffende Welt unmittelbar bis in ihre Realisation als Abbild im Stofflichen, welche überhaupt das Schöpferische alles übrigen ist. Welche(s) Wesen, welche Absicht(en) *darüber* walten, ist damit noch nicht gesagt. Das Entstandene muß aber doch von der Qualität ihrer Erschaffer Zeug-

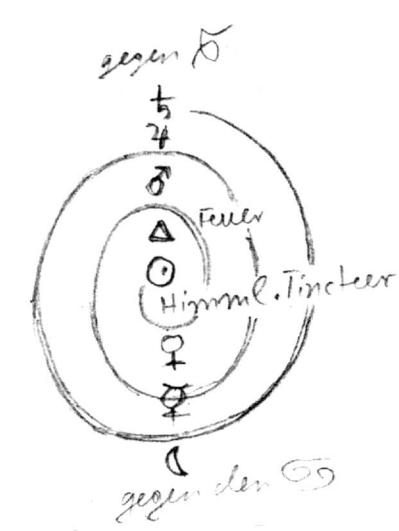

Abb. 61

nis ablegen: „An ihren Früchten sollt ihr sie erkennen." Allerdings sieht „*der Antichrist dem Christus zum Verwechseln ähnlich*" (GA 130). Der Widersacher kann niemals schöpferisch sein, aber perfekt nachbilden und zerstören. Es muss und soll jedem einzelnen Menschen überlassen sein, sich ein Urteil zu bilden bzgl. der Qualität der verursachenden Wesen der Kornphänomene. Für die notwendigen Voreinsichten ins Phänomen aber kann und soll mit dieser Arbeit etwas Material zur Verfügung gestellt werden. Man vergesse im Erarbeiten nicht, dass auch Irrtümer und Fehler in sie eingeflossen sein könnten! Man prüfe alles genau!(Dass von Anfang an, soweit das Kornkreisphänomen bekannt ist, Gut *und* Böse verursachend mitzuwirken scheinen, geht aus dem ersten Kapitel von Müller deutlich hervor: Da wird dokumentiert, dass einerseits der Teufel, andererseits aber auch Elfen und „Schwanenjungfrauen" in früheren Jahrhunderten im Korn tanzend erlebt wurden und damals schon die typischen, einfachen Kreise hinterließen. Zudem wird und wurde von zimperlich-furchtsamen Naturen gerade der Hl. Geist und sein Offenbaren als „teuflisch" erlebt!

Mit dem Wirbel eng verbunden ist die Spirale oder auch Welle. Zieht ein Wirbelstrudel in die Tiefe, entsteht eine Schneckenform, von der Seite betrachtet. Noch weiter gezogen entstünde die Welle, die also als Modifikation des Wirbels (in die Senkrechte zu ihm gewendet) erscheint und – somit die wichtigste sekundäre Bewegung zum primären Wirbel darstellt.

Der Nachfolger des bedeutenden Propheten und Sehers Jakob Lorber (1800-1864), *Mayerhofer,* schreibt am 19. Dezember 1874 bezüglich der Bedeutung der „Schraubenlinie" eine „vom Herrn" gehörte Erläuterung nieder: „Hier will ich euch wieder ein Gesetz Meiner Schöpfung aufdecken, woraus ihr erkennen sollt, wie es möglich ist, durch eine einzige Linie, wie die euch bekannte Schraubenlinie, ein Universum in Gang zu bringen, es von selbst zur Vervollkommnung zu drängen, und so mit dem ersten Impuls eines Schöpfungsaktes sogleich seine ewige Bestandsdauer zu begründen."

„Unter den großen Schöpfungsgesetzen sind gerade die Anfangsprinzipien die wichtigsten, welche als Grund und Basis alles Erschaffenen dienen und von diesen Prinzipien ... ist eben auch die Schraubenlinie eines der wichtigsten ..., weil gerade sie oder die Anwendung ihrer Form ein Hauptfaktor alles Bestehenden ist!... In der Natur findet sie sich überall; selbst in eurem Körper habt ihr die peristaltische Kraft eurer Eingeweide; eure eigene Erde erhält Bewegung, Nahrung und Wärme durch die in Windungen vom Nordpol her in sie einströmende und am Südpol austretende Kraft.... In der unendlichen Schöpfung gibt es nur leichte, zarte Anfänge von ganz unbedeutend scheinenden Dingen ... , deren Tragweite aber ein endliches Wesen nicht ermessen kann! ... Eine Schraube oder jede Spirallinie ... hat den Zweck, entweder einen Gegenstand an den anderen stärker zu befestigen, oder ... eine vorwärts treibenden Bewegung hervorzubringen. ... Es hat also die Schraube und jede spiralförmige Linie den Trieb nach vorwärts in ihrer Form begründet. ... Nun, mit diesem Vorwärtstreiben oder

Drängen im Materiellen verbindet sich wie gewöhnlich noch ein anderer Faktor, der aus dem Mehr oder Minder des Vorwärtsgehens entsteht, nämlich die Wärme durch Reibung. Hier habt ihr einen zweiten Faktor Meiner großen Weltenschöpfung, nämlich die Entwicklung des Wärmestoffes aus der Bewegung!... Die Fortbewegung bei der Schraube und Spirallinie ist keine plötzliche, zerstörende, sondern eine langsame, aber stetige und nicht zurückweichende. Bei einem geradlinig eindringenden Bewegen der Weltkörper müßte endlich die Geschwindigkeit durch den Widerstand des Äthers entweder vermindert oder gar aufgehoben werden. Selbst das Licht, das mit so großer Geschwindigkeit von einer Sonne zur andern fliegt, schraubt sich in den Äther hinein und eben deswegen ist das Licht auch Wärmeträger, welcher sich kundgibt, wo das Licht auf feste Gegenstände auffällt. Auch Pflanzen, Bäume, in- und auswendig, winden oder schrauben sich aufwärts in die Luft ... Ihre Wurzeln winden sich zwischen Steinen und Felsen durch und entwickeln auf diese Weise Kraftäußerungen, die auf anderem Wege weder möglich noch ausführbar wären.... So seht ihr überall die schraubenartige Bewegung als Lebensprinzip, als Bewegungs-, Lebens- und Wärmeerzeuger....Dass diese Linie eine solche große Wichtigkeit erlangt hat und haben muss, da ohne sie nichts bestehen, nichts fortschreiten könnte", wird erläutert (in *Schöpfungsgeheimnisse*).

Auch diese Linie hat Rudolf Steiner vielfach gezeichnet und erläutert. „In einer Art Schraubenlinie bewegt sich die Erde hinter der Sonne nach, bohrt sich gewissermaßen in den Weltenraum ein" (18.04.1920, GA 201). Zu ihrer in sich selbst zurücklaufenden Form als *Lemniskate*, der „heiligen Linie der Welt", gibt es eine Fülle seiner Erläuterungen. Ein Beispiel ist die folgende Figur zur Planetenevolution (28.12.1907, GA 101, Abb. 62). Im Merkurstab ist eine andere, von Rudolf Steiner besonders in esoterischen Stunden (und in der Gebrauchsgrafik) verwendete Abwandlung davon (GA 266 I-III):

„Ein altes, gut brauchbares Symbol ist der sogenannte Merkurstab, d.h. die Vorstellung einer Geraden, um welche spiralförmig eine Kurve läuft. Man muß dann allerdings ein solches Gebilde als ein Kräftesystem sich verbildlichen; etwa so, dass längs der Geraden ein Kräftesystem läuft, dem gesetzmäßig ein anderes von entsprechend geringerer Geschwindigkeit in der Spirale entspricht. Im Konkreten darf in Anlehnung daran vorgestellt werden das Wachstum des Pflanzenstengels und das dazugehörige Sich-Ansetzen der Blätter längs desselben oder auch das Bild des Elektromagneten. Im weiteren ... auch das Bild der menschlichen Entwickelung. Die im Leben sich steigernden Fähigkeiten symbolisiert die Gerade; die Mannigfaltigkeit der Eindrücke entsprechen dem Lauf der Spirale." (9.4.1911, GA 35) Man denke hier auch an die Mission der *Eva*: Dass ihr Fußtritt *die Schlange* zermalmen soll; oder an die „grüne Schlange" des Goethemärchens, welche sich zum leuchtenden Kreis zusammenringelt, um die Verwesung des Jünglings zu verhindern.

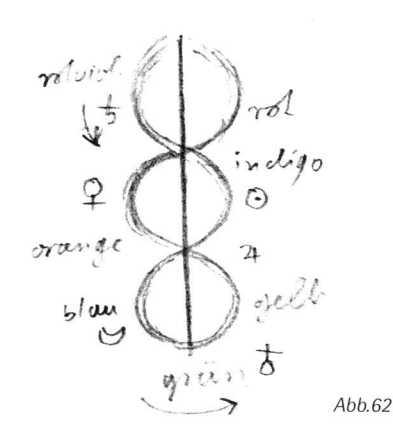

Der Merkurstab ist tatsächlich – neben dem Rosenkreuz – das am meisten von Rudolf Steiner empfohlene Symbolzeichen, auch oft „Caducäus" genannt. Das innerliche Aufbauen der Form wird zumeist wie folgt vorgeschrieben: ein gelb leuchtender Stab, umwunden von einer schwarzen, star-

Abb. 62

ren, gekreuzt von einer weißen, lebendigen Schlange. – Dies sei ein gutes Mittel, das Irrlichterieren der Vorstellungen beim Meditieren zu paralysieren. – Und auch: vor oder nach dem Gang durch das „Chaotisierende der Stadt", durch deren „himmelschreiende Formen" (1906!), sei die Vorstellung des Caducäus etwas sehr Reinigendes und Heilendes. Denn solches Sinnenchaos sei höchst krankmachend für Seele und Leib. Man könne kaum in jeder notwendigen Situation (denn dann wäre es ja heute fast dauernd nötig!) sich solche Symbole vorhalten, „aber in einem von hundert Fällen soll man es tun". – Da zudem der Merkurstab oft von Rudolf Steiner in vielen Abwandlungen für Arzneimittelschachteln usw. gestaltet wurde, ist es gut, sich mit dem Heilenden des Symbols und insbesondere mit dem Merkurstab eingehend zu befassen.

Dieses Zeichen steht ja noch für vieles andere als Signet, z.B.:
- für das esoterische Streben, den Schulungsweg als solchen;
- für alles Künstlerische;
- für das Ausgleichend-Heilende alles Rhythmischen in Mensch und Natur, vor allem für das Atmen;
- für alles Pädagogische und Hygienische; kurz: für alles Heilende im umfassenden Sinne, mit dem Zentralen der Geistesschulung, durch welche sich der Schüler der geistigen Sonne „heilerstrebend weihen möchte";
- für die Evolution von Mensch und Welt von Saturn bis Vulcan, wofür Rudolf Steiner eine acht-farbige Variante gab;
- für die Erdengegenwart.

Der Merkurstab ist also Symbol für den ganzen, zum Heile strebenden Menschen.

Auf die grundlegende Bedeutsamkeit der Spirale bzw. der fortschreitenden Lemniskate als Urbewegung der Planeten hat Rudolf Steiner vielfältig hingewiesen. Das war auch Mayerhofer im Prinzip schon bekannt: „Alle Welten, Planeten und Kometen ... bewegen sich in spiralförmigen Linien, sie schrauben sich in den Ätherraum hinein. (Auch) die Erde bewegt sich spiralförmig weiter, ... denn nur so geht ihr Fortschreiten sanft und gleichmäßig vor sich." (Aufzeichnung vom 19. Dezember 1874 in *Schöpfungsgeheimnisse*, Lorber-Verlag) Interessant ist in diesem Zusammenhang auch folgende Charakteristik Rudolf Steiners, wo die kosmische Spirale, bis in die Erdennatur wirkend, dargestellt ist:

„... Ich ruhe in all dem, was als der kosmische Segen über einem Saatfelde liegt, wenn es blüht, was über der Wiese liegt, wenn sie blüht. Alles dasjenige, was sich da zu den Pflanzen heruntersenkt und in spiraligen Kräften sich auslebt, alles das ist im Grunde genommen der Gottheitsschoß ... in den sich der Mensch zunächst in jeder Schlafenszeit eingebettet fühlt." (30.8.1920, ausführlich zitiert zu Beginn dieses Kapitels)

Die *Kleinodienentwürfe* und viele Formelemente der Bauten Rudolf Steiners haben die „Cassinischen Kurven" allgemein (deren einer Spezialfall eben die Lemniskate ist) als konstituierende oder erscheinende Details.

Die Kraft des Merkur

bewirkt im Wesen vom:	die Tätigkeit der:	im zusammenklingenden Ganzen:
Ich-Leib	Geistesschulung	
astralischen Leib	Erziehung	
ätherischen Leib	Kunst	} Kultur und Heil
physischen Leib	Medizin („Merkurs Feuerschlangensiegel")	
Erdenleib	biol.-dyn. Erdpflegekunst	

In den Kornkreisen und ebenso in der keltischen wie überhaupt in Kunst und Esoterik aller Völker und Zeiten bilden Wirbel, Schnecke, Lemniskate, Spirale und Welle seit Urzeiten zentral wichtige Linien – neben Geraden, Kreuzen, Sternformen aller Art. (Im genannten Werk Theodor Schwenks finden sich viele ausgezeichnete Abbildungen zu diesen Formen, besonders in Wasser- und Luftbildern.) In den Kornkreisen treten sie jedoch oft viel direkter und klarer, harmonischer und in Riesenform auf.

Zusammenfassend läßt sich im Merkurstab erkennen, dass „Christus die richtunggebende Achse" gibt, und Luzifer (als Licht-Erkenntnisträger, nicht als Widersacher) dieselbe spiralig umwindet. In einer Studie Rudolf Steiners für die kleine Kuppel im Ersten Goetheanum finden wir daher die Elemente der Wirbelbildung wieder. Man beachte dabei auch die aus Luzifer bogenartig abwärtsstrahlenden Geraden, welche am Boden eine Kreiswirbelstraße bilden. (Abb. 63, vgl. die geometrische Entwicklung eines ähnlichen Kornkreises vom 4. Mai 1998 in Müller, S. 40 bzw. S. 87)

Statt UFO-erzeugter Drehtechnik läßt sich eben genausogut etwas anderes denken: Wie sieht der christliche Wirbel aus? Seine Brust (wie sie in der

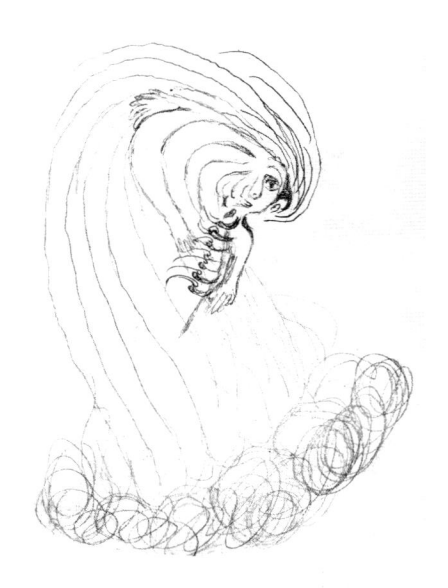

Abb. 63

Holzplastik geschnitzt ist) deutet es an: wie sich windende Herzensströme Dessen, Der sagt: *„Ich bin das Brot des Lebens"*.

Als solches tritt Er auch in den Planetensiegeln (besonders dem fünften) und den plastischen Goetheanumformen auf. Rudolf Steiner gab Ihn auch als Meditation für einen Kranken (siehe GA 268, S. 112). In den Eurythmieformen und Kleinodien findet Er sich ebenfalls oft.

Anthroposophie ist als Ganzes eine Geistgabe im Sinne des gegenwärtigen Christus. Ob es die Kornkreisformationen auch sind?

Neben dem Merkursymbol ist der *Wirbel* ein bedeutsames Zeichen (wie Rudolf Steiner das Krebs-Symbol, auf dessen Sinn und Form er oft hinweist, nannte). Dieses uralte okkulte Symbol macht inspirativ sichtbar, wo eine Weltenkraft endet – und wo eine neue beginnt. (Es darf keine Verbindung zwischen den einzelnen Linien zu sehen sein, da hier die Evolution durch einen Sprung, ein Nichts geht.) Am Nacht-Himmel sind solche Wirbel als sogenannte Milchstraßen oder Galaxiens gewaltigen Ausmaßes, doch sehr weit entfernt, sichtbar.

Rudolf Steiner erläuterte, dass man es da mit sterbenden und andererseits mit neuwerdenden Welten in den beiden Armen dieser Sternwirbel zu tun habe.

Der „Christuswirbel" vereint Merkurschlangen und Wirbel. Das Sich-Umwenden ist dabei Signum des Merkurialen (Abb. 65). Die herausragende, „der Korb" genannte Siebenerformation (Anderhub S. 93/95 oder Müller S. 45/80 zeigt innerhalb der Kreise diesen „Christuswirbel" besonders klar und kraftvoll als zeugende Spur der verursachenden Bewegung).

Im Leibesgeschehen, im Mikrokosmos

Abb. 64: 2. Mysteriendrama-Siegel als kunstvoll gestaltete Wirbelgestalt

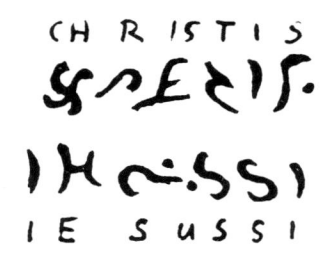

Abb. 66: Aufschrift auf einem keltischen Säulenstein in Aberdeen

Abb. 65

Abb. 67

des Menschen, kann dieses Zeichen überall da stehen, wo zwischen polaren Prozessen ein *Nichts* entstehen, welches Platz macht für höhere, übergeordnete Prozesse, zum Beispiel zwischen Nerv- und Blutbahnendungen, zwischen Epi- und Hypophyse, Nahrungsabbau und Neuaufbau, Absicht und ausführenden Willenprozessen, und so fort.

Für den Seelenorganismus hat Rudolf Steiner selber öfters Variationen des Wirbels für die übersinnlichen Wahrnehmungsorgane gezeichnet. Dieser steht als Weltbuchstabe für die Stirnlotusblume, welche zwischen den Augen des Menschen veranlagt ist, und die Wesen höherer Welten wahrnimmt.

Auch das geistige Kehlorgan, welches die schaffenden Naturkräfte oder Gedanken anderer Menschen erlebbar macht, wird mit besonders reichem Linienzug dargestellt (siehe Abb. 47). Dieses Organ ist bereits besonders entscheidend für das „sinnlich-sittliche" Gewahren der Kraftarten, die sich in den Vignetten ausdrücken. Denn es nimmt Gestaltungskräfte wahr. Auf dieses Organ, das „Organ der Wahrhaftigkeit", wirken die Kornkreise also besonders direkt. Die astralen Blütenorgane werden durch energische, bewusste Seelenarbeit des Menschen an sich selber mittels genau angegebener Übungen nach und nach entfaltet, wie es in *Wie erlangt man Erkenntnisse der höheren Welten?* angegeben ist. Und sie bestehen so lange und insofern sie in Tätigkeit treten. – (Was in der New Age-Literatur als „Chakren" angegeben wird, sollte damit nicht gleichgesetzt werden. Das sind meist nicht diese Organe im Astralleib, sondern nur ihre ätherischen Wurzeln, die bei *jedem* Menschen seelisch, aber auch leiblich konstituierend wirken. Erst aktive, exakte Schulung erweckt diese zum Erblühen als Wahrnehmungsorgane.)

Dass auch das System der Lotosblumen in Wirbeln zusammengehalten ist durch die „Kundalini-schlange" (bzw. –Feuer oder –Licht bezeugt die folgende Skizze Rudolf Steiners (Abb. 67).

Was dort Zwischensubstanz" (Kundalini) genannt wird, hat sicher Bezug zu den Zwischensubstanzen: Quintessenz und Zahl, wenn nicht gar all dies identisch ist, nur jeweils aus anderen Blickwinkeln geschildert (GA 267, S. 460 oder *Beiträge* Nr. 51/2, Abb. 67).

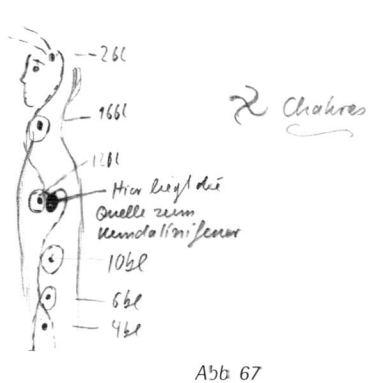

Lorber und „die Seherin von Prevorst" bezeichnen diese Kundalini-Kraft meist als „Nervengeist".

Es erstaunt vielleicht nicht mehr, dass die so vieles umfassende Grasdorfer Komposition auch noch exakt das Lotosblumensystem des Menschen versinnbildlicht. So zeigen sich die drei separaten oberen Chakren in den ersten drei einzelnen Motivgruppen. Das Scheitelchakra (1000-bl. oder 8-bl. Lotos strahlt ja an zwei Punkten ein: vom Hinterhaupt und vom Schädeldach: dem entsprechen die zwei zusammengehörigen westlichen Gebilde der Formation. Das zweite weist auf den Augenbrauenlotos, indem es sich in der Richtung kreuzt mit der unteren Erstform – so wie Ellipse und Hypophyse (die zugehörigen Drüsenkomplexe) polar zusammenwirken (vgl. GA 128).

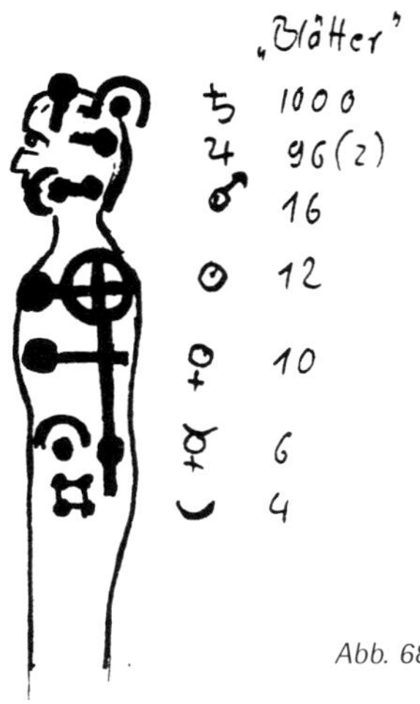
„Blätter"
1000
96(2)
16
12
10
6
4

Abb. 68

Der Bereich des Wortes (Mund und Kehle, 16-bl. Lotos) fällt mit der dritten Form zusammen. Dabei erweist sich abermals die ☽- Form als stimmig. Sie tritt auch im roten Westfenster als solche über dem Wirbel auf, dessen beide Seiten bei Grasdorf in den zwei verbundenen Kugeln erscheinen. Die eigentliche Wirbelsäule, welche die unteren, mehr zusammenhängenden Chakren verbindet, korrespondiert mit dem Grasdorfer Hauptbalken deutlich: der 12-blättrige Lotos mit der Vierkammergestalt des Herzens, gefolgt vom eng damit verwobenen „Sonnengeflecht" (Magenlotos oder 10-bl. L.). Der 6-blättrige Lotos – in der Reproduktionszone gelegen und deren Kräfte speisend – enthält stimmigerweise das Gralsmotiv als vergeistigte, die Polaritäten zur Einheit erhöhende urgeschlechtliche Kraft. Der 4-blättrige Wurzellotos tritt ebenfalls in entsprechender Gestalt auf. Dass die *moderne* Geistesschulung nicht primär die rückgratgebundenen Zentren erweckt, sondern die, aus deren Keimkraft sich bildenden „Vordergrat"-Blüten, also die drei oberen Chakren, dies scheint die Grasdorfer Formation besonders zu zeigen.

Alle entwickelten Chakren aber sind in wirbelnden Kreisen tätige Gebilde. Die jeweils polaren Wirbellinien können gemäß Rudolf Steiner auch jeweils rot und blau (vergehend und neuentehend) vorgestellt werden. Der Vortrag „Evolution – Involution – Schöpfung aus dem Nichts" (GA 284) kann bezüglich des Zeichens klärend sein.

Viele Kreise haben diese Wirbelgrundstruktur, die auch in der Substanz des Brotes, dem Korn enthalten ist! Das umwendende Verwirbeln – als menschliche Tätigkeit – ist auch von entscheidendem Einfluss beim Aufrühren der „biologisch-dynamischen Präparate", welche Rudolf Steiner z. B. Pfingsten 1924 in Koberwitz bei Breslau angab (GA 327).

Auch das Wasser gleitet, wo es ungestört und ungebrochen strömen darf, grundsätzlich in Mäandern dahin. Das Geisteslicht selbst wird manchmal „webend-wellend", „-wogend" oder „wellend-flutend" von Rudolf Steiner beschrieben. Jeder Rhythmus *schwingt* im Grunde in Wellen – und alles Belebte hat seinen Rhythmus. Alles wahre, aus erstorbener Natur erneuerte Leben aber hat seinen Quell in dem Sonnengeist Christus, der spricht: „Siehe, ich mache alles neu." Sind wir begnadet, in ereignisstarker Wendezeit Zeugen Christuswirkender Erdenbelebung zu sein? Sehen wir hier mit physischen Augen das Wirken „des Herrn der Himmelskräfte auf Erden", Christi Kraft im Sein der Erde? Im Herzen Christi ist die Quelle aller guten Lebensströme: „Ströme lebendigen Wassers ..." Wo viel Schatten (war er je stärker als heute?), ist auch – verborgen – viel Licht. Hinter aller Apokalypse schreitet der heilende, erweckende Christus [1]. Wer Augen hat zu schauen, der schaue!

Blicken wir abschließend noch auf eine besondere Form des Goetheanum.

[2] Vgl. H. Wimbauer: *Der apokalyptische Christus und das Atom*, Mühlenhof Verlag, Gross-Malchau, schildert das Gegenwartswirken des Christus besonders aktuell und rigoros.

D 2 Die „Keimform" des Goetheanum

Abb. 69

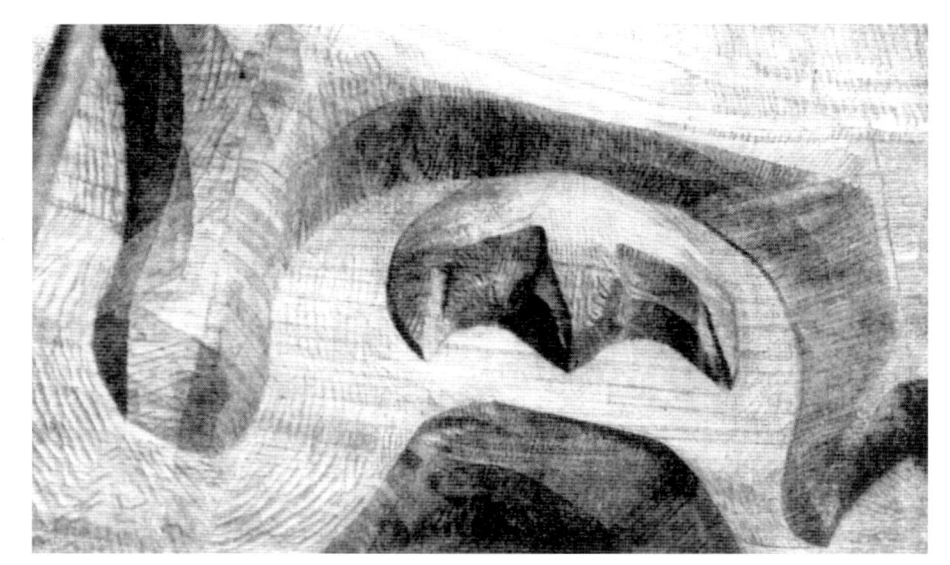

Abb. 70

Nebenstehende Form (Abb. 69) eines „Regenbogenschüsselchens" (vgl. S. 81) ist praktisch identisch mit der Urform, auf welche sich alle Grundelemente des Goetheanum direkt oder indirekt zurückführen lassen. Rudolf Steiner schnitzte sie eigenhändig an der Südseite des Architravs der kleinen Kuppel (Abb. 70).

In ihren Hauptmetamorphosen sehen wir diese Form am Westportal, über dem Durchbruch von der großen zur kleinen Kuppel und im Osten über dem Menschheitsrepräsentanten. Ferner über allen Eingangsportalen und Außenfenstern in verschiedenen Gestaltungen. Alle Architravformen können als stark metamorphosierte Spezialfälle oder Teilstücke von ihr aufgefasst werden.

Im Herzstück einer keltischen Grabplatte (zu sehen in Clonmacnoice / Irland) findet sich diese Form neunmal (3x3) in genial ineinandergeschlungener Komposition (Abb. 71). Dabei variieren die Formen voneinander – auf der rechten Seite einzeln heraus gezeichnet: links die innere Dreiheit, rechts die äußere, umgrenzende. Darunter die Skizze des zentralen Wirbels und der drei Nebenwirbel in der Form.

Sieht man das Goetheanum als „lebendig" (pflanzlich) an, so bildet diese Urform dessen „Keim", deren Metamorphosen „Ranken", „Blätter" und „Früchte" sind. Man vergleiche das Foto (Abb. 70) dieser Form mit der Zeichnung ihrer drei Hauptmetamorphosen (von Daffi Niederhäuser Abb. 72) von den Ostnischen-, Bühnenbogen- und Westportal-Motiven[1]. Diese Urform war, wie erwähnt, Rudolf Steiner so

---

[1] In *Das Farbenwort* von Hilde Raske

Abb. 71

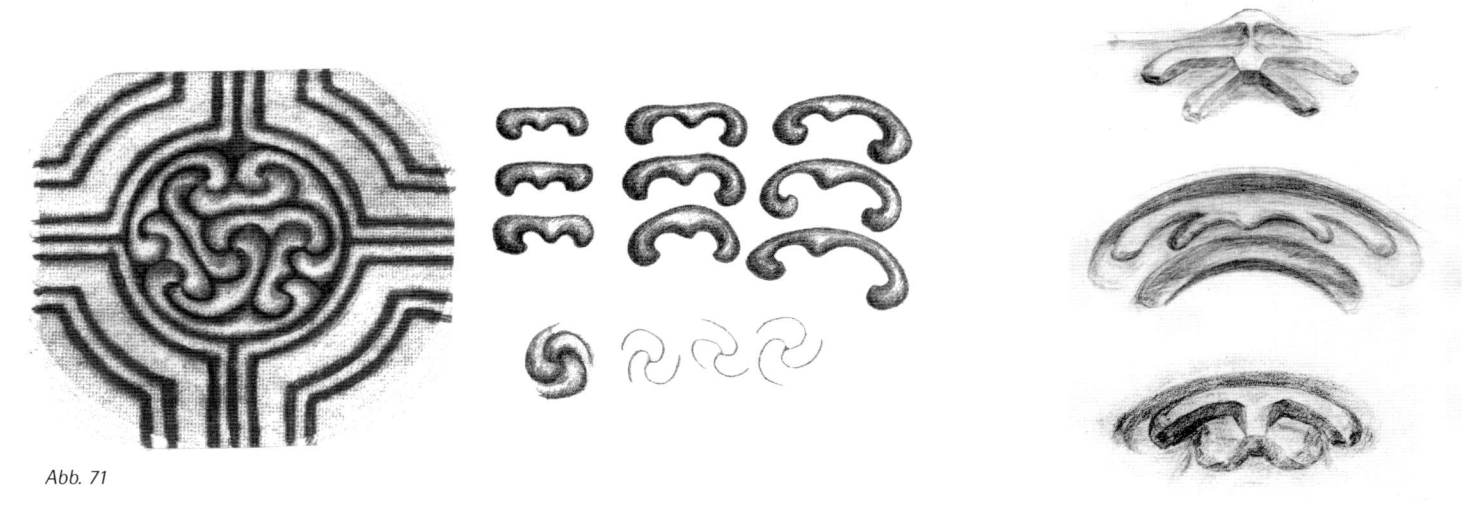

Abb. 72

wichtig, dass er selbst den Meißel anlegte. Die ausgefeilteste, entfaltetste Variation ist der sogenannte „Baldachin, der die Architrave der kleinen Kuppel synthetisch zusammenfasst" (Abb. 73). Er befindet sich über der Christusgruppe im Ostende des Ersten Goetheanums, in Eschenholz geschnitzt. – Über die eigenartige Stirngestaltung dieser Zentralfigur wird im folgenden Kapitel betrachtet.

Abb. 73

D 3 Der „Schlüssel"

Ein oft den Formationen beigegebenes (oder einverwobenes) Signet, wie eine Unterschrift unter dem Werk, ist die eigentümliche, asymmetrische „Schlüsselform" (Abb. 74).

Ströme denken, die im Lebendigen eine Form anregen, die „lesbar" ist. Schrieb nicht auch Er – mit den Fingern – auf, in die Erde? Damals repräsentativ für einen Menschen, heute für Erde und Fülle, den Reichtum und alle Einzelheiten der Welt – sei es der sinnlichen, sei es der geistigen auf dem „Erntefeld [!] der Erde" (vgl. z.B. 1. Vortrag, GA 134). Eine solche Stirn, ein solcher Schlüssel ist nicht das „Zeichen des Tieres" sondern seine Überwindung! (Apokalypse, Kap. 14, 16. Vgl. auch „*Staunen – Mitleid – Gewissen*", als die drei Kräfte, welche Stirn, Augen und Mundpartie des ätherischen Christus ermöglichen", 9. u. 14. Mai 1912, GA 133 u. GA 143.)

Abb. 74: Verschiedene „Schlüsselformen", rechts der „Schlüssel von Malsch", 1992 (bei Ettingweiler)

Erinnert sie nicht – grafisch umgesetzt, ähnlich wie das Grasdorfer Piktogramm im Vergleich zu den Goetheanumarchitraven – an etwas ganz anderes? Etwa an die, die Seelenkraft unvoreingenommenen Staunens offenbarende Stirn des „Menschheitsrepräsentanten"? (Abb. 75, links Entwurf, rechts Ausführung Rudolf Steiners an der Holzplastik)

Ist „Staunen" der Schlüssel für die Rätsel im Kornfeld – so wie für alles wahre Wissen? Statt eines Laserstrahls oder dergleichen läßt sich ebenso an bis ins Physische wirksame geistige Ströme denken [...]

Menschheit? Wurden nicht damals „Seine Pfade eben gemacht" durch den Ihm voranschreitenden Täufer Johannes? –

Die Form des Schlüssels erinnert auch an den goldenen Haken Dschemschids in Ur-Persien, wie ihn Katharina Emmerich beschreibt (*Die Geheimnisse der Alten Bundes*, Pattloch Verlag 1990): „...wie ein lateinisches Kreuz mit einer Klinge, die herausgezogen mit dem Schaft einen rechten Winkel bildete." Damit zeichnete Dschemschid Risse in die Erde.

Staunen ist immer der Anfang für jedes echte Erkennen, Staunen über die

Abb. 75

E   Keltische Münzprägungen

Abb. 76:
Vorder- und Rückseite einer keltischen
Bronzemünze (Lengyel, S. 86 u. 223).
Durchmesser 23 mm

Abb. 77
Kornkreis vom 29.Juli 1996
Etchilhampton, Durchmesser 32 m

Kornkreis vom 25.Juli 1996
Roundway

Der allgemeine Verdacht, die Phänomene im Getreidefeld könnten etwas mit der keltischen Kultur zu tun haben, bestätigt sich auf mehrfache Art; nicht nur wegen des „Heimatlandes" der Phänomene, hauptsächlich Südwestengland (altes Artus- und Keltengebiet; Joseph von Arimathia brachte, der Legende nach, die Gralsschale hierher). Alte, vorkeltische Monumentalanlagen, wie die Steinkreise von Stonehenge oder Avebury, künstliche Landschaftswälle und -hügel wie Sillbury Hill oder Maiden Castle prägen diese sagenumwitterte Landschaft. Insbesondere erinnern die keltischen Münzen aus Gold, Silber, Eisen, Bronze oder Potin (Legierung aus Kupfer mit Blei oder sehr viel Zinn) stark, den Motiven wie dem allgemeinen Charakter nach, an die Gestaltungen im Korn. Einzelne Motivgruppen kommen, ihrem Charakter nach, ausschließlich sowohl auf solchen Münzen wie auch in Kornkreisen vor (siehe Bildgruppe Abb. 77). Man vergleiche dazu die Bronzeplatte von Grasdorf (siehe Abb. S. 20), die das gleiche Motiv zeigt wie der Kornkreis. Das Material sowie der *Gesamteindruck* mit den runden und geraden Details auf den Münzen und den Vertiefungen in der Bronzeplatte weisen eindeutige Entsprechungen auf.
Sind die schweren Metallscheiben von Grasdorf echt, so sind sie im Charakter

Abb. 78: Sog. „Regenbogenschüsselchen" (leicht schalenförmig gebogene keltische Goldmedaillons, von ca. 10 mm Durchmesser.) Von solchen im Acker gefundenen Kleinodien kam der Glaube, dass am Ende eines Regenbogens Gold vergraben sei.

Abb. 79: Ähnlichen Charakter tragen auch zwei rätselhafte Formen, die einander ähneln: links „Skorpion" aus dem blauen Nordfenster des Goetheanum, rechts Motiv einer keltischen Münze (Lengyel)

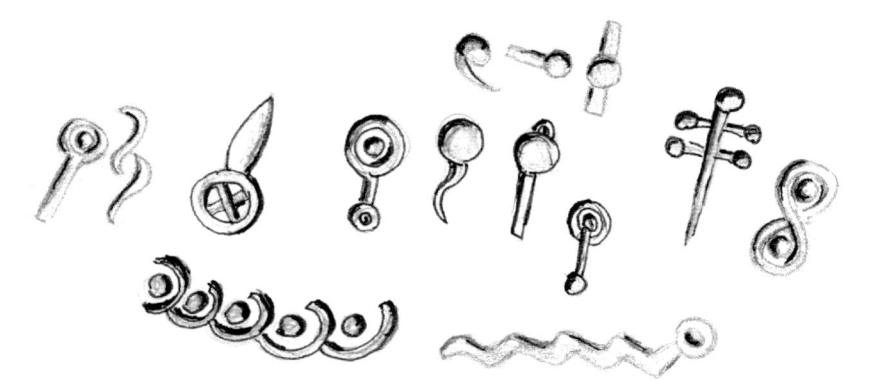

*Abb. 80: Münzmotive: Anklänge an die frühen Kornkreise der achtziger Jahre (nach Lengyel).
Rechts unten ein Merkur-Motiv*

praktisch identisch mit den Keltenmünzen: Erhaben geprägte Motive abstrakter – d.h. hieroglyphischer – Art, hauptsächlich aus Geraden und Kreuzen, Gebogenen, Wellen, Sicheln, Sternformen, Strahlen und Kugeln bestehend. Ebenso wie die aus Potin geschaffenen Münzen sind diese gegossen, nicht gestanzt. Oft sind diese Münzen zu scheinbar gegenständlichen Motiven gefügt oder solchen als Attribute beigegeben („Schlangenpferde", Köpfe usw. Vgl. auch das Schlangenpferd von Uffington, Abb. 16 u. 18). Lancelot Lengyel hat in seinem ausgezeichneten Werk *Das geheime Wissen der Kelten* (Bauer Verlag) etliche solcher Münzen abgedruckt und beschrieben.

In der keltischen Kultur entstand eine *rein-inspirative Linienkunst,* die durch südlichen Einfluss allmählich von Bildkunst verdrängt wurde. An den Hochkreuzen der Kelten, ihrer Buchkunst und ihrem Schmuck kann man studieren, wie die frühesten Kunstwerke mit reinen, oft verwobenen Kraftlinien als unmittelbarer Ausdruck ätherisch-astraler Klangwelten durchprägt sind. Auf den späteren treten dann zugleich immer häufiger Abbildungen hinzu oder an deren Stelle. (Darstellungen aus der Bibel. – In seiner 12-folgigen Serie *Ars lineandi* hat Rudolf Kutzli in gründlicher Weise diese keltische Kunst nahegebracht: Verlag Die Kommenden, Freiburg.)

An diese geistig „gehörte" und *unmittelbar* dargestellte Geisterfahrung knüpft auch Rudolf Steiners Bauimpuls wieder an. Seine erneuerte grafische Kunst, seine Reliefgestaltungen im Ersten Goetheanum, vor allem im Architravbereich ist echte, sehr vervollkommnete und auch erweiterte esoterische Kunst aus derselben Quelle. Erstaunt stellt man fest, wie seine elf Siegelschöpfungen – wiederum wie in der Natur, und doch weit oberhalb ihrer Sinnesqualität – kaum Geraden aufweisen! Nur wie gleichsam das „Salz in der Suppe" findet man sie. Als innere Richtkräfte hingegen sind gerade sie überall da. Sonst wären die gebogenen Linien außerstande, so geordnet, dynamisch und gefüllt zu wirken. Eine Mer-

Abb. 81: Anklänge von Motiven keltischer Münzprägungen an spätere Kornkreise bis etwa 1995 (nach Lengyel)

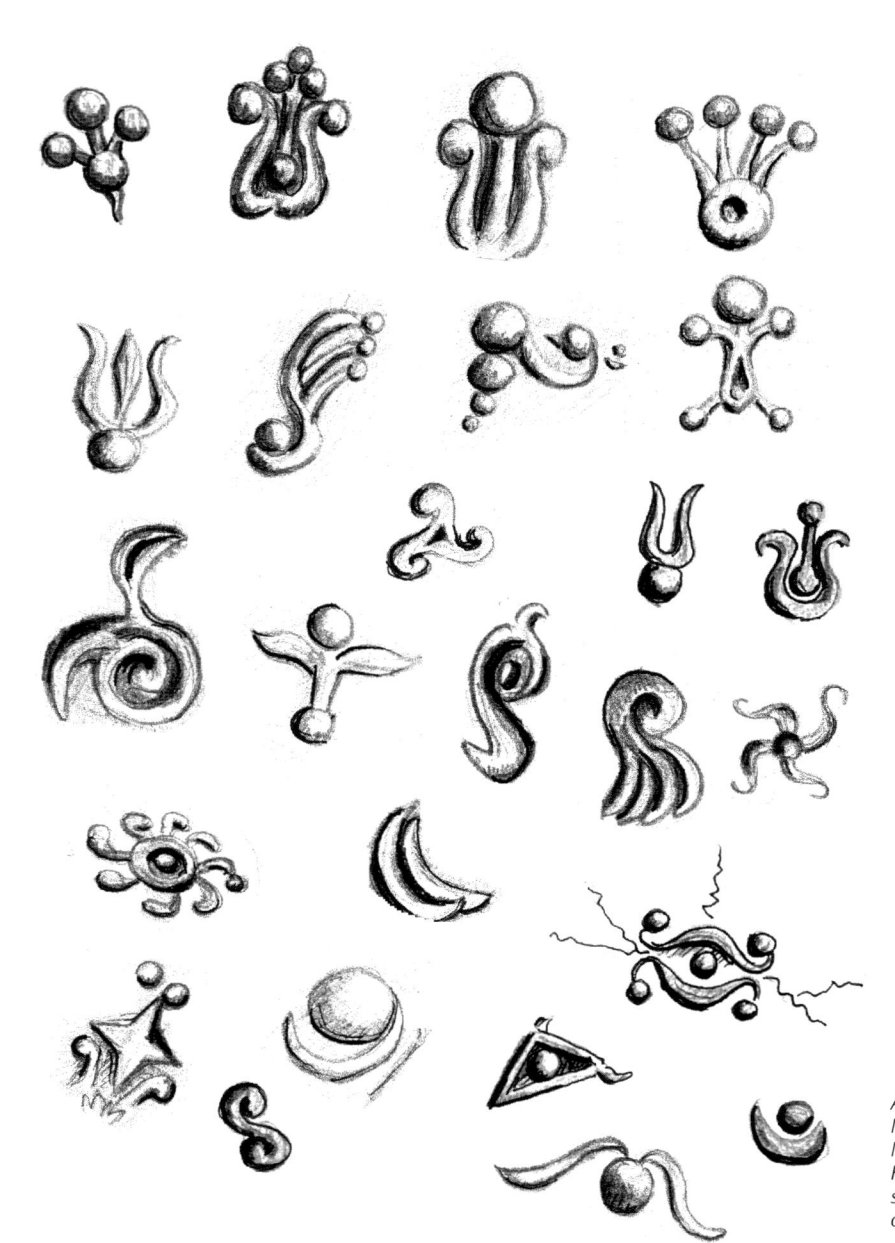

Abb. 82: Eine Auswahl weiterer Münzkompositionen und –motive. Man beachte den ähnlichen Charakter der Formationen in den Kornfeldern dazu – seien es solche der späteren 90er Jahre oder neuere und neueste.

kurschlangenlinie zum Beispiel wäre undenkbar ohne die oft eben unsichtbare Gerade, welche ihr erst die Richtung weist, um die sie sich schlingt: Zurücknahme des Abstrakt-Starren zu dienender Weisekraft. Oftmals finden wir im Werk Rudolf Steiners auch, sei es grafisch, plastisch oder als esoterische Stilbildung im Gehalt seiner wörtlichen und schriftlichen Darstellungen – den Übergang aus dem Geraden zum Sich-Wendenden, Biegenden oder umgekehrt („...überall das Gerade in das Gebogene verwandelt, überall das Gebogene ins Gerade zurückgewendet").

Wie das Bild einer „höheren Natur" *innerhalb* der Natur können wir solche schönen Wendungen zwischen Gerade und Gebogen am Vollkommensten an den Flügelformen der Schmetterlinge bewundern.

Freie Zusammenklänge der Polaritäten Gerade-Gebogen können auch in pädagogischer Richtung Anregung sein zum Ausgleichen übertriebener Temperamente im Formenzeichnen-Unterricht.

In den keltischen Münzen (in ihrer Blütezeit etwa 100 vor bis 100 nach Christus) erreicht diese Kunst ihre höchste kulturelle Stufe. Eigentlich ist der Name „Münze" irreführend: Denn das, was z.B. den Römern als Zahlungsmittel galt, war den Kelten (außer in der Dekadenzzeit) eher Symbol, Medaillon oder Brakleat (Metallscheibenanhänger). Die Motive stellen nichts Natürliches dar. Das, was im Geistbereich erfahren wurde als nicht-optisches, nicht-physisches Lebensreich, wurde ins Optische *übersetzt*. Daher die Ähnlichkeit z.B. zu Pferden usw. (Diese knappen Hinweise müssen, um diese Arbeit nicht zu überfrachten, hier genügen.) Man könnte auch sagen: die Natur, einschließlich des Menschen, wird in ihrem *Paradies-Urzustand* ins Sichtbare übersetzt und in Metall geprägt (vgl. Keyserlingk, S. 16). Dasselbe betont Rudolf Steiner von den Formen des ersten Goetheanum: es sind diejenigen Gebilde dort zusammengefügt, welche der Blick in die Natur erfährt, wenn er sich jedes Gedankens enthält (auch des instinktiv einschießenden, der die „reine Wahrnehmung" verhindert). Überdies sind manche Motive des ersten Goetheanums geradezu identisch mit keltischen Formen (vgl. Kapitel „Eine Keimform des Goetheanum"). „Das spirituelle Christentum der ersten Jahrhunderte: heute muss es wieder erneuert werden" (Rudolf Steiner am 24.4.1922, GA 211) – Sind die Kornkreise, oder zumindest ein Teil derselben, aus derselben Quelle inspiriert wie die keltischen Münzen? Der Erzengel, der ehemals als keltischer Volksgeist wirkte, inspirierte später das esoterischen Christentum (Vgl. S. 88)

Abb. 83: „Regenbogenschüsselchen": Auf das äußerste Wesentliche reduziertes und abstrahiertes Profil, nur durch Gerade, Gebogene und Kugeln gebildet. (Die den „Mund" bildende Hantel ist ein typisches, schon 1990 aufgetretenes Kornkreis-Motiv)

F   Der Sternenhimmel auf der Bronzeplatte

*Abb. 84**

Die vielen Maße und Maßverhältnisse, die vom kleinsten (der Grasdorf-Formation selbst) über die nähere Umgebung (Kap. Grasdorf-Externsteine-Stern) zum Mitteleuropa-, Europa- und Erden-Stern führte, legt nahe, noch weiter zu tasten: Ob auch am Himmel sich etwas erweist? Da aber war zunächst nichts zu finden. Einen Verdacht erregte dann aber die Bronzeplatte, verbunden mit der hinzugedachten Geometrie der Innen- und Außenellipse des „Malscher Modellbaus", wobei im Osten und Westen ein Unterbruch der Innenellipse ist - ganz wie in Malsch. Diese Scheibe - sei sie gefälscht oder echt - welche, ebenso wie die anderen beiden, das ganze Piktogramm als erhabenen Vollguss enthält, weist eine Besonderheit auf: Es sind deutliche *Vertiefungen* zu sehen. Diese machen einen beabsichtigten Eindruck und sind gut von den Zufalls-Unebenheiten der Platte zu unterscheiden. Abb. 84 zeigt die Lage dieser Kuhlen, eingezeichnet ist der Einfachheit halber das Piktogramm selbst (Foto der Platte siehe S. 20). Man könnte nun fragen: wenn das Piktogramm mehr die *zeitliche Evolution* von Mensch und Weltall zeigt, wie darzustellen versucht wurde, könnten dann die im Getreidefeld ja nicht dargestellten Mulden auf bestimmte *Ruhesterne* weisen? Sind diese doch in gewissem Sinne Höhlungen, Löcher an der Himmelskuppel (GA 110; GA 136). Sucht man also den Himmel ab, zunächst bezügl. Sternen erster Lichtstärke, so wird man nach einer Weile fündig. Es ist sehr deutlich und recht genau ein bestimmter Ausschnitt den Mulden entsprechend, jedoch so, dass der Standort sehr hoch im Norden liegt. Das Sternzeichen Orion z.B. ist nur mit dem obersten Stern Beteigeuze sichtbar. Dies ist am Polarkreis oder etwas südlicher, etwa bei Trondheim in Norwegen der Fall. Da der „Europa-Stern" am Polarkreis endet besteht da vielleicht ein Zusammenhang. Die Konstellation ist erstaunlicherweise die der „heiligen Morgen- und Abendkräfte" aus der Richtung der Sternzeichen Jungfrau –

Zu Abb. 84:

A Aldebaran
B Beteigeuze
C Capella
N Nordstern
P Pollux/Castor
Pl Plejaden
R Regulus
Pr Prokyon
♈ Widder

Fische, also Aszendent Jungfrau, Deszendent Fische am Horizont. Die Sterne erster Größe sind sämtlich sichtbar, wie der Zeichnung zu entnehmen ist. Der Polarstern fiele auf den Umkreis der Scheibe, etwa zwischen die beiden Kreuzformen (also den „Gegenwartspunkt", vgl. S. 23/24). Interessant ist z. B., dass bei Pollux in den Zwillingen eine kleinere Mulde nach oben direkt anschließt, was sofort an das Zwillingsgestirn Castor-Pollux denken läßt. Das kleine Sternbild Widder kommt als ganzes auf die abgeschlossene quadratische Form im Osten zu liegen, die Plejaden – nicht als Mulde – auf das Ende des großen Ost-West-Balkens: Widder (Lamm) als Ziel der Evolution ist im Malscher Kuppelgewölbe im Osten gezeichnet. „Das nächste Sonnensystem wird sich in den Plejaden abspielen. Das ganze Sonnensystem bewegt sich zu den Plejaden hin." (Beiträge zur GA Nr. 37/38, S. 81). „Nehmen wir die sieben heiligen Rishis. Sie waren so eingeweiht in die Sonnen-Mysterien, dass uns das Sinnbild für ihre Einweihung das Stehen der Sonne im Sternbild des Stieres ist; und was wir schauen können am Firmament, wenn die Sonne im Sternbild des Stieres steht, das gibt tatsächlich das Mysterium der eigentümlichen Einweihung der Rishis, und diese Einweihung wirkte hindurch durch die sieben Persönlichkeiten, die die sieben heiligen Rishis waren. Das kommt dadurch zum Ausdruck, dass vom selben Ort herglänzt das Siebengestirn, die Plejaden. Das ist der Ort, an dem unser ganzes Sonnensystem in unser Weltall hineingekommen ist." (18. Dezember 1910; GA 124) Die Plejaden zeigen also sowohl Anfang als auch Ende unseres Sonnen-Systems. Sie grenzen am Anfang des Stier-Sternbildes an das Widder-Bild. Auf beides also zielt letztlich das Grasdorfer Zeichen bzw. die Bronzeplatte hin. Seltsam ist die sehr große, ovale Mulde unmittelbar unter Regulus im Löwe-Sternbild. Hier liegt exakt das ovale Fenster des Malscher Tempelchens, und die dazu passende zeitliche Konstellation wäre jeden Tag zu irgendeiner Zeit. Aber besonders stimmig ist vielleicht der durch das Fenster scheinende Ostervollmond[1] etwa drei Stunden nach seinem Aufgang, oder die Sonne unterhalb Regulus am 23. August.

Sollte all dies, zusammen mit den übrigen Erstaunlichkeiten, tatsächlich bloßer Zufall sein?

---

[1] Siehe dazu Werner Schäfer *Auf einen bestimmten Punkt* in „Stil", Ostern 2003

G Der „Kalender 1912" und der Malscher Modellbau

Dass der führende Geist der keltischen Volkschaften sich opferte, um inspirierender Geist des esoterischen Christentums zu werden (GA 121), lässt sich anhand der sogenannten Keltenmünzen klar aufzeigen: Sie existieren seit ihren Anfängen in Form von Kopien römischer Zahlungsmittel um 200 vor Christus, von denen sie sich aber immer mehr entfernten. Nur vom ersten Jahrhundert vor bis ins erste Jahrhundert nach Christus erschienen sie in ihrer kulturgeschichtlich absolut einzigartigen Reinform. Sie übernahmen sie wiederum Römisches (lateinische Namenszüge), um dann im dritten Jahrhundert nach Christus spurlos zu verschwinden. Ihre Urformen tauchen, wie knapp aufgezeigt, einerseits in Rudolf Steiners grafischer, plastisch-architektonischer und Kleinodienkunst erneut wieder auf, andererseits in den Kornkreisen etwa zwei Drittel Jahrhunderte später. (Von mittelalterlichen, ja prähistorischen, einfachen Vorläufern in der Landschaft einerseits, in der Kunst – Felszeichnungen, Textilmuster, etc. – andererseits abgesehen). Drückt sich hier eine Art Wiederverkörperung des keltisch-christlichen Volksgeistes aus, nachdem er auf die esoterischen Christentum-Strömungen der Ketzer, de Gralsgemeinschaften und der Rosenkreutzer usw. zunächst mehr auf geistig-seelischer Ebene einwirkte?

Als sich der ätherische Christus ab dem Jahre 1909 zu zeigen begann, schuf Rudolf Steiner das erste Mysteriendrama mit der Schau der Theodora (GA 14). Gleichfalls wird die Grundsteinweihe des Malscher Modells vollzogen. Am 15. Oktober 1911 wird in Stuttgart ein nach diesem Vorbild gebauter Säulensaal als Stätte für die kultsymbolischen Rituale Rudolf Steiners geschaffen und drei Jahre benutzt, bis zum Ausbruch des Ersten Weltkrieges (GA 284). Zu gleicher Zeit (1911) skizziert Rudolf Steiner die dort an der Decke befindlichen Motive für den „Kalender", welche auch in der Kuppel des Saales mit Goldfolie angebracht waren. In diesem „Kalender 1912" trat auch das Urgedicht des christlichen Jahreslaufes erstmals ans Licht: der „Anthroposophische Seelenkalender", wie ein „sechstes Evangelium".

Von den Skizzen dieses Kalenders

Abb. 85: Diese Skizzen erheben keinen künstlerischen Anspruch in der Ausführung. Die Originale sind abgebildet in „Der Kalender von 1912", Beiträge zur Gesamtausgabe Nr. 37/38.

1912/13 erinnern wiederum manche an die Zeichen in den Kornfeldern und an die Münzenmotive, insbesondere jene für das Frühlings- / Sommerhalbjahr. In der Ausführung der Skizzen durch Imma von Eckartstein (wohl mit Rudolf Steiners Beratung) zeigen einige Motive einen deutlichen Anklang:

Abb. 86: Verschiedene Gestaltungen des Merkurstabes für den „Kalender 1912" von Rudolf Steiner.

H 1   Apokalyptisches

„In den letzten Tagen werde ich in meinen Geist ausgießen auf alles irdische Leben ... Und ich werde Wunder bewirken oben im Himmel und Zeichen unten auf der Erde ... Das alles geht voran dem großen Tag des Herrn"
(Prophet Joel 2/30. Paulus zitiert dies ausführlich in seiner Pfingstrede, Apostelgeschichte 2)

„Es werden falsche Propheten und Christusse auftreten, die sogar Zeichen und Wunder tun" *(Markus 13)*

—

Abb. 87

Abb. 88

Die Sonne, deren Strahlenhände von links oben schräg auf den lichten Christus der kleinen Goetheanum-Kuppel fallen, verbindet sich auch mit der Strahlgewalt seiner rechten Hand, mit der Ahriman in den Tiefen der Erde gefesselt ist (vgl. Kap. C4).

Auf der Skizze „Druidenstein"(Abb. 87), welche Rudolf Steiner nach seinen Erlebnissen bei den Ausflügen zu keltischen Cromlechs in Wales zeichnete (während des Sommerkurses 1923 in Penmaenmawr), sind ähnliche Sonnenhände gezeichnet. Sie bringen einen Swastikawirbel in Drehung, vor einem Druidenstein, über dem ein Lichtkreis schwebt, der ebenfalls Strahlen nach unten aussendet. Auch die Ägypter zeichneten die Sonne oft so: die Strahlen als Handlungsorgane der Geistsonne auf der Erde.

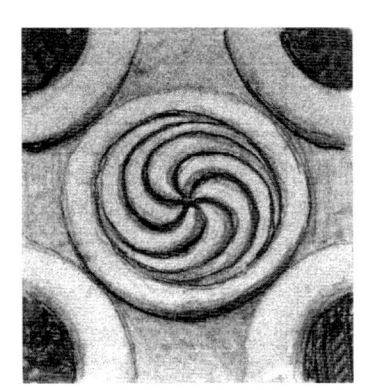

Abb. 89

In künstlerisch vollendeter Form hat Rudolf Steiner die Swastika in das dritte Mysteriendramensiegel übertragen (Abb. 88).

Geschichtlich gibt es außerordentlich viele und verschiedene Darstellungen der Swastika. Wir beschränken uns

Abb. 90

hier auf zwei Beispiele: Abb. 89 zeigt den Zentralwirbel eines keltischen Hochkreuzes in Irland, Abb. 90 zeigt einen germanischen Silberschmuck, der bei Häver in Mecklenburg gefunden wurde.

Auch eine Skizze zum „Straderapparat", einer künftigen, ätherischen

Abb. 91

Technik enthält diese Form (Abb. 91. Der sich umwendende Wirbel hat also durchaus eine bis ins Technisch-Praktische reichende Bedeutung (Ständer aus Blei, darauf „Glas mit Pecherzspitzen", Beiträge zur Gesamtausgabe Nr. 107)

In der Holzskulptur des Menschheitsrepräsentanten schreitet dieser *nicht* genau von Osten nach Westen, sondern in einer Abweichung Richtung Norden gewendet, die etwa dem Winkel entspricht, durch den das „Grasdorf-Pentagramm" (bzw. der Mitteleuropa-Stern) von der Nord-Süd-Achse unten nach Westen abweicht und dadurch dessen linker Schenkel die Linie nach Malsch und Dornach trifft. (Vgl. S. 22). An der Holzgruppe des Menschheitsrepräsentanten nimmt eine andere Gestalt den Platz der Sonne ein, die als Malerei darüber aus der Kuppel strahlte: Das sogenannte „Felsenwesen" („eine Art Organ-gewordener Felsen"), welches auch „Weltenhumor" genannt wird. Rudolf Steiner sagt von ihm Bedeutsames: dass der Christus allein seine Aufgabe in der Gegenwart nicht würde erfüllen können, käme ihm dies Wesen nicht zu Hilfe. Auch bei Rudolf Steiners Werk ist immer Weltenhumor anwesend – gleichzeitig mit dem Weltenernst. So entstehen zugleich mit seinen kosmischen „zwölf Stimmungen" die „zwölf Satiren"; und bei jeder Eurythmieaufführung in Dornach gab es zuletzt, nach einer Pause, Humoresken. Die Erlebnisberichte um Rudolf Steiner sind voll von entsprechenden Anekdoten! – Das „Felsenwesen" ergießt liebevollen Spott über die intellektuellen Dummheiten der Menschen. Ganz ähnlich wirken die Schöpfer der Kornkreise: Mit „echt englischem Humor" werden die Menschen in müheloser, genialischer Überlegenheit gleichsam am Ohr gezupft. Doch nie vehement oder gemein oder sarkastisch, sondern immer gleichsam mit einem Lächeln und wohlwollenden Nasenstübern versehend. So zum Beispiel, als Terence Meaden vor 1990 seine „Wirbeltheorie" aufstellte – die Kornkreise seien lediglich durch spezielle Naturwinde entstanden. Als gedacht wurde:„jetzt haben wir die Sache am Schwänzchen gepackt", erschien ein Kreis mit Schwänzchen. Auf diesen Kreis mit Anhängsel war die Theorie ehrlicherweise nicht mehr anwendbar! Oder, bei einem offiziellen Fälscherwettbewerb mit vorgegebener Form, die mühsam in vielen Stunden ins Korn getrampelt und gerollt wurde, erschien in der Nacht darauf daneben ein *echter* Kornkreis. Dieser hätte zweifellos den Wettbewerb gewonnen, nur hielten seine Verursacher sich nicht an die Vorlage; sie erschienen auch nicht bei der Preisverleihung. – Vor Manchester, wo Prof. Mandelbrot seine „Fraktalgeometrie" entwickelt hatte, erschien ein riesiges „Apfelmännchen" (ein typisches Fraktal), aber nicht computergenau, sondern mit kleinen Abweichungen, die es viel lebendiger erscheinen ließen (vgl. Müller, S. 81f). Ein mit diversen technischen Geräten anrückendes japanisches Filmteam wurde mit großen japanischen Zeichen im Korn empfangen! etc.

Manche Landwirte mögen es nicht, wenn auf ihren Feldern Kornkreise auftauchen. So packte den englischen Farmer Woodtly schon öfters der Zorn, wenn eines seiner Felder wieder einmal „erwischt" wurde. Rasend vor Zorn zerstörte er das Zeichen mit seinem Mähdrescher. Es nützte nichts: Nur wenige Tage darauf erschienen noch größere Formationen in seinen Feldern. Diese liegen übrigens in der Gegend um Liddington Castle, einer von Englands vielen prähistorischen runden Erdwallanlagen (vgl. Anderhub, S. 44 und 68f).

Dergleichen Beispiele ließen sich viele anfügen. Sie gehören zum Phänomen einfach dazu: Mit schönstem Humor widerlegt das Phänomen selbst die falschen Theorien oder alberne Verhaltensweisen der Menschen. Es kümmert sich auch überhaupt nicht um Pestizide und dergleichen, um Straßen, Hochspannungsmasten, Flugschneisen, um den zum Teil ausfernden Massentourismus, um die Inspizierung mit allerlei Fluggeräten, Sonden, Messinstrumenten aller Art, Mikrofonen, um Geldhascherei der Eintritt verlangenden Farmer oder deren Vandalismus. Es tut einfach seine Sache, unbeirrt und unhinderbar. Die Reaktionen der Menschen und ihre „Zivilisation" ist *deren* Sache. Darum kümmern sich die Kornkreis-Schöpfer nicht (außer eben, dass sie durch feinen Humor ihre restlose Überlegenheit dokumentieren).

Es ist derselbe köstliche Humor, der – trotz allem Ernst – die echten Märchen durchlichtet. Auch den guten Elementarwesen, wie den Zwergen (Felsenwesen!) eignet genau dieser Humor. (Vgl. z.B. Rudolf Meyer: *Die Weisheit der deutschen Volksmärchen*) Er ist auch in den „Oberuferer Weihnachtsspielen" anwesend – und stört die Heiligkeit nicht im geringsten!

Etwa alle hundert Jahre zeigt sich, gemäß Rudolf Steiner, eine offenbare Tätigkeit des Christian Rosenkreutz. So erschien 1785 *Die geheimen Figuren der Rosenkreuzer*, 1875 wird die Theosophische Gesellschaft gegründet, zunächst unter der geistigen Führung des Christian Rosenkreutz. Seine Geburt datiert Rudolf Steiner 1378. 1879 tritt Michael als Zeitgeist seine Mission an.

Um 1980 beginnen die Kornkreise publik zu werden. Ende des 20. Jahrhunderts soll, nach einer Prophetie Rudolf Steiners, der Ätherleib des Christian Rosenkreutz so stark geworden sein, dass er *exoterisch* zu wirken vermag (27.09.1911, GA 130). Diese exoterische Wirkung ist nicht nur auf das Schauen des ätherischen Christus beschränkt. Auch vom ätherischen Christus wird gesagt, dass Er bis ins Physische wirken und sich physisch manifestieren kann. Ab Mitte des 20. Jahrhunderts haben „große Scharen von Menschen" eine Begegnung mit ihm. Sein Wirken ist von Golgatha an, stets ein *geheimnisoffenbarendes*. Er macht die Mysterien dadurch offenbar, dass Er sie selbst darlebt. Der Angelos, der Ihm jetzt als Wirkenshülle dient, ist der ursprünglich germanische, schweigsame Gott *Vidar*. Insbesondere widmet sich dieser „Geist des Nordens" der Aufgabe, in den Menschen ein Verständnis für die moderne Geistesforschung zu entwickeln und sie umzuwandeln in einem volkstümlichen Sinne. So „dass von da aus diese moderne Geistesforschung eine im volkstümlichen Sinne gehaltene Befruchtung erlangen wird." (17.6.1910, GA 121). Die vielzitierte und doch nicht so eingetretene „Kulmination der Anthroposophie am Jahrhundertende" durch das Zusammenwirken von „Platonikern und Aristotelikern" hätte u. a. die Aufgabe gehabt, Wissenschaft und Kunst zu einer neuen Ästhetik weisheitsvoll zu vereinen. Man könnte die Kornkreise als eine bildliche Darstellung einer solchen Ästhetik anschauen, durch welche das Böse überwunden wird und im Betrachter religiöse Gefühle erwachen. In seinen Vorträgen über die hybernischen Mysterien berichtete Rudolf Steiner über die einst getrennten Initiationserlebnisse in Wissenschaft und Kunst, die dann im Christentum vereinigt wurden. Die herzergreifende Schilderung dieser „heute noch geistig bestehenden" Mysterien enthält ebenfalls vieles, was über das Phänomen Kornkreise aufklären kann (GA 232).

---

[1] Vgl. die ausgezeichnete Arbeit von Ernst Mändl *Vom Geist des Nordens*, (Mellinger Verlag 1966)

Kein (noch so edles) Wunschdenken und als Weltfreundlichkeit verschleierte Weltfremdheit täuscht darüber hinweg: wir stehen mitten in der „Apokalypse", die ja „wie alle Apokalypsen" insbesondere für die Gegenwart gelten (3.08.1924, GA 237). Herbert Wimbauer hat diesen Kerngedanken sorgfältig herausgearbeitet in seiner Studie: *Der apokalyptische Christus und das Atom*: erst nach gewaltigen Kataklysmen – inneren, aber auch äußeren – erscheint der Christus, wie schon der Apokalyptiker Johannes betont. Wir müssen nur die Katastrophen nicht *bloß* in Erdbeben oder Terroranschlägen etc. suchen, sondern auch in der Seelen- und Ich-zerstörenden Wirkung der technischen Massenmedien. In der globalen Manipulationsmaschinerie offenbart sie sich, ähnlich einem bösen Hautausschlag, der lediglich die bereits lange schwelende, eigentliche schwere Stoffwechselkrankheit punktuell-oberflächlich sichtbar werden läßt. Gegen die Leiden des Höheren Ich im Menschen ist körperliches Foltern „nur eine physisch etwas anschaulichere Prozedur" (vgl. 13. Mai 1921, GA 204). Da ist sie, die Apokalypse, vor allem seit Mitte des 20. Jahrhunderts, dem Ausbruch von „Wirtschaftswunder" und Technik aller Art (nicht der Technik, die Rudolf Steiner als menschengemäße erschaffen wollte) in vollster Realität! Wer noch Ohren und Augen hat, hört und sieht sie überall. Dass auch hier Rudolf Steiner genau voraussah, was in Zukunft auf die Menschheit zueilt, erweist u.a. folgendes Detail. Zu Ita Wegman sagte er, dass die untersinnliche Technik mit ihren Kräften von Elektrizität, Magnetismus etc. (in Funkverkehr, Flugzeugen, usw.) so schwer auf den Menschen lasten werde, „dass das Leben auf Erden zur Qual werden wird." Er empfahl als ein Schutzmittel, aus Torf eine spinnbare Faser zu entwickeln, welche in Form von Bekleidung diese Einwirkungen abmildere. Dabei handle es sich aber nicht so sehr um einen physischen, sondern vor allem um einen spirituellen Schutz. Die Elementarwesen, die in den am Verwesen gehinderten Torfpflanzen gebunden sind, würden dadurch erlöst und aus Dankbarkeit würden sie die Menschen vor diesen schädlichen Zivilisationserzeugnissen schützen. Es ist jedoch sehr schwierig und aufwendig, die komplizierten Hinweise Rudolf Steiners zur Aufbereitung der Torffasern zu bewerkstelligen. An einigen Orten wird seit Jahren intensiv daran gearbeitet. (Informationen sind beziehbar z.B. über Ruth Erne, Grütacker 1, CH-5317 Hettenschwiel).

Michael, der Christusstreiter, die in der Apokalypse kaum erwähnte Gestalt hat den Schlüssel und die Kette in der Hand. Jenen Schlüssel, der die Unterwelt auf- und verschließen kann, den Drachen „versiegelnd". So zeichnet ihn Rudolf Steiner für seine „Rosenkreuzerischen Siegel", welche für Kultbauten nach Malscher Vorbild gedacht sind (GA 284). Die Attribute des apokalyptischen Christus selbst sind der „eiserner Stab" und das Schwert und für die „Erdenernte" die Sichel. Wir finden all dies stilisiert in den Zeichen im Korn zentral wieder: Stab (gerade Bahnen), Sicheln und Kreuzformen. (Es soll hier nichts behauptet werden, sondern zum Suchen und Zusammenschauen angeregt werden). Die Erde verschlingt zuletzt den Drachen in ihren Fluten; er muss weichen! Das weiße Pferd der Apokalypse, das der Auferstandene reitet, findet sich wieder in der Kornkreis-Landschaft: prähistorische Kratzbilder, wo die Grasnarbe von den weißen Kalkfelsen weggeschart wurde (und die heute regelmäßig gesäubert werden). Diese Pferde-Abbildungen erinnern deutlich an die merkwürdigen „Schlangenpferde" auf den keltischen Münzen (vgl. Abb. 16–18, Kap. B 5).

„Wenn das moralische Feuer ausströmt von dieser Christusgestalt tritt für die Erde immer mehr das ein, dass der Mensch die Notwendigkeit des Moralischen und seiner Impulse einsieht. Dadurch wandelt er die Erde um, inso-

fern der Mensch immer mehr fühlen wird, dass das Moralische zur Erde gehört ... Die Erde (wird) getaucht sein in eine moralische Ätheratmospäre."
„Es wird etwas kommen, was möglich machen wird, dass durch eine geläuterte moralische Atmosphäre der Erde Licht- und Feuersöhne ... als reine Akashagestalten... herumwandeln werden." Zwar zielt dieser Vortrag (am 1.10.1911, GA 130) in eine ferne Zeit: die Epoche des Maitreya-Buddha. Aber alles bereitet sich in *repräsentativen Keimen* vor, und zudem vermag die Willkür einer geistabweisenden Menschheit vieles – indirekt – zu beschleunigen. Zudem: „Wir könnten vieles von seinen (des Maitreya) Lehren auch in *symbolischen Zeichnungen* ausführen. Wir finden aber *heute noch nicht* die Möglichkeit dazu, weil die Menschheit noch nicht reif dafür ist, solche Worte auszusprechen, wie sie der Maitreya-Buddha aussprechen wird." Diese werden „unmittelbar durch ihre magische Kraft zu moralischen Impulsen werden bei den Menschen, die sie hören" (21.9.1911, GA 130).

Sind die „Licht- und Feuersöhne" (Agnishvattas) eventuell identisch mit den rätselhaften „Vulcanseelen", die seit Ende des 19. Jahrhunderts „von einer Welt zwischen Mond und Merkur gelegen" hereinstürmen (13.5.1921, GA 204)? Dass Moral- und Naturgesetze in Zukunft immer inniger sich durchdringen werden, spricht Rudolf Steiner sehr oft aus. Im „Einswerden physischer und moralischer Weltordnung" wird die „Natur ähnlicher dem menschlichen Innern". So z. B. am 12. Okt. 1923 (GA 229, *Johanni-Imagination*): Im Hochsommer – also zur Hauptzeit der Kornkreis-Entstehungen – „ist es, wo man, ich möchte sagen, aus dem ernsten Blick des Uriel den Eindruck empfängt: es verwebt sich Natürliches mit Moralischem." Was so im Hochsommer bzgl. der feineren Prozesse bereits der Fall ist, wird sich „später" (d.h. bereits heute?) immer mehr auf das gesamte Dasein und Leben der Erde und ihrer Natur ausdehnen. Wiederum kann an den Grund-Leitsatz aller Rosenkreutzer –Arbeit erinnert werden, dass es seinen Schülern „ferne liegen soll, aus einem anderen Geiste heraus zu denken als aus dem, der sich im *Schaffen* der Natur offenbart. Und sie sollen das Menschenwerk dadurch finden, dass sie die *Fortsetzer* werden der Naturwerke." Das klingt auch deutlich mit Rudolf Steiners Mahnung zusammen von *Michaels* Wort, wieder im Buch der Natur zu lesen (1.8.1923, GA 237). Diese Natur bleibt aber nicht gleich. Die folgenden Auszüge verlangen, als Ganzes studiert zu werden. Sie könnten ein starkes Licht auf die Rätsel im Korn werfen. Es kann bezeichnend anmuten, dass Rudolf Steiner in Vorträgen zur *Apokalypse* deutlich auf das „in Kürze" immer mehr eintretende Verschmelzen der gegenwärtig ganz unabhängig sich darlebenden Welten hinweist:

1. Der Natur bzw. Naturgesetze, und
2. der Moralität, der innermenschlichen guten oder üblen Seelenqualitäten. In der atlantischen, besonders der lemurischen Epoche, waren diese schon einmal eine Einheit. Üble Gesinnung, böses Trachten der Menschen wirkte noch magisch auf die Elemente. Zuletzt gingen diese früheren Wohnstätten der Menschheit durch solche Einwirkungen unter: Lemurien in Feuer-, Atlantis in Wasserkatastrophen. Solches Zusammenschmelzen wird aber wieder eintreten – eventuell sprunghaft. Dazu die folgenden Passagen:

„Menschen, die mit solcher (durchchristeter) Gesinnung nahe leben dürfen der Natur, die sollen jetzt schon (!) achtgeben, wie in jetziger Zeit sich alles wandelt, alles anders wird. Es *wird* anders, es wird ziemlich anders im großen Kosmos ... In der Natur gibt es immerfort Sprünge, ... plötzliche Übergänge ... Diejenigen, deren Geist geweckt ist, werden innerhalb der Naturvorgänge neue Wesenheiten sehen können, während andere immer mehr erleben werden etwas Erfrischendes in der Natur. Neue elementarische Wesenheiten werden aus der absterbenden Natur hervorgehen ... Immer mehr und mehr wird es wichtig sein, solche Dinge zu beobachten und im Bewusstsein zu tragen. Denn im Willen der Menschen liegt es, ob sie solche Dinge zum Heil in sich aufnehmen oder an sich vorübergehen lassen wollen. Dieses dann zum Unheil ... Dasjenige, was der Kosmos von seinem Gedächtnis (!) hergibt, das macht, dass wir von dem, was wir im Herbst erleben, einiges hinübertragen in den Frühling hinein ... Die Geisteswissenschaft ist ... in die Welt gekommen, ... weil neue Dinge gesehen werden können, *wenn* die Ergebnisse der Geistesforschung aufgenommen werden." ... „Wahr ist es, dass jene Menschen, die in der Stadt verlernen müssen, wie ein Hafer-, ein Roggen- oder Gerstenkorn aussieht, auch leider abgetrennt werden in ihren Herzen von den tiefsten moralischen Quellen unseres Daseins." (19.9.1911, GA 130)

Folgende Stellen aus den letzten Vorträgen zur Apokalypse (GA 346) können ebenfalls bedeutsam für unser Thema sein: In der Apokalypse sind „tatsächliche Naturereignisse gemeint. ... Die Apokalypse ist ein Buch mit sieben Siegeln. Man muss sie in dieser Weise entsiegeln, damit man darauf kommt, was eigentlich gemeint ist. (Der Apokalyptiker) wollte eben, dass die Apokalypse nur von denen gelesen wird, die dazu berufen sind. Es versteht keiner, das Siegel aufzumachen, der nicht erst, ich möchte sagen, das Messer dazu erhält von den geistigen Mächten ... So haben Sie Naturereignisse, die eigentlich Geistereignisse sind, und Geistereignisse, die die Gewalt haben, Naturereignisse zu sein. Und nur, wenn Sie so die Welt durchschauen, dass alle (!) Naturereignisse Geistereignisse werden und dass alle Geistereignisse die Intensität von Naturereignissen haben, dann werden Sie zu einer wirklichen Einsicht in die Weltgestaltung kommen. Dann wird sich Ihnen Moralisches und Natürliches in einer Evolution zusammenfügen und die Geneigtheit entstehen, Erkenntnisse aufzunehmen als Inhalt des religiösen Lebens." (20. September 1924, also elf Jahre nach der Grundsteinlegung des ersten Goetheanum und fast genau 66 2/3 Jahre vor Erscheinen des Grasdorfer Zeichens. Und am 19. September 1924 heißt es:) ... „Denn der Parallelismus, der die Menschen zu der Illusion treibt, als ob die Natur und der Geist und die menschliche Seele nebeneinander liefen, dieser Parallelismus herrscht nur in den mittleren Zeiten der Evolution und bringt da diese Illusion hervor. Sogar in den Anfangs- und Endzuständen der kleineren Evolution, z.B. der Evolution von der atlantischen Katastrophe bis zum Krieg aller gegen alle, herrschte immer ein großer Einfluss auf die Naturereignisse durch das, was im Menschen vorgeht."

Am 15. September 1924 werden drei Prophetien gegeben: ... „das dritte ist, dass bemerkt wird: in den Naturgesetzen selber wird etwas unerklärlich. Das wird die größte und bedeutsamste Erfahrung sein, die die Menschen in der Zukunft werden machen müssen, zu erkennen: in den Naturgesetzen selber wird etwas unerklärlich, es laufen Erscheinungen nicht in den Naturgesetzen. (Als Beispiel wird genannt:) das wird in hohem Maße eintreten, und es wird nicht bloß eine irrtümliche Berechnung sein, dass ein Wandelstern an einer bestimmten Stelle stehen sollte, und er kommt nicht dorthin. Es werden erste Schritte dem Satan gelingen, Unordnung in das Planetensytem hineinzuschaffen. Demgegenüber wird die Menschheit selber eine starke Spiritualität entwickeln müssen. Denn nur durch die starke Spiritualität der Menschen wird dasjenige ausgeglichen werden können, was so an Unordnung bewerkstelligt werden wird."

Dass Christus gerade durch die Beherrscher der Naturgewalten, die Exousiai, wirkt, hat Rudolf Steiner oft dargestellt. So heißt es z.B. am 2. Februar 1911 (GA 124), nach einer grandiosen Schilderung des Sonnenaufgangs mit all seinen Geisteskräften: „Christus hatte die Gewalten zur Verfügung. Er sprach durch sie, in der Form der Gewalten ... Durch Christus sprachen die Kräfte der Gewalten, die ... in den Naturereignissen sprechen." Den Täufer hingegen erblicken wir im Zeichen des Wassermanns: der „Figur, die sich niederbewegt (!) mit einer gewissen Haltung der Arme".

Zuvor ist die Rede davon, dass „aus diesen Naturkräften heraus auch die Genien der Kunst schöpfen. Wir finden sie hineinstrahlend in Leonardo, in Michelangelo, in Raffael. Sie schöpften aus der göttlichen Natur heraus."

Wie Christus in der Natur – besonders an der Pflanzenwelt – geistig wirkt und dies Wirken dem Menschen wahrnehmbar wird, ist im rosa Nordfenster des ersten Goetheanum dargestellt mit dem Titel „Die Welt weht Frommsein". (Man beachte das Wörtchen „weht".) Die Menschheit im Allgemeinen ging an ihrer Entwicklungsmöglichkeit schnurstracks vorbei, ungläubig wie einst Thomas. Ist das sinnliche Auftreten der sicht- und betastbaren Formen im Korn eine Gnadenwirkung für die heutigen „Thomas-Menschen" – oder wirkt hier eine widersacherische Ablenkung vom ätherischen Christus? Oder ist gar beides der Fall?

„Während der Mensch geglänzt hat im früheren lichten Zeitalter, muss in Zukunft die Natur um uns herum, insofern sie Pflanzenwelt ist, in den mannigfaltigsten Imaginationen der Pflanzenformen erglänzen (vgl. die dokumentierten Lichtphänomene in Müller, S. 121f). Dann werden wir auch gerade durch dieses Erglänzen ... wiederum Heilmittel finden." Die Menschen wirken „mit dem Christus in uns ... selber belebend auf das Licht" (23.10.1922, GA 218). Gewiss ist in erster Linie ein übersinnliches Erwachen der Menschheit gemeint mit den zwei letzten Zitaten. Aber erneuernde Sprünge im Geistnaturbereich müssten sich auch im Sinnlichen zeigen und Ähnliches im Mikrokosmos:

Leicht kann das erste aufkeimende Schauen übersehen werden – besonders durch Filmmedien, welche anstelle *innerer*, durch konsequente Schulung und Gnade gewonnener Bilder, solche, technisch erzeugter Art setzen, die passiv aufgenommen werden. Bereits am 13.4.1904 sagt Rudolf Steiner: „Modernes Stadtleben und Zeitunglesen von stets wechselnden Ereignissen und Sensationen tötet den inneren Menschen. Einsames Leben auf dem Lande wirkt fördernd" (GA 266 III). „Es kann sein, dass einer ganz im Anfange seiner esoterischen Wege solche Art Figuren in der Luft sieht. Man kann dies für eine Augenkrankheit halten, aber es rührt nur davon her, dass der Ätherische Christus anfängt, neue Bewegungen zu machen, und diese auf den physischen Leib zeitweilig überträgt" (11.4.1913, GA 266 III). Rudolf Steiner zeichnet dazu Formen, die jeder heutige „Esoteriker" sofort als „typische Ufos" bzw. „klassische Ufo-Formation" empfinden wird:

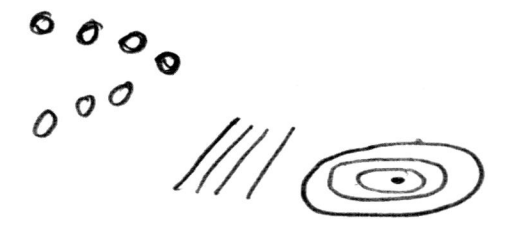

Abb. 92

Oder resultieren solche „Ufos" von falschen, trivialmaterialistischen Gedanken und Seelenhaltungen der Menschen und sind nun tatsächlich von Ahriman realisiert? Gedanken sind wesenhafte Wirklichkeiten! Rudolf Steiner sagt sogar einmal: „Wenn genügend Menschen lange denken, das Weltall sei physikalisch, wird es auch so werden!" Wieder stellt sich die nur vom Einzelnen zu beantwortende Frage: Sind die Kornkreise von guten, christlichen Kräften erzeugt, oder sind es materialisiert auftretende ahrimanische Imaginationen?[1] Ahriman

---

[1] Die folgende Bemerkung Rudolf Steiners wird man kaum anders deuten können denn als prophetischen Hinweis auf die Thesen von Däniken, Sitchin usw.: „Dass das Mysterium von Golgatha ... eine Götterangelegenheit ist, und wir wie durch ein Fenster hineinschauen in diese Angele

H2   Warum im Korn?

herrscht ja sehr stark in aller Natur und prägt ihr ohnehin „seine Imaginationen auf" (29.3.1913, GA 145). Sind die Kornkreise vielleicht der beginnende Sieg darüber?

---

genheit der Götter. Aber *gerade das*, was zu solcher Charakteristik geschieht, *es wird in einer solchen Weise* entstellt werden, dass ich hier davon gar nicht sprechen mag." (18. Dezember 1913; GA 148)

Eine Arbeit von Hans Bonneval zu diesem Thema, ausgehend von dem Vortrag „Was tut der Engel in unserem Astralleib" erschien im Möllmann-Verlag: *Die Offenbarung der Engel und die achte Sphäre – erleben wir Ufos statt Christus und Angelos?* (ISBN 3-931156-88-5). Siehe dazu das Osterheft 2003 *Die Gegenwart* Bern. –

Dass gerade Christus die bestehenden Naturgesetze zu neuem, anderen Wirken befruchtet, ohne sie zu vernichten, erläutert Rudolf Steiner ausführlich z.B. am 27. Februar/21. April 1917 (GA 175) unter dem Titel: *Die Keimkraft des Moralischen*.

Stellen wir eine solche Frage unter Vorgabe der arbeitshypothetischen Voraussetzung, die Kornkreise seien echt und aus guter Quelle. Jede andere Vorgehensweise wäre unfruchtbar, denn gerade bei positiver Untersuchung erwiese sich alles Falsche und Schlechte um so eher. Aus welchem Grunde ist das *Getreidefeld* das Hauptmedium für die Kornkreis-Phänomene? Lassen wir dabei äußerliche Gesichtspunkte beiseite (große, bemerkbare und häufige Flächen der Felder usw.). Hier eröffnet sich allerdings ein derart breites Feld zunächst hypothetischer Nahelegungen, dass es ganz aussichtslos wäre, diese hier auch nur zu referieren, geschweige zu beurteilen. Einiges, was zusammengehörig sein mag, soll erwähnt werden. Dabei geben Visions-Schilderungen von Anna Katharina Emmerich die größte Fülle. Im Vorigen wurde einzelnes schon erwähnt. Rudolf Steiner weist oft darauf hin, wie die Natur der Erde, einschließlich und besonders bzgl. der menschlichen Kulturpflanzen, immer mehr an Kraft und Nährwert verliert („Es nährt nicht mehr, sondern füllt nur noch den Magen... Die Menschen werden über ihren vollen Tellern verhungern."[1]). Besonders seit dem 20. Jahrhundert ist der Verfall evident, schon an Geschmack, Geruch und Aussehen konstatierbar. Die Sinnesorgane bemerken dies bei fehlenden Vergleichsmöglichkeiten kaum. Durch die sogenannte bio-dynamische Landwirtschaft, die Rudolf Steiner entwickelte und die heute von vielen Landwirten konsequent und erfolgreich praktiziert wird, konnte diesem Verfall wenigstens teilweise entgegengewirkt werden.

Das *Brot*, gebildet aus dem „reinsten ätherischen Pflanzenwesen", dem Getreide, ist *der* Repräsentant der menschlichen Ernährung. „Das Kostbarste aus der physischen Erde" nennt Rudolf Steiner einmal „das Mehl"[2] Getreide und Weinstock sind eng mit dem Mysterium „der Jungfrau" (im Sternbild Jungfrau ist der Hauptstern Spica die Ähre) verwoben, und so auch direkt mit dem Sündenfall. Besonders deutlich wird das in den zutiefst bedeutsamen Schilderungen des „fünften Evangeliums" (6. Okt./ 18. Nov./ 10. Dez. 1913) Dort legt Rudolf Steiner dar, wie Christus die Versuchung Ahrimans, „Steine in Brot zu verwandeln" nur

---

[2] Vgl. die ausführliche Zusammenfassung in: Graf Keyserlingk-Institut, Mitteilungen Nr. 18, Rimpertsweilerhof, D-88682 Salem
[3] 15. Februar 1909; GA 109

teilweise abweisen konnte, und wie dadurch ein Rest seiner Macht blieb, mit welchem es Satan möglich wurde, durch Ergreifen des Judas den Christus äußerlich zu Fall zu bringen. „Bis ans Ende der Erdenevolution" wird dieser dadurch verbliebene Rest des Bösen nicht völlig austilgbar, sondern nur milderbar sein. Das ist immer zu berücksichtigen! Ahriman hat „einen Stachel behalten". Bei der Grundsteinfeier des ersten Goetheanum am 20. Sept. 1913 – die Sonne stand im Zeichen der Jungfrau – fasst Rudolf Steiner dies an wesentlicher Stelle seines „umgekehrten Vaterunser" in die Mysterienworte: „... Erlebet im täglichen Brote, in dem nicht waltet der Himmel Wille ..." Im *Entwurf* kommt der Sinn dieser Zeilen noch krasser zum Vorschein: „Senden musstet Ihr die Übel ob des Menschen Fall in der Versucher Netz, weil er genommen den Wesen und sich gegeben; so bedarf er des täglichen Brotes, weil andrer Wille waltet auf Erden als in den Himmeln." (GA 268, S. 250) Konkret stellt Rudolf Steiner etwas vom Mysterium des Brotes in der „Osterimagination" dar (GA 227): „ ... es ist eigentlich eine Naivität des Menschen, wenn er glaubt, sein Brot zu essen aus bloßem gemahlenen und gebackenen Korn. In diesem gemahlenen und gebackenen Korn drinnen sind die Illusionen ... und die Hoffnungen der ahrimanischen Wesenheiten. Draußen werden sie zerstört. Umsomehr erwacht nun in den ahrimanischen Wesenheiten die Sehnsucht, da, wo schon Seele ist: im Menschen, mit dem, was sie wollen, ihr Ziel zu erreichen ... *Dann müßte die ganze Menschheit sich allmählich auf Erden auflösen. Die Erde würde den Menschen aufnehmen. Es würde zuletzt entstehen aus der Erde ... eine große Wesenheit, in der alle Menschen gewissermaßen aufgelöst wären*". Ahriman setzt alle Gewalt ein, „wenigstens partiell" zu erreichen, des Menschen Gesinnung, seine Auffassung mit dem Irdischen zusammenzuschmelzen. So dass „der Mensch eigentlich nichts können soll, als was die in ihm verdauten Nahrungsmittel an Denkkraft, an Gefühlskraft usw. hervorbringen, ... so dass er eigentlich nichts mehr denkt und nichts mehr fühlt, als was automatisch die Stoffe in ihm denken und fühlen." Er schließt mit der offenbar unabänderlichen Prophetie: „Das wird immer stärker und stärker werden". – Zwischen Ahriman und Luzifer aber ersteht „die Gestalt des sich von der Materie befreienden Christus, der Ahriman zu seinen Füßen hat, sich herausentwickelt aus dem Ahrimanischen, nicht berücksichtigend das Ahrimanische, es überwindend, wie es hier plastisch und malerisch dargestellt worden ist. Das drohende Luzife-rische, das drohende Ahrimanische: das ist ja das Wesen der Naturkräfte, das ist das, wohin die Naturkräfte tendieren wollen *in der Frühlingszeit gegen den Sommer hin,* und dem sich gesundend entgegenstellt das heilende Prinzip, das um Christus ausstrahlt."

Von Merkur-Raphael, „der im christlichen Gebrauche den Merkurstab zu tragen hat", wird dies alles in Heilwirkungen übergeführt, welche „durchaus unmittelbar-lebendig, künstlerisch-religiös sein könnten" ... *Auf das alles war das Goetheanum veranlagt".* Bei dem, „... was gegenüber dem sozusagen naturhaften Geistwirken auftritt als das höhere Geistesleben, wie es in der Umgebung des Christus sich entwickeln kann, bei dem konnte ich Ihnen darstellen, wie es unmittelbar zum Kultus führen kann (vgl. die Kapitel über „Merkurs Wirbelwirken" und das Goetheanum).

Verfolgen wir die geheimnisvollen, wunderbaren Geschehnisfolgen des Sündenfalls, wie er bei Anna Katharina Emmerich ausführlich geschildert ist, so vermag „die Ährenjungfrau" und ihr Zusammenhang mit dem Getreide der Erde recht deutlich zu werden. Es kann etwas erhellen, wenn man, erfüllt mit diesem Hintergrund dieser Vorleistung noch einmal an das Gesamtphänomen Kornkreise herangeht, indem man gleichzeitig die Aussicht vor sich hat:

Bedeuten diese licht- und tonwirbelerregten Harmonieformen in den Getreidefeldern außer ihrer sinnlichen Erscheinung vielleicht eine punktuelle, reale Heilung, die sich dem Korn einprägt? Was würden z.B. *feinere* Saatversuche mit „bildschaffenden Methoden" im Vergleich mit „nicht behandeltem" Korn ergeben? Man denke auch daran, wie Christus sich – und besonders seine physische Leiblichkeit – mit der Kornsubstanz geradezu identifiziert: „Nehmet hin: dies ist Mein Leib" und „Ich bin das Brot des Lebens". Wiederum deckte sich das Verfolgen solcher Forschung vielleicht mit den mehr geahnten, gefühlten Ansichten vieler Menschen vom „Sinn und Zweck" des sich dem Umkreis zuneigenden Korns auf den Feldern. Es sei denn, diese Formen seien Ahrimans Produktion. Es wird sich – bei geduldigem Weiterforschen – erweisen.

Nur durch *Geben*, nicht durch Wegnehmen manifestieren sich die Zeichen im Korn. Wer einwendet, sie schädigten wirtschaftlich die Ernte, möge das Folgende mit einbeziehen, was im Evangelium nach Markus 2, 23-28 geschildert wird, und auch, was dem vorangeht und folgt (Parallelstellen sind Matthäus 12,1f. und Lukas 6,1f. Alle diese Geschehen fußen auf einem Gesetz, das Mose gab (V, 23;25): „Und es geschah, dass Er am Sabbat durch die Kornfelder ging, und Seine Jünger fingen an, einen Weg zu bahnen und pflückten dabei Ähren. Da sprachen die Pharisäer zu Ihm: Siehe da! Warum tun sie etwas, was am Sabbat nicht erlaubt ist? Er entgegnete ihnen: Habt ihr nie gelesen, was David tat, als er in Not war und mit seinen Gefährten Hunger litt? Wie er ... in das Gotteshaus ging und die Schaubrote aß, die nur Priester essen dürfen ...? Der Sabbat ist um des Menschen Willen geschaffen, und nicht der Mensch um des Sabbat willen." (Übersetzung Ogilvie). *Alles,* was Christus auf Erden damals tat, wirkt weiter und wird, insbesondere vom 20. Jahrhundert ab, zu weltgeschichtlichen Tatsachen metamorphosiert und erweitert. So gehorchten Ihm damals schon Wind und Wellen. Wie sollte das heute nicht umso mehr der Fall sein? – Ob und welcher Unterschied vom Getreide der Kornkreise zum gewöhnlichen Getreide besteht, wird sich vielleicht erst nach mehreren Pflanzengenerationen, oder für gewöhnliche Sinne gar nicht zeigen. Könnte es nicht sein, dass, als Ausgleichstat für die gegenwärtig immer beschleunigter wirbelnden Weltgeschehnisse, eine ähnliche Beschleunigung im heilenden Sinne geschaffen wird, wie sie Anna Katharina Emmerich bei ihrer Schau des Elias-Johannes-Jungfrau-Tauwirbel kündet?

Dass im Sinne einer anthroposophich erneuerten Alchemie ebenfalls mit Zeit- und Rhythmus-Beschleunigungen oder -Veränderungen gearbeitet werden soll, ist z.B. bei Walther Cloos: *Werdende Natur*, Kap. „Der Merkur-Prozess in der Natur und im Laboratorium" (Novalis Verlag) nachzulesen. Hier liegen besonders für die Heilmittelbereitung noch gewaltige Zukunftsaufgaben, die derzeit höchstens in allerersten Ansätzen erforscht und angewendet werden.

Gerade bezüglich der Mission des hebräischen Volkes spricht Rudolf Steiner von der Bedeutung *spiritueller Geologie* für Moses und die Propheten von „Wetterwolken und Feuersäulen"(31. Dez.1913, gA 149).

H 3 „Lichtwolke" – „Feuerluft" – „Tauwirbel"
Schauungen von Anna Katharina Emmerich

„Johannes der Täufer hat den Christus Jesus vorausverkündet in der Mitte der vierten Kulturepoche. – Jetzt dagegen leitet die Individualität des Meister Jesus die Menschheit hinüber von der fünften in die sechste Kulturepoche – wieder zu Johannes dem Täufer hin: dem ‹Wassermann›" (Jesus = ‹Fische›)
(Esoterische Stunde, 12. Februar 1906; GA 266 I)

Um das Phänomen der Kornkreise – besser gesagt: der Phänomen*säule*, in der die Kornkreise die mittlere, haltbarste Ebene offenbaren, aus einer zeitlich isolierten Betrachtung zu befreien, versuchen wir, es durch lange Zeit zu verfolgen. Die im Korn sichtbaren Erscheinungen lassen sich einige Jahrzehnte zurückverfolgen, wenn auch in einfacherer Darstellung (siehe Müller, Kap. 1). Augenzeugenberichte reichen weiter zurück, jedoch, je entfernter, desto untrennbarer mit geistigen Impressionen, Halluzinationen, Ahnungen oder Aberglaube vermengt. Dennoch erweist auch Letzterer einen klaren Zusammenhang mit sehr weit zurückreichenden spirituellen Offenbarungen: etwa das „wie in Flammen stehende Getreide" mittelalterlicher Schilderungen mit neuesten Erscheinungen, die sich sogar fotografisch festbannen ließen (siehe Müller, S. 121), beides wiederum mit bedeutsamen Ereignissen wie dem „brennenden Dornbusch", in dem Moses (etwa 1250 v.Chr.) Jahwe als „Ich bin der Ich-Bin" erschien; oder sausende, knisternde, wehende, brausende Geräusche mit biblischen Zeugnissen der Stimme Gottes, usw. Hier soll repräsentativ nur *ein* bestimmter Faden genauer verfolgt werden, wie er sich aus den Schauungen von Anna Katharina Emmerich ergibt. Es zeigt sich dabei das Erstaunliche, dass ein ganz bestimmter, übersinnlich-sinnlicher Phänomen-Komplex, ein bestimmter Erscheinungsorganismus die Zeiten insofern durchströmt, als dies die Vorbereitung des Christuserlebens auf Erden betrifft, und dieses Erlebnis selbst. Dabei soll Anna Katharina Emmerich selbst hauptsächlich zur Sprache kommen, soweit dies in den Büchern „Die Geheimnisse des Alten Bundes", „Leben der Hl. Jungfrau Maria" und „Das arme Leben unseres Herrn Jesu Christi" veröffentlicht ist.

An die Schauung von H. Wiegand (S. 17) erinnert, was A. K. Emmerich in ihren Visionen berichtet von seltsamen „Tauwirbeln" zur Zeit des Propheten Elias, die die Erde und ihre Vegetation befruchteten, um diese für die Geburt der „Jungfrau Maria" vorzubereiten: Sie sah aus dem See Genezareth „sich einen weißen Wirbel bilden, aus welchem ein schwarzes Wölkchen wie eine Faust hervorstieg, welches sich öffnete und ausbreitete. (Darin) sah ich gleich anfangs eine kleine leuchtende Gestalt, gleich einer Jungfrau. Das Haupt ... war mit Strahlen umgeben, sie breitete ihre Arme wie ein Kreuz aus und hatte an der einen Hand einen Siegeskranz hängen. Ihr langes Gewand war wie zugebunden unter ihren Füßen ... Ich sah, wie diese Wolke sich teilte und an bestimmten heiligen und geheiligten Gegenden sich in weißen Tauwirbeln niederließ. Ich sah diese regenbogenfarbige Ränder erhalten, und sich in deren Mitte den Segen wie in eine Perle in der Muschel vereinen. Ich erhielt eine Erklärung: ... aus diesen gesegneten Stellen, wo sich die Wolke in weißen Wirbeln niedergelassen, sei endlich die Mitwirkung zur Erscheinung der heiligen Jungfrau hervorgegangen." (Vgl. Psalm 72: „Er wird herabkommen wie Regen auf das gemähte Gras, wie Tropfen, die das Land befeuchten. In diesen Tagen werden die Gerechten blühen, und es wird Getreide dicht stehen im Lande". Oder Psalm 110: „Aus dem Schoß der Morgenröte kommt der Tau Deiner Geburt". Vgl. ferner: Hiob 37/38)

„Ich sah, wie Elias durch sein Gebet den Segen rief, aus dem die Wolke ward, und dass er die Wolke so lenkte und weiterleitend niederließ nach inneren Anschauungen; sonst wäre vielleicht zerstörender Erguss daraus geworden. Die Wolke senkte sich *in weißen Flächen nieder, diese bildeten Wirbel*, hatten regenbogenfarbige Ränder und lösten sich endlich in Tropfen niederfallend auf. Ich erkannte darin auch einen Bezug auf das Manna in der Wüste ... Ich sah diese Tauwirbel längs dem Jordan ziehen und ... *hie und da an bedeutenden Stellen sich niederlassen*. Besonders ... auf den späteren Taufstellen *sah ich deutlich solche glänzenden Wirbel niedersinken* ... Ich hatte das deutliche Verständnis, dass ohne diesen Tau die Ankunft der heiligen Maria um wohl 100 Jahre verspätet worden wäre, indem durch die Besänftigung und Segnung der Erde die Geschlechter, von Früchten der Erde lebend auch genährt und erquickt wurden, und das Fleisch, den Segen empfangend, sich auch veredelte."

Geburt

„Über Bethlehem war es trüb ..., über der Krippenhöhle klar ... und über dem Tale der Hirten lag ein glänzender Taunebel ... Indem die Lichtwolke sich den Hirten näherte, bemerkte ich in ihr eine Bewegung, ein Verwandeln und Übergehen in Formen und Gestalten und hörte einen wachsenden, süßen, leisen und doch freudig klaren Gesang." („Leben der Heiligen Jungfrau Maria", Pattloch 1989, S. 60-63, 288. In diesem Buch sind noch weitere Details gegeben, so von einer *„hellen Scheibe, aus welcher Strahlen gleich Ähren ausgegangen"*, vom „Dornbusch, der brennt ohne zu brennen" und vieles mehr, was hier nicht alles wiederholt werden kann.) Joseph „sah die Höhle voll Licht, Maria war ganz wie von Flammen umgeben. Ich sah den Glanz um Maria immer größer werden. Die Lichter, welche Joseph angesteckt hatte, waren nicht mehr zu sehen. Sie kniete in einem weiten, weißen Gewande, das vor ihr ausgebreitet war. In der zwölften Stunde war sie im Gebete entrückt. Ich sah sie von der Erde empor gehoben, dass man den Boden unter ihr sah. Sie hatte die Hände auf der Brust gekreuzt. Der Glanz um sie vermehrte sich. Ich sah die Decke der Höhle nicht mehr. Es war wie eine Straße von Licht über ihr bis zum Himmel empor, in der ein Licht in das andere und eine Gestalt die andere durchdrang und *Lichtkreise in himmlische Gestalten übergingen*. Maria betete aber nieder zur Erde schauend. Da gebar sie das Jesuskind. Ich sah es wie ein leuchtendes, ganz kleines Kind, das heller war als der übrige Glanz auf der Decke vor ihren Knien liegen. Es war mir, als sei es ganz klein und werde vor meinen Augen größer. Es war aber dieses alles eine bloße Bewegung in so großem Glanze, dass ich nicht weiß, ob ich und wie ich das sah. *Selbst die tote Natur* [!] war in innerer Bewegung. Die Steine des Bodens und der Wände der Krippenhöhle waren wie lebendig." – Später: „Ich sah, wie eine Lichtwolke zu den drei Hirten herniederkam. Ich bemerkte in derselben auch ein Übergehen und Verwandeln in Formen und hörte die Annäherung eines süßen, lauten und doch leisen Gesanges. Die Hirten erschraken anfangs; aber es standen bald fünf oder sechs leuchtende, liebliche Gestalten vor ihnen, welche ein großes Band wie einen Zettel in den Händen trugen, worauf Worte mit handlangen Buchstaben geschrieben waren." („Das arme Leben..." S. 24-26)

Rudolf Steiner sagte einmal über Anna Katharina Emmerich (1774-1824), sie sei „eine besonders begnadete Somnambule", ihre Schauungen seien „oft unbezweifelbar echt" und man solle sie „gründlich studieren" (mitgeteilt von Herrn Bellmann, Dornach). Wenn man dieses Buch und ebenso „Die Geheimnisse des alten Bundes" der stigmatisierten Nonne studiert, wird man oft deutlich an unmittelbare Zusammenhänge mit den Kornkreisen erinnert. Nicht den Formen im Korn nach, sondern den *verursachenden Begleitphänomenen*. Diese wirken wie eine neuzeitliche Metamorphose der „Tauwirbel"-Ereignisskala an der Zeitenwende und ihrer Vorbereitung der „Ährenjungfrau". Diese und die Tauwirbel vergleicht Anna Katharina Emmerich mit einer Muschel, in welcher als reinweiße Perle der Keim des Jesus heranwächst. (Bei der Skala der Kornkreis-Phänomene entspräche die Perle den bleibenden Formen im Getreide, der Tauwirbel den dieselben erzeugenden Kräfte.) Solche Schilderungen können auch ein heilsames Gegengewicht gegen materialistische Theorien wie im Falle Meaden (Siehe S. 90) bilden, der allerdings ebenfalls Wirbel für die Ursache der Kornkreise hält. Doch will er sie allein physikalisch-energetisch „natürlich" interpretieren. Gerade an diesem Falle läßt sich die materialistische Um-Interpretation und Ähnlichkeit (Wirbel, Plasma usw.) gut verfolgen. Diese Gefahr, vor der Rudolf Steiner warnt, wird „vom Herrn" schon durch Jakob Lorber verdeutlicht: „Es werden (nahe an 2000 Jahren ab jetzt", d.h. ab des Wandelns Christi auf Erden) auch geschehen große Zeichen auf der Erde, auf dem Meere und am Himmel ... Aber viele werden sich nicht darum kehren und werden alles den blinden Kräften der Natur zuschreiben, und die Weissager werden Betrüger gescholten werden... Seht, wie aus der neuen Erde in stets dichteren Strömen Lichter hinab auf die alte Erde schweben und diese so entzünden, dass sie wie in vollen Flammen zu stehen scheint!... Es wird auch die natürliche Erde eine ganz mächtige Umgestaltung erleiden. – Es werden Menschen auch gewarnt werden durch Seher und besondere Zeichen am Firmament, woran sich aber nur die wenigen Meinigen kehren werden, *während die Weltmenschen das alles nur für seltene Wirkungen der Natur ansehen werden."* (*Weltgericht und Wiederkunft Christi*. Diese Schrift – eine Zusammenfassung von verschiedenen Aussagen Lorbers – wird versendet durch Erhard Gaiduk, Überlingerstr. 3, D-88682 Salem)

Was tatsächlich bedeutsam anrührt, ist, dass Anna Katharina Emmerich *viele und ganz bestimmte* Ereignisse mit den Phänomenen „Lichtwolke", „Tauwirbel", „Taunebel" u.ä. schaut und beschreibt. Es sind jene, die im Christusleben auch in den Evangelien als herausragend gekennzeichnet sind: so die Verkündigung an Maria, die Geburt Jesu und die Sternschau der drei Weisen, wie auch die Glorie über den frommen Hirten. Ebenso die Taufe Jesu, die Besiegung der Versuchung in der Wüste, Seine Verklärung auf dem Berge Tabor, die Auferstehung Christi, die Himmelfahrt und das Pfingstereignis. Ferner auch bei weniger herausragenden Stationen im Christusleben. Bei *Lorber* finden sich unübersehbar viele ähnliche Schilderungen, besonders in seiner Schrift: *Großes Evangelium Johannes*. Wir beschränken uns hier jedoch auf Anna Katharina Emmerich, bei der – des im Vergleich zu Lorber weit weniger umfangreichen Materials wegen – der *durchgehende Strom* der „Lichtwolken- Tauwirbel"-Phänomene in ihren verschiedenen Wandlungsformen deutlicher werden kann. Manchmal anwesend – doch bei A. K. Emmerich selten klar hervorgehoben („ein süßer warmer Windstrom") – ist ein für die Kornkreise wesentliches Element, das etwa *zwischen* den zunächst mehr in Höhen urständenden Lichtwolken und den bis auf die Erdoberfläche einwirkenden Wirbeln auftaucht: eine Art „Feuerluft". Dieser alte alchymische Ausdruck bezeichnet eine beseelte, durchwärmte Nebelluft, von der Rudolf Steiner sagt: „Die Feuerluft ‹Ruach› ist den heutigen Menschen verlorengegangen. Die alten Alchemisten aber konnten die Bedingungen dafür herstellen. Sie konnten dadurch Elementarwesen zu ihren Dienern machen." (3. Juni 1907; GA 99)

An die eingangs wiedergegebenen Schauungen der Stigmatisierten über den „vorchristlichen" Christusstrom bis hin zu Jesu Geburt (Elias – Johannes der Täufer – Jesus) folgen nun solche aus der Zeit des Christuslebens selbst. Es mag bezeichnend sein, dass der gegenwärtig vielleicht beste Kenner des Novalis-Lebens, Florian Roder, als erster anthroposophisch Strebender etwas über die Kornkreise verfasst hat (vgl. S. 11) – bedenkt man den durchgehenden Strom von Elias zum Täufer über Raphael zu Novalis. Die folgenden Wortlaute finden sich im – leider vergriffenen Buch; *Das arme Leben unseres Herrn Jesu Christi.*

Taufe
„Ich sah, wie von oben eine Lichtwolke und ein Erguss über Johannes, (wenn er taufte) kam: Wie vom Heiligen Geist." Als er Jesus taufte, „kam ein großes Brausen vom Himmel und wie ein Donner, und alle Anwesenden bebten und schauten empor. Es senkte sich auch eine weiße Lichtwolke nieder und ich sah eine geflügelte Gestalt von Licht über Jesus, die ihn wie ein Strom übergoss. Ich sah auch, als sei der Himmel offen und sah die Erscheinung des Himmlischen Vaters .... und hörte die Worte:

„Dieses ist mein lieber Sohn, an dem ich Wohlgefallen habe", in der Stimme des Donners.

Jesus war aber ganz von Licht durchgossen, und man konnte ihn kaum ansehen, seine Gestalt war ganz durchsichtig. Ich sah auch Engel um ihn. Ich sah aber in einiger Entfernung auf dem Wasser des Jordan den Satan, eine schwarze dunkle Gestalt, wie eine Wolke und sah in dieser Wolke ein Gewimmel von scheußlichem schwarzen Gewürm und Getier sich um ihn drängen. Es war, als werde alles Böse, alle Sünde, alles Gift aus der ganzen Gegend, da der Heilige Geist sich ergoss, in Gestalten sichtbar und flüchte sich in diese dunkle Gestalt als ihren Urquell hinein. Es war gräulich, aber erhöhte den unbeschreiblichen Glanz und die Freude und Klarheit, welche sich über den Herrn und die Insel ergoss. Der heilige Taufbrunnen leuchtete bis auf den Grund und alles war verklärt. Da sah man die vier Steine, auf welchen die Bundeslade gestanden, im Grunde des Brunnens freudig schimmern, und auf den zwölf Steinen, um den Brunnen, wo die Leviten gestanden, schienen anbetende Engel zu stehen." (S. 95/107). Man beachte wiederum das Verhalten der Natur, bis in die Mineralwelt hinein. Man kann ja zunächst offen lassen, ob dies real sinnlich oder symbolisch sich vollzog.

Die Versuchung
„Jesus betete in der Höhle mit ausgebreiteten Armen kniend zu seinem himmlischen Vater um Trost und Kraft in allen ihm bevorstehenden Leiden. Er sah alle seine Leiden voraus und flehte um die nötigen Gnaden in jedem einzelnen. Ich hatte Bilder von allem Kummer und allen Leiden und sah Jesus Trost und Verdienst für jedes empfangen. Eine weiße Lichtwolke, groß wie eine Kirche, ließ sich über ihm nieder, und nach den einzelnen Gebeten nahten ihm geistige Gestalten, welche in seiner Nähe menschliche Form gewannen, ihn ehrten und ihm irgend einen Trost, eine Verheißung brachten. Ich erkannte, dass Jesus hier in der Wüste allen Trost, alle Stärkung, alle Hilfe, allen Sieg in Anfechtungen für uns erwarb, alles Verdienst im Kampf und Sieg für uns erkaufte, allen Wert der Abtötung und des Fastens für uns vorbereitete, und dass er hier alle seine bevorstehende Arbeit und Leiden Gott dem Vater aufopferte, um den künftigen Geistes- und Gebetsarbeiten der an ihn Glaubenden einen Wert zu geben. Ich erkannte den Schatz, welchen Jesus der Kirche dadurch gründete und welchen sie in der vierzigtägigen Fastenzeit eröffnet. Jesus schwitzte bei diesem seinem Gebete Blut.

Nun aber sah ich, dass die Engel sich vor Jesus beugten, ihn verehrten und fragten, ob sie ihm ihre Sendung vorstellen dürften und ob es noch sein Wille sei, für die Menschen als Mensch zu leiden, wie dieses sein Wille gewesen, da er aus seinem himmlischen Vater herabgestiegen sei und Fleisch angenommen habe im Leibe der Jungfrau? Da nun Jesus abermals diese Leiden annahm, richteten die Engel ein hohes Kreuz vor ihm auf." (S. 115) Dieses Kreuz zeigte in verschiedenen Attributen und Farben versinnlicht die bevorstehende Passion Christi. – Auch bei der

Verklärung
„... kam eine weiße lichte Wolke über sie, wie der Tau morgens über die Wiesen schwebt" (S. 140).

Himmelfahrt
„Als er auf der Spitze des Ölberges angekommen war, glänzte er wie ein weißes Sonnenlicht. Vom Himmel *senkte sich ein leuchtender Kreis* zu ihm, der in Regenbogen-Farben schimmerte. Die Nachdringenden standen in weitem Kreis, wie geblendet. Jesus leuchtete heller als die Glorie um ihn. Er legte die linke Hand vor die Brust und segnete mit gehobener Rechten, *sich rings wendend,* die ganze Welt. Ich fühlte sein Segnen der ganzen Welt mit großer Freude.

Nun aber strahlte das Licht von oben mit Jesus' eigenem Glanz zusammen. Und ich sah seine Sichtbarkeit vom Haupt an in diesem Himmelslicht sich auflösen und wie empor verschwinden. Es war, als ob eine Sonne in die andere, eine Flamme in ein Leuchten eingehe, ein Funke in eine Flamme schwebe. Es war, als ob man in die volle Sonne am Mittag schaue; aber weißer und heller; der volle Tag schien finster dagegen. Als ich sein Haupt nicht mehr sehen konnte, unterschied ich seine Füße noch leuchtend, bis er ganz in dem Himmelglanz verschwunden war. Unzählige Seelen sah ich von allen Seiten in dieses Licht eingehen und mit dem Herrn empor verschwinden. Ich kann nicht sagen, dass ich ihn wie etwas Fliegendes in der Luft habe kleiner werden sehen, sondern wie in die Lichtwolke nach oben verschwinden.

Nach einigen Augenblicken, da der Glanz etwas gewichen war, blickte die ganze Versammlung in größter Stille und mannigfaltigster Seelenbewegung starr zu dem Lichtschein empor, der noch länger andauerte. Ich sah in diesem Licht zwei Gestalten, anfangs klein, niederkommen, und dann groß in langen weißen Gewändern, mit *Stäben* in der Hand, wie Propheten erscheinen. Sie sprachen zu der Menge, ihre Stimmen klangen laut wie Posaunen; es war mir, als müßte man sie in Jerusalem hören können.

Auf der Spitze des Ölberges, wo Jesus auffuhr, war eine Steinfläche. Er stand darauf und sprach noch, ehe er segnete und die Lichtwolke ihn aufnahm. Seine Fußstapfen blieben auf dem Stein abgedrückt, und auf einem anderen die Spur einer Hand der Heiligen Jungfrau." (S. 552-553)

Pfingsten
„Nach Mitternacht entstand eine wunderbare *Bewegung in der ganzen Natur,* die allen Anwesenden sich mitteilte, welche an den Pfeilern des Saales und in den Seitenhallen in tiefer Innigkeit, mit über der Brust gekreuzten Armen still betend umher standen. Ruhe breitete sich über das Haus, und in seinem ganzen Umfang herrschte lautlose Stille.

Gegen Morgen sah ich über den Ölberg eine silberweiß glänzende Lichtwolke vom Himmel herab in sinkender Richtung dem Hause sich nähern. In der ersten Ferne sah ich sie wie eine runde Kugel, deren Bewegung ein süßer warmer Windstrom begleitete. Näherkommend wurde sie größer und zog wie eine leuchtende Nebelmasse über die Stadt, bis sie über Sion und dem Abendmahlshause, sich immer dichter zusammenziehend und stets durchsichtiger leuchtend, still stand und mit steigendem Windesbrausen gleich einer tief hängenden Gewitterwolke sich niedersenkte. Bei diesem

Brausen sah ich viele Juden, welche die Wolke wahrnahmen, erschreckt nach dem Tempel eilen; und ich selber kam in eine kindische Angst, wohin ich mich verbergen könnte, wenn der Schlag erfolgen würde; denn das ganze hatte Ähnlichkeit mit einem schnell heranziehenden Gewitter, das statt von der Erde herauf vom Himmel herab, statt dunkel ganz licht, statt donnernd sausend heranzieht. Diese sausende Bewegung fühlte sich (an) *wie tief erquickender warmer Luftstrom.*

Als die Lichtwolke ganz nieder über das Abendmahlhaus herab hing und mit steigendem Sausen immer leuchtender wurde, sah ich auch das Haus und seine Umgebung immer heller, und die Apostel, Jünger und Frauen immer stiller und inniger werden. *Gegen drei Uhr morgens vor Sonnenaufgang [!] aber ließen sich plötzlich aus der sausenden Wolke weiße Lichtströme auf das Haus und seine Umgebung nieder, die sich siebenfach durchkreuzten und unter der Durchkreuzung in feinere Strahlen und feurige Tropfen sich auflösten. Der Punkt, wo die sieben Lichtströme sich durchschnitten, war mit Regenbogenlicht umgeben, in welchem eine leuchtende, schwebende Gestalt erschien, mit unter den Schultern ausgebreiteten Flügeln oder flügelähnlichen Strahlen. In diesem Augenblick war das ganze Haus und sein Umfang durch und durch mit Licht erfüllt. Die fünfarmige Lampe leuchtete nicht mehr. Die Versammelten waren entzückt, richteten unwillkürlich ihr Antlitz dürstend in die Höhe, und in den Mund eines jeden ergossen sich Lichtströme, wie lodernde Flammenzungen. Es war, als atmeten, als tränken sie das Feuer dürstend in sich und als lodere ihre Begierde aus dem Mund diesen Flammen entgegen. Auch auf die Jünger und anwesenden Frauen im Vorgemach ergoss sich dieses heilige Feuer; und so löste sich die Glanzwolke wie in verschiedener Stärke und Färbung.*

Nach dem Ergusse herrschte freudige Kühnheit in der Versammlung. Alle waren bewegt und wie mit Freude und Zuversicht berauscht. Sie traten um die Heiligste Jungfrau, die ich allein ganz ruhig und wie immer in stiller heiliger Fassung sah." (S. 555 ff.)

Diese letzte Schilderung beschreibt also das gesamte Phänomen („Lichtwolke" – „Brausen" – „süßer warmer oder erquickender Luftstrom" – „Lichtströme, flügelähnliche Strahlen" usw.), zuletzt das seelische Erlebnis der Geistdurchfeuerung in den Jüngern als „freudige Kühnheit". Auch der Hinweis auf „morgens drei Uhr" ist im Hinblick auf die hauptsächliche Entstehungs-Tageszeit der Kornkreis-Bildungen bemerkenswert.

Von der Auferstehung selbst ist in dem Buche: *Das bittere Leiden unseres Herrn Jesu Christi*, S. 368 ff., vieles geschildert. Folgender Auszug davon soll die Schauungs-Zitate der Stigmatisierten abschließen.

„Ich sah die Erscheinung der Seele Jesu, wie einen großen Glanz zwischen zwei kriegerischen Engeln (die früheren erschienen in priesterlicher Form), von vielen Lichtgestalten umgeben, von oben durch den Grabfelsen auf seinen heiligen Leichnam niederschweben, und es war, als beuge sie sich über denselben und zerschmelze mit ihm, und nun sah ich die Glieder sich in der Einhüllung bewegen und sah den leuchtenden lebenden Leib des Herrn, mit der Seele und Gottheit durchdrungen, wie aus der Seite der Leichenverhüllung hervorgehen, als steige er aus der Seitenwunde hervor. Der Anblick erinnerte an Eva, die aus Adams Seite stieg. Alles war voller Licht und Glanz.

In einer Betrachtung sah ich nun, als winde sich die Erscheinung eines Ungeheuers aus der Tiefe, wie unter dem Grablager empor. Es bäumte seinen Schlangenschweif und wendete sein Drachenhaupt grimmig gegen den Herrn. Es hatte außerdem, wie ich mich erinnere, auch noch ein Menschenhaupt. Ich sah aber in der Hand des erstehenden Erlösers *einen feinen weißen Stab* und oben ein wehendes Fähnchen daran, und der Herr trat auf das Drachenhaupt und stieß dreimal mit dem Stabe auf den Schweif der Schlange, und ich sah sie jedesmal sich enger zusammenziehen und endlich verschwinden, bis zuletzt das Drachenhaupt ganz in den Grund getreten war und das Menschenhaupt allein emporschaute. Ich habe dieses Bild schon öfters bei der Auferstehung und auch schon eine ähnliche Schlange bei Christi Empfängnis lauern sehen. Das Wesen dieser Schlange erinnerte mich immer an die Schlange im Paradies, nur war sie noch scheußlicher. Ich meine, es bezieht sich dieses Bild auf die Verheißung: 'Der Same des Weibes soll der Schlange das Haupt zertreten.' Es schien das Ganze nur ein Sinnbild vom Besiegen des Todes für mich zu sein, denn während ich das Zertreten des Drachenhauptes sah, sah ich das Grab des Herrn nicht mehr.

Nun aber sah ich den Herrn leuchtend durch den Felsen schweben. Die Erde bebte, und es fuhr ein Engel in kriegerischer Gestalt wie ein Blitz vom Himmel zu dem Grabe nieder, legte den Stein zur rechten Seite und saß darauf. Es war eine solche Erschütterung, dass die Feuerkörbe schwankten und die Flammen umherfuhren. Die Wächter, als sie dies gesehen, fielen wie betäubt umher und lagen erstarrt wie tot in verdrehter Lage."

Im Hinblick auf die Werdestufen der Kornkreise seit 1980 erinnert das Verwandeln und Verschwinden des Drachen durch den Stab Christi doch ein wenig an das Erscheinen und Überwinden der „Insektogramme"?

Der Leser missverstehe die Absicht nicht. Es soll *nichts* behauptet werden im Sinne eines Beweises für die Ursache und Güte der Kornkreis-Phänomene. Lebt man aber eine Weile innig-meditativ mit beidem: den Dokumenten der gegenwärtigen Erscheinungen und jenen vorausgegangener Schauender, so mag sich eine wahre Beurteilungsstimmung ergeben. Nur um dafür das *Material* vorzulegen, sind diese Aussagen wiedergegeben – wie auch das ganze Buch zu diesem Zwecke verfasst ist. – Und im weiteren, wie gesagt: um Austausch anzuregen unter Menschen, die hier sich forschend und sinnend betätigen wollen.

Alles Böse entwickelt sich aus räumlicher oder zeitlicher Deplazierung! Vorausnahme und Retardierung sind entscheidende Mittel der Widersacher. So müssen auch die dem Menschen wohlgesinnten Götter mit ausgleichenden Rhythmusverschiebungen arbeiten (siehe z.B. „Verschiebung des Mysteriums von Golgatha": 10. Aug. 1908; GA 105). Da „Zeit" sich durch die ätherische Welt zeigt – im direktesten Sinne durch den *Wärmeäther* –, kann begreiflich werden, dass sowohl langfristige Kulturereignisse als auch kurze Wachstumsphasen über den Wärmeäther lenkbar sind. Auch physische Wärme beschleunigt, Kälte verzögert. So kann z.B. durch Wärme die Verpuppungsphase eines Schmetterlinges von Monaten auf Tage beschleunigt werden oder sonst eintretende Winterpausen übersprungen werden. Überhaupt begann ja die Zeit auf dem Alten Saturn durch die Wärme (siehe: *Geheimwissenschaft im Umriss*, GA 13). Die Wärme-Phänomene an den Kornhalmen und in der Luft weisen auf einen solchen Einfluss der Zeitverschiebung hin. Dass die Geschehnisse zur Zeitenwende bis ins Kosmische und Natürliche hinein mit Zeitbeschleunigungen oder -verzögerungen einhergegangen sein könnten, geht aus A.K. Emmerichs Schauungen hervor. So z.B., dass der Jordan bei der Taufe Jesu Christi stillstand oder dass der Mond während dem Golgatha-Ereignis "rasch am Horizont hervorschoss" oder die Sonne sich schnell verfinsterte (s. *Das arme Leben...* bzw. *Das bittere Leiden unseres Herrn Jesu Christi*). Hartmut Ramm arbeitete in seinem Buch: *Der Sonne finstere Flecken* heraus, dass die Sonnenverfinsterung während dem Ereignis auf Golgatha eine Fleckenbedeckung gewesen sein könnte. Dies bestätigt die Schauung A.K. Emmerichs.

I Zur Evolution des Kornkreisphänomens

„Und ich sah einen Engel vom Himmel herabkommen: Er hielt den Schlüssel des Abgrundes an einer großen Kette in seiner Hand. Er ergriff den Drachen, die Schlange vom Urbeginne, der da ist Diabolos von Satanas, und fesselte ihn für 1000 Jahre, warf ihn in den Abgrund und verschloss und versiegelte denselben in ihm, damit er nicht mehr die Völker verführe, bis die 1000 Jahre vollendet wären." (Apokalypse, 20. Vgl. hierzu das vorige Kapitel)

Die Hieroglyphen der Kornkreise ähneln zwar oft stark alten Rosenkreuzerzeichen und manchem anderen, Prähistorischem, – doch selten völlig. Vielleicht war die „Urschrift" der heiligen „Tao-Bücher" (GA 93) ihnen ähnlicher? Jakob Lorber schildert: „In der Mitte von Asien, in einer hohen Gebirgsgegend, unfern des Himalaya lebte noch ein kleines, abgeschlossenes Völkchen ganz streng nach dieser, später von den Kindern Noahs auf steinerne Platten mittels gewisser entsprechender Sachbilder eingegrabenen (Ur-) Schrift, wovon die späteren ägyptischen Hieroglyphen nur eine verfälschte Abart sind. Doch soll auch das sogenannte Sanskrit der Gebern, Parsen und Hindus nicht als ... dieselbe Schrift angesehen werden, sondern auch diese ist viel jünger und ... voll von großen Irrtümern." (Niederschrift am 9.12. 1841) Der Ort dürfte mit der Ur-Mysterienstätte des Manu identisch sein, welche nach Rudolf Steiner nahe der Wüste Gobi lag (vermutlich im heutigen Tarimbecken). Denn Lorber ergänzt: „Die europäischen Nordvölker waren einst in Asien ... und hatten eine unmittelbare Erziehung aus den Himmeln genossen, und es gab Weise unter ihnen, wie sie (bis zu Christus) die Erde nicht trug."

Auch von Adam, dem ersten Erdenmenschen, schildern Legenden, er habe von Gott ein geheimes Buch erhalten mit in mathematische Formeln gesetzten Urgesetzen. Dieses „Buch flog von ihm fort", als er in die Sünde fiel und wurde „im Paradies aufbewahrt". Wir erkennen hier deutlich den Zusammenhang dieses „Buches" mit der Urseele der Menschheit, die später als nathanischer Jesus zum ersten Mal die Erde betrat, und dann als Jesus von Nazareth zum Gefäß des Christusgeistes wurde, und der im weiteren als „Meister Jesus" helfend und heilend durch die Jahrhunderte wandert (vgl. die betreffenden Vorträge in GA 152, GA 148 und GA 149). Man denke auch an die Rolle des Buches in den apokalyptisch-rosenkreuzerischen Siegeln.

Was Justinus Kerner über die „*Seherin von Prevorst*" (1801-1829) schreibt[1], trifft wohl recht genau den Sinn der Kornkreis-Kompositionen: „Es gingen ihr innerlich „magische Formeln auf, die ... nicht ... in ihrem äußeren Willen, ihrer Intelligenz lagen, sondern mit einer tiefen Sympathie zu den Dingen und magischen Naturverbindungen zusammenhingen, ... für die sich keine Worte finden." *Poiret* sagt: „Der Mensch konnte ursprünglich die ganze sichtbare Welt durch die geheimnisvolle Kraft und Wirkung beherrschen, als Wort und Sache noch ein und dasselbe waren" (wie Adam ursprünglich allen Tieren den wahren Namen gab, Noah sie damit in die Arche rief und Mose das Meer teilte. Gemäß Rudolf Steiner bestanden die Wunder, die Mose vollbrachte, tatsächlich in einer *besseren Kenntnis der Naturgesetze,* als seine Umgebung sie damals hatte). „Ein einziges Zeichen dieser Sprache ... bedeutet oft mehr als ganze Reihen von Charakteristika in unserer Sprache. Und ... nach dem Tode (überschaut man) in einem einzigen solchen Zei-

---

[1] *Die Seherin von Prevorst*", Steinkopf-Verlag. Ernst Bindel nimmt in seinem hervorragenden Buch: *Die geistigen Grundlagen der Zahlen*, oft Bezug auf die Seherin.

chen sein ganzes Leben." (S. 152) [1]. Die Seherin beschreibt auch sieben kompliziert aufgebaute „Kreise" (!) in ihrem Inneren, welche sie blitzschnell exakt zeichnete, die zum Teil mit solchen Zeichen beschriftet waren und wohl mit den Lotosblumen korrespondieren. Diese Kreise enthalten „den bleibenden moralischen Wert oder Unwert in einer Sprache, welche die Seele sich erst nach dem Tode ganz aufschließe, und vermittels welcher der Mensch in sich selbst lesen werde, wie der ganze Verlauf seines Lebens in Gesinnung und Handlung beschaffen war." (S. 153) – Nach dieser Schilderung des Lebenstableaus spricht die Seherin von einer der Menschheit gemeinsamen Ursprache, welche durch den Sündenfall nach und nach verloren ging (das Hebräische komme dieser näher als andere Sprachen).

Wirken die Zeichen der Kornkreise nicht wie eine solche Urschrift? Ist nicht die unmittelbar „magische" Wirkung auf die Natur – besonders auf die Substanz des Brotes – sichtbar? Die Seherin konnte, wie viele andere nachweislich auch, „telekinetisch", d.h. ohne physische Berührung Gegenstände

[1] Vergleiche Werner Schäfer: *Rudolf Steiner über Wort, Schrift und Buchdruck*. Eine Zusammenschau, wo der Ab- und Aufstieg „des Wortes" und das Wesen der okkulten Schrift eingehend geschildert ist.

durch die Luft befördern. *Da* ist also eine sichtbare Quelle nicht sichtbarer Bewegungsursachen vorhanden (eben die Seherin). Dies ist bei den Kornkreisen nicht der Fall. Es wurde jedoch schon vielfach behauptet, dass Menschen – besonders menschliche Medien – Einfluss auf die Entdeckung oder gar die Erzeugung von Kornkreisen nehmen könnten. Ein Passus aus GA 178 lässt dies als nicht grundsätzlich ablehnbar erscheinen: Die Abbaukräfte des Menschen werden gemäß Rudolf Steiner immer stärker. Diese sind nicht gleich, aber *ähnlich* den untersinnlichen Kräften (Elektrizität, Magnetismus, Schwerkraft etc.), wie innere Menschenwärme und äußere Temperatur verwandt sind. Und der Mensch „wird seine Intentionen hineinleiten können in die Maschinenkräfte. Noch unentdeckte Kräfte in der Menschennatur werden entdeckt werden, welche auf die äußeren elektrischen und magnetischen Kräfte wirken." (25. November 1917. Unter der Bezeichnung „mechanischer Okkultismus" spricht Rudolf Steiner des öfteren, vor allem während des Weltkrieges, über diese Kräfte. – Oder dass „im sechsten Jahrtausend ... der Mensch zwar noch mit der Erde ein Verhältnis haben wird, aber ein Verhältnis, das sich nicht mehr darin ausdrückt, dass physische Kinder geboren werden. Der Mensch wird gewissermaßen als Geist-Seelenwesen ... in den Wolken, im Regen, in Blitz und Donner rumoren in den irdischen Angelegenheiten. Er wird gewissermaßen die Naturerscheinungen durchvibrieren." (18. Januar 1920; GA 196. In seinem vierten rosenkreuzerischen Siegel (Abb. 134) hat Rudolf Steiner diese Situation ins Bild gebracht und in GA 284 beschrieben.) Ist – da im Negativen „die Zeit sich so beschleunigt" – nicht denkbar, dass Vorläufer der angedeuteten Zukünft schon jetzt eingreifen? Außerdem gilt Ähnliches gemäß Rudolf Steiner heute schon bei den Verstorbenen: *sie* leben schon auf diese elementarische Art im Erdenumkreis: „... Man lebt mit der Erdenschwere und beschäftigt sich leuchtend mit der Welt" (ebd. ders. Vortrag).

Die Kornkreise erscheinen in großartiger Harmonie und Formfülle. Wer vermag solches zu „schreiben"? *Merkur*, der Heilergeist und sein irdischer Träger Hermes Trismegistos (Toth), der Stifter der ägyptischen Kultur, wird auch der „göttliche Schreiber" genannt. Er erfüllt also eine ähnliche Aufgabe wie Wotan im germanischen Völkerkreis. Gemäß Rudolf Steiner spiegeln sich die sieben Kulturepochen um die vierte griechisch-römische. So aufersteht in unserer fünften Kulturepoche vieles – auf erneuerte, vom Christusimpuls befruchtete Weise – aus der dritten, ägyptisch-chäldäisch-babylonischen Kultur.

Zu der Beherrschung der Natur oder Materie durch Zeichen und Wort gibt die esoterische Stunde vom 15. März 1911 tiefreichende Winke, die Rudolf Steiner allerdings einem gründlich vorbereiteten kleinen Menschenkreis in Berlin unterbreitet (GA 266 II). Dort werden Zeichen gegeben, die zuerst in die Hand, und dann in die Luft gezeichnet und dann leibfrei vorgestellt werden sollen, um einerseits eine esoterische Erkenntnis und andererseits ein spirituelles Einwirken auf die Kräfte der Elemente zu erarbeiten. Diese Zeichen sind nicht identisch mit denen der „Tattvas" (vgl. S. 110), welche letztere ja Wirkformen der Elemente selbst darstellen (beides in der Mitte des Schemas S. 121 eingezeichnet).

Wie im Vorangehenden schon bezüglich der keltischen Münzprägungen aufgezeigt, können wir bisher *drei Formepochen* in der Entwicklung der Gestaltbilder im Getreide feststellen, die einem stufenweisen Aufsteigen entsprechen und sich in der physischen Welt zeigen: Vor 1990 einfache, meist einzelne Gebilde: eben „Kreise" (kreisnahe Elipsen - ähnlich den Planetenbahnen, manchmal in Geraden auslaufend). Das trug ihnen, bis heute, den Namen „Kornkreise" ein. Denn mit der geradezu ungeheuerlichen Evolution derselben rechnete damals wohl niemand. - Dann, durch etwa sechs Jahre, kommen komplizierte „Langpiktogramme" hinzu, „Schlüssel-Asymmetrien" und allerlei kuriose, disharmonisch wirkende „Insektogramme". (Wenn schon Menschen Kornkreise fälschen, nachahmen können - wieso nicht auch der Teufel? Nur kann er's vielleicht besser!) Allerdings geschah um 1992 ein Einbruch sowohl nach Art als Menge der Phänomene wie auch dem öffentlichen Interesse nach. Danach wirken Formen wie das „Apfelmännchen"[1] oder besonders das besprochene Grasdorfer Zeichengebilde (beide Sommer 1991) wie klärend, aufrichtend und reinigend.

Auch der Christus ist bei Rudolf Steiner nie ohne Widersacher dargestellt! Seinem Wort nach ist ja die heutige Aufgabe aller wahren Kunst, den *Sieg* des Schönen über das Hässliche und Böse darzustellen. Dies ist die neue, die michaelische Kunst. Dieses Stadium gleitet etwa 1996 in die derzeit (2002) letzte Phase über: in rein geometrisch-lebendige Harmonien, meist auf Fünf-, Sechs-, Sieben-, Neun- oder Elfsternbasis. Es ist also - ungeachtet des Wie und Wer - ein Aufsteigen von überwiegend *ätherischen* Formspuren zu mehr *astralen* Gestalten zu sehen, welches in reine, *devachanische* (geistige) Kompositionen einmünden.

Wenn dann noch „Tierhaftes" auftritt, ist es in der Regel harmonisiert, wie zum Beispiel die „Ameise". Und der Beschauer wird durch diese Stufen des Sphärenaufstiegs mitgenommen! Würden sogleich die vollkommeneren neuen Formen erschienen sein, wäre ein Mitwachsen der Menschenseelen wohl unmöglich geworden.

Für diese (vorerst?) letzte Phase bieten die keltischen Münzen nur noch wenig Vergleichbares, nur noch einfachere Anklänge (verschiedene Sterne, Kreuze, usw.). Hingegen besteht hier ein Zusammenklang mit den *Siegeln*

[1] = eine bekannte Fraktalform. (Vgl. Müller)

Abb. 93: „Die Ameise" vom 17.7.1997, Hen Wood, Weizen. (Vgl. dagegen die „Insektogramme" von 1991 auf S. 67!)

Rudolf Steiners für die Mysteriendramen oder die Planetenevolution, auch mit in Siegelform übertragenen Kapitelllformen der kleinen Kuppel (vgl. S. 63). – Wie wird das Phänomen sich fortentwickeln?

Insgesamt urständen die Grundelemente sowohl des Goetheanum und der anthroposophischen Grafik wie auch die Münzen und eben die Kornkreise eine Welt, die *zwischen* Astralem, Schlangenhaftem und reinen Pflanzengebilden mitten darinnen steht. Sie offenbaren sich wie eine noch unschuldige (oder wiederum entsühnte) Seelenwelt, eine Art neuer „Paradiesesnatur". Bezüglich der Goetheanum-Architrave nennt Rudolf Steiner diese Reliefformen ein „wiedergewonnenes Paradies". An die Wand um 90 Grad erhoben, wie eine „aufgerichtete Schlange", was im Paradies eine Art Urpflanzenreliefboden war (17.6.1914, GA 286). Die Kelten, wie auch die nordamerikanischen Ur-Indianer schufen bekanntlich solche Reliefs in Riesenformationen auf dem Erdboden. Im „Landwirtschaftlichen Kurs" erläutert Rudolf Steiner, wie in einem „Hügelbeet" andere, stärkere kosmische Kräfte wirken als auf ebener Erde (GA 327). Vielleicht gilt das für Bodenerhebungen allgemein? Auffällig ist jedenfalls eine weit reichhaltigere Artenvielfalt von Pflanzen und Tieren bei reliefartigem Gelände (und sei es nur der Aushub eines Neubaus. Wird er „sauber planiert", ist es vorbei!). – In seiner „Theosophie" schildert Rudolf Steiner den menschlichen Astralleib zunächst als Verfeinerung aus einem Teil des Ätherleibes entstanden. Ein reines Zwischenreich also, das sowohl am ätherischen, wie am astralen Plan Anteil hat, und das vielleicht mit dem „fünften Äther" identisch ist. (Eine nur hier, in der „Theosophie", so gegebene Charakteristik!, vgl. auch S. 111) Zeigt sich in den Kornkreisen ein aus dem Verderben des Astralen durch den Tod neu und geheiligt erstandenes Seelisches, wie es in den Rosen des Rosenkreuzes symbolisiert ist? – Dem Wiederaufstieg aus dem Physischen durch das Astrale ins „Rupa- und Arupadevachan" (anders bezeichnet: aus dem tiefsten, vierten „Elementarreich" wieder hinauf ins fünfte, sechste und siebte, d.h. in *vergeistigtes* Pflanzen-, Tier- und Menschenreich) entspricht jedenfalls der geschilderte Aufstieg der Kornkreise (wie auch der Weiterführung der Goetheanistischen Kunst aus der keltischen).

Hesemann glaubt, die „Geburtsstunde" der eigentlichen Kornkreis-Ära auf den 15. August 1972 datieren zu können. Es ist der „erste aktenkundige Fall". Es ist doch bemerkenswert, dass dies im Kalender als „Mariae Himmelfahrt" verzeichnet ist (auch im „Kalender 1912"); die „Ährenjungfrau" ist ja ein wesentlicher Aspekt der „Maria". Die Schilderung der Augenzeugen klingt sehr wohl damit zusammen: „Das Korn legte sich nieder, wie eine Dame ihren Fächer öffnet [in weniger als einer Minute], während ein sehr hoher Ton zu hören war." – „Ich erlebte ein Kribbeln am ganzen Körper, nahm einen süßlichen Geruch wahr und war umgeben von warmer Luft." (Anderhub, S. 23; ein Foto des betreffenden Kreises ist dort abgebildet.) Das „Echo der Öffentlichkeit" begann ebenfalls am 15. August (1980, also acht Jahre später) aufgrund einer Meldung in der verbreiteten „Wiltshire Times". Diese Charakteristika: warme Luft, Geruch, in Wirbeln gelegtes Korn, Tonphänomene begegnen uns auch in biblischen Berichten wieder (vgl. voriges Kapitel). Solche Erscheinungen gehen den Kornkreisen voran, begleiten sie oder folgen ihnen.

Rudolf Steiner hat öfteren darauf hingewiesen, dass z.B. heutige Bauten auf dem zukünftigen „Jupiter-(Zustand)"[1] der Erde als pflanzenähnliche Lebensgebilde wiedererscheinen wer-

---
[1] Nachzulesen in: *Die Geheimwisenschaft im Umriss* (Rudolf Steiner Verlag). Hella Krause-Zimmer gab eine knappe, übersichtliche Zusammenfassung zum „Jupiter".

den. So würde z.B. der Kölner Dom als wunderbare ätherische Blume wieder erscheinen. – Könnte vielleicht das Erscheinen der Kornkreise just neben alten Kultstätten eine Vorahnung dieses Geschehens sein? Denn alles Zukünftige zeigt sich ja in der Gegenwart auf keimhafte Art. Erscheinen sie doch meist nahe alten, menschengeschaffenen Tempelanlagen!

Alle höheren Reiche aber, die im Physisch-Sinnlichen erscheinen wollen, bedürfen der Werkzeuge der elementaren, ätherischen Welt, um schaffen zu können am Stoff der Erde. Rudolf Steiner bestätigt die indische Auffassung der „fünf Tattvas", welche als die fünf Urkräfte dieser Wirkenswelt gelten. Er gibt (und korrigiert) diese indische Lehre mehrfach in esoterischen Stunden (GA 266 und mehrere esoterische Stunden) als die vier Ätherarten plus die geheimnisvolle „Quinta essentia", den „Weltenäther", als die Mutter der vier übrigen, die als Wärme-, Licht, Klang- oder chemischer (auch Zahlenäther) und Lebensäther bezeichnet werden. Die geistigen „Durchschnitte" durch diese fünf werden von Rudolf Steiner mehrfach wie folgt skizziert (siehe Kasten!)

Sie strömen im Menschen in Form eines Pentagramms, wobei jeweils einer der Äther bei einer Strömungs-Strecke überwiegt.

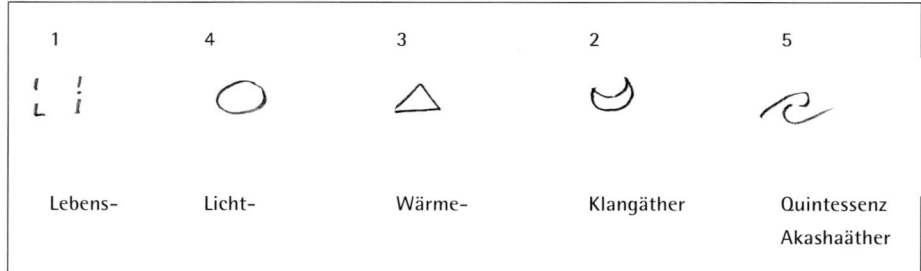

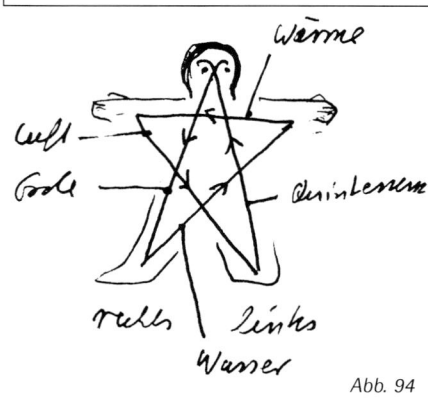

1	4	3	2	5
ו ו L ו	◯	△	☽	～
Lebens-	Licht-	Wärme-	Klangäther	Quintessenz Akashaäther

Abb. 94

Wir haben die Entstehung der Kornkreise aus merkurialen Wirbelkräften zu erklären versucht. Diese liegen offensichtlich allen Formen lebendig zu Grunde, wie der „fünfte Äther" (Doppelwirbel) den übrigen vier Ätherkräften (vgl. Kapitel „Merkurs Wirbelwirken"). Also können wir erwarten, dass alles, was auf Erden entsteht, sich auf die vier Formen Kreis, Dreieck, Sichel und Quadrat/Kreuz zurückführen läßt. Dies ist auch der Fall. Günther Wachsmuth hat dies im Auftrag Rudolf Steiners ausgearbeitet in seinem Werk: *Die ätherischen Bildekräfte in Kosmos, Erde und Mensch.* Bezüglich wichtiger Details blieb es nicht unwidersprochen, z.B. durch die leider sehr unbekannten Arbeiten von Iwer Thor Lorenzen (Verlag für Goetheanismus, Hamburg).

Diese vier Formen, die alles Physische in verschiedener Mischung gestalten, treten in den Kornkreisen deutlich *als solche*, teils kombiniert, in Erscheinung. Sie *begrenzen* die Wirbelformen, geben Gestalt. *Allein* könnten sie aber nur Chaotisches erzeugen. Um Sinnvolles, Geordnetes entstehen zu lassen, müssen sie von noch höheren Geistwesen und -kräften „komponiert und dirigiert" werden. Sei es, dass Natur entstehe, sei es, dass – durch Vermittlung des Menschen – Kunstwerke geschaffen werden. Die Kornkreise scheinen beides in sich zu vereinen. Sie stellen somit eine Zwischenstufe der Menschheit dar, welche von den *wahren* Geheimgesellschaften zum Heil der Menschheit vorweg erarbeitet werden: das künstlerische und technische Schaffen im Reiche des Lebendigen, die

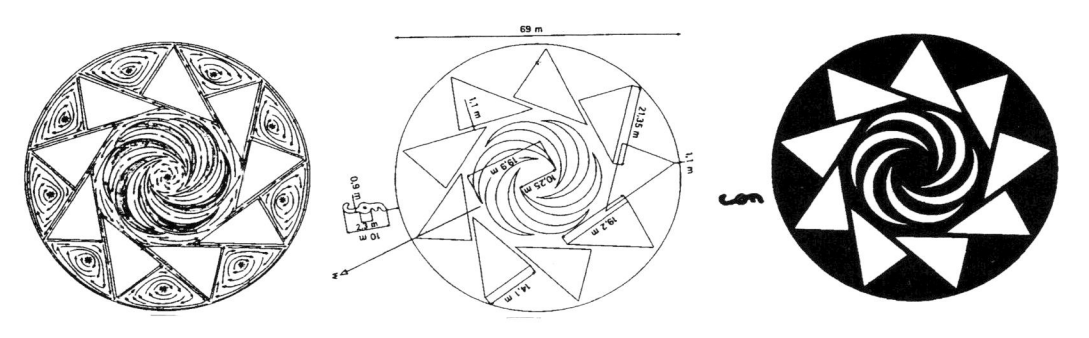

Abb. 95: Dreiecke und Kreis begrenzen die Grundkraft des Wirbels. Man beachte auch den kleinen „Schlüssel". (Siehe auch S. 80). „Neunzackstern", Cherhill, 18.7.1999, 80 m, Weizen (Anderhub, S. 16, Zeichnung von Andreas Müller).

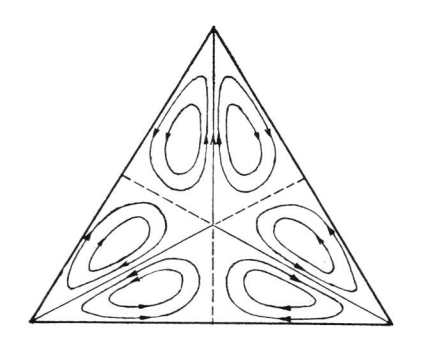

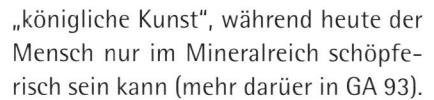

Abb. 96: Wasserdreieck von Theodor Schwenk: Strömung von Wasser im dreieckigen Rohr, Querschnitt

„königliche Kunst", während heute der Mensch nur im Mineralreich schöpferisch sein kann (mehr darüer in GA 93).

Nicht eigentlich eine Durchbrechung der Naturgesetze stellen die Kornkreise dar, sondern es ist, als hätte, zunächst repräsentativ, an bevorzugten Erden-Stätten eine neue, höhere, konzertierende Macht dieselben *ergriffen*. Ähnlich, wie wenn ein größerer Meister die Farben eines Vorgängers übernimmt und ihnen eine neue Richtung gibt. Sind doch die Formen an sich *nicht* neu. Im Kleinen sind sie überall gegenwärtig in den Grundplänen, idealerweise auch sichtbar verkörpert in vielen Blütengestalten, Schnecken, Kristallgebilden, Seeigeln, Schneekristallen usw., oder in Kleinstlebewesen wie Radiolarien, in Insekteneiern, usw. und natürlich in der Geometrie selbst, welcher ja das reine „astrale Licht" zugrunde liegt, das Plato „Gottes Gedanken" nennt. Diese sind auch dem menschlichen Astralleib eingeprägt, und dieser erkennt instinktiv die geometrischen Formen und erbaut sich an ihnen, weil sie mit seinem Grundbau zusammenklingen (28.Juni1914, GA 286). „Zwischen dem Astralleib und dem Ätherleib liegt die Zahl", pointiert Rudolf Steiner einmal (23.April1921, GA 204). Die Rosenkreuzer suchten ebenfalls eine geheimnisvolle „Zwischensubstanz" zwischen ätherischer und physischer Welt: in der ersten Morgenröte im Regenbogen und im Tautropfen (27.9.1911, GA 130). Rudolf Steiner nennt sie an anderer Stelle die „Morgen- und Abendkraft", die Kraft des Guten, die aus den Richtungen Jungfrau – Fische der Erde zustrahlt: Die Kornkreise entstehen zumeist in den Übergangsstunden zum Morgengrauen, etwa in der Zeit also, wo diese hervorzuhebende kosmische Ätherkraft wirkt (25. November 1917, GA 178). Gerade in Südwestengland hat die „Akashakraft" besondere Stärke, was sich im stabilen Stehenbleiben der Imaginationen zeigt, die jedoch andererseits durch Autoverkehr und besonders durch die aus Telegrafenanlagen entströmende, freie Elektrizität zerstört werden. Das hebt Rudolf Steiner bereits 1923 in Penmaenmawr hervor (27.8.1923, GA 227). Auch in den *Proportionen* (Maß und Zahl), besonders des menschlichen Leibes sind überall anatomische Gesetzmäßigkeiten, die sich z.B. mit Zirkelschlägen zu ähnlichen Manifestationen auszeichnen lassen wie in den Kornkreisen besonders der „dritten Phase". All dies tritt in den Kornkreisen nur in mächtig vergrößerter Form in Erscheinung, und zwar eben in dem in gewissem Sinne reinsten, keuschesten Pflanzenwesen: dem Getreide.

VRIL (vgl. auch Kap. K1)

„Vril" nennt Rudolf Steiner in Anknüpfung an ältere Bezeichnungen diese neue, lenkbare Ätherkraft. Das Stenogramm hält wörtlich z.B. Folgendes fest: „Die Atlantier konnten durch Beherrschen der Lebenskraft aus Bäumen, die sie nach Belieben bogen (!), Wohngelasse bauen. Ihre Fahrzeuge wurden mit Getreidekörnern (!) gespiest. Auf technischem Gebiet wird die Zukunft in dieser Beziehung Beachtenswertes bringen" (GA 94). *„Alles was es früher in der Welt gab, kommt wieder* ... Was der Mensch heute nicht versteht zu benützen, ist die pflanzliche Kraft: Die Kraft, die in einem Getreidefeld (!) die Halme herauswachsen läßt, ist noch (!) eine latente Kraft. Diese wird der Mensch ebenso in seinen Dienst bringen wie die Kraft der Steinkohle. Das ist Vril" (13.10.1906, GA 97).

Nach Jakob Lorber werden besonders im Getreide die Säfte durch die Knoten von Phase zu Phase des Wachstums geläutert, „bis endlich die Säfte so ätherisch rein sind, dass in ihnen keine Spur des Todes mehr zu entdecken ist." (Es ist also keineswegs unnütz oder unpraktisch, wenn früher die Halme übermannshoch waren, die inzwischen „praktisch" kurzgezüchtet sind!) Die Kraft, welche den Halm aufrichtet, sei an das im hohlen Stengel (ebenso wie in den Federn und Knochen der Vögel) vorhandene Element Wasserstoff gebunden: „Dann ist noch in dem Samenkorne eine ganz tüchtige Portion des ganz reinsten und einfachsten Wasserstoffgasspezifikums ... [Dieses] füllt fortwährend die hohle Röhre des Halmes aus und hält ihn eben aufrecht [wie ein Ballon] ..., solange dieser nicht die eigene notwendige Festigkeit hat. Hat er aber diese einmal erlangt, dann zieht sich dieses Spezifikum stets mehr und mehr in das reifer und reifer werdende Samenkorn hinauf und wird da aufbewahrt für den Halm der nächsten Wachstumsgeneration". Naturgeister unter Oberhut eines Obergeistes regeln, wieviel und welche „Spezifika" und Kräfte aus der Erde bzw. den Sternen zu nehmen und wie sie zeitgemäß zu vereinen sind. Der Ober-Geist „haucht [dazu] über den Acker seinen Willen." Über allen Geisterstufen aber wacht „des Herrn Auge überall [und] sieht, was da ist und geschieht." (*Erde und Mond*, Kap. „Aufsichtsgeister im Naturreiche")

Rudolf Steiner konkretisiert die Vril-Kraft noch auf folgende Weise: „Denn das heute in der Welt bestehende ... ungeheure Elend (soziale Frage) kann nicht mehr mit dem Unlebendigen gemeistert werden. Dazu bedarf es der „königlichen Kunst" (Royal Art) ..., die inauguriert worden ist in dem Symbol des Heiligen Gral. Der Mensch muss durch diese königliche Kunst etwas in seine Hand bekommen, was ähnlich ist derjenigen Kraft, die in der Pflanze sprosst; derjenigen Kraft, die der Magier verwendet, wenn er die Pflanze, die vor ihm steht, *schneller wachsen* lässt. In ähnlicher Weise muss von dieser Kraft ein Teil verwendet werden zum sozialen Heil." (2.1.1906, GA 93)

Man sieht, dass mit der sog. Vril-Kraft mindesten zwei der drei künftigen okkulten Fähigkeiten der Menschheit organisch verbunden sind (der hygienische, eugenetische und mechanische Okkultismus): Der mechanische, der sich natürlicherweise in der angloamerikanischen Welt entwickeln wird, betrifft mehr die Technik des Hervorbringens der Kornkreis-Phänomene und der hygienische, der ist im letzten Zitat (soziale Frage als eigentliche Aufgabe der europäischen Mitte) und im esoterischen Sinne das durchchristete Logenwesen („königliche Kunst") genannt wird[1].

Es mag zunächst offenbleiben, ob (höher entwickelte?) Menschen, Verstorbene oder Geistwesen die Verursa-

---

[1] Rudolf Steiner spricht über diese drei Okkultismen z.B. in folgenden Vorträgen: (2. Okt. 1916,

cher der Kornkreise sind oder ihr Zusammenwirken. Fest steht: mit *gewöhnlichen* Menschenfähigkeiten ist derartiges nicht zu leisten. Zwar werden die „Fälschungen" immer „besser" – von ferne betrachtet. Das Biegen der Knotenpunkte (manchmal sogar in zwei bis drei Knoten *über* der Erde!), das Legen der Garben in komplexer Wende-Wirbelform, Beeinflussung von Erdmagnetismus usw., oder die inzwischen klar erwiesenen Lichterscheinungen sind nicht nachahmbar – schon gar nicht in so kurzer Zeit und manchmal in verregnete, stürmischen Nächten!

Zusammengefasst: Vril wirkt also exakt so, wie es sich an den Kornhalmen zeigt: Wachstum *beschleunigend* und gewisse Wärme- und Klangphänomene sowie soziale positive Einwirkungen erregend.

Die Vril-Kraft wird von Menschen vielleicht mittels einer Art Stab beherrscht und angewendet werden. Elisabeth Haich gibt in ihrem Roman: *Einweihung* eine authentisch scheinende Beschreibung dieses Stabes in der ägyptischen Frühzeit. Und in dem im Auftrag Rudolf Steiners ins Deutsche übertragenen, utopischen kleinen Werk Bulwer-Lyttons mit dem geänderten Titel: *Vril oder eine Zukunft der Menschheit* spielt dieser Stab eine hervorragende Rolle, wenn auch in einer in gewissem Sinne ahrimanischen Menschenrasse. Der bekannte, kupferne „Eurythmiestab" und seine von Rudolf Steiner gegebene Behandlung kann durchaus in gewissem Sinne als „Verwandter" des „Vrilstabes" gelten. Jedenfalls möchte Rudolf Steiner diesen „Lebensäther", diese „Vitalkraft", in *alles* eingeführt wissen: Vom lebendigen Denken bis zum weiß-magischen Handeln (wie aus dem Vortrag in Torquay, der Sterbestätte Bulwer-Lyttons – 1873 – in Südwestengland hervorgeht: 18.8.1924, GA 243). Das ist zunächst wohl für die Menschheit allgemein noch Zukunftsmusik! (Man vergleiche dazu auch den vollen Wortlaut vom 27. Juni 1908 (GA 104, S.197ff.) Erwägt man alles in diesem Büchlein Dargestellte umsichtig genug, so wird man vielleicht folgenden Gedanken unbefangen prüfen können: deutet nicht vieles darauf hin, dass bei den Kornkreis-Erscheinungen die Kraft eben jenes Merkurgottes, vielleicht auch die seines Hermes-Trägers, gestaltend sich betätigt? „Im Zeichen des Merkurstabes" wirkt ja auch jene gewaltige Individualität, die als Johannes, der Täufer des Jesus, als der Maler Raffael und als Novalis die Menschheitsgeschichte bestimmend mitgestaltet. Auch Hildegard Wiegand leitet ihre Schau des Christus, der die Lichtwirbel bewirkt, dadurch ein, dass sie sagt: „Der äußeren Erscheinung nach glich er Merkur oder Hermes, ... gleich ihm trug er einen Stab in der Hand." „Der Herrliche" jedes Jahres löst sich am Ende der Heiligen Nächte in zerstiebende Lichtfunken auf, aber diese bleiben positiv wirksam und werden aufgenommen von der Erde, dem Umkreis und den wissenden Menschen. Vieles fließt mit ein durch die Phänomene in den Getreidefeldern auf die Erde, auf der seit Ur-Erdentagen so vieles an „waltenden Übeln" wirkt[2] – aber auch an Harmonie, an „magischem Idealismus", an hochinitiiertem Können, und wohl auch an Heilkräften durchchristeter Sonnenelementarwesen für die leidende Erdenmutter! Deutet vielleicht der Sinn von Rudolf Steiners „letzter Ansprache" auf das Ende des 20. Jahrhunderts und auf dieses Wirken? – Es soll aber hier aus diesen letzten von Rudolf Steiner in Vortragsform gesprochenen Worten kein Zitat herausgerissen werden, denn der eben skizzierte Gedanke prüft sich am besten im genauen Verfolgen des gesamten Wortlautes. – Es wäre in

---

GA 171; 12. Nov. 1916, GA 172; 18. u. 21. Dez. 1916, GA 173; 25. Nov. 1917, GA 178; 1. Dez. 1918, GA 186; 20. Okt. 1923; GA 230).

[2] Vgl. Rudolf Steiners „makrokosmisches Vaterunser", zum ersten Male gesprochen bei der Grundsteinfeier des ersten Goetheanum am 20. Sept. 1913, und darauf in den gewaltigen Darstellungen des „Fünften Evangeliums" (GA 148); s. Kap. „Warum im Korn?"

dieser Richtung noch vieles in Betracht zu ziehen. So z.B., dass die halbjährig in den „Hades" verbannte Persephone laut Rudolf Steiner künftig wieder eine Aufgabe auch in der „Oberwelt" bekommt, in Einklang mit dem Wirken des ätherischen Christus (Leitsätze 137-139; GA 26). Ähnliches sagt er von der nordischen Gottheit Baldur. So deutlich und stabil die Phänomene im Korn auch erscheinen, in Bezug auf ihre Deutung bedarf es doch sehr zarter, intimer Vorgehensweise, die auch scheinbar entfernt Liegendes als verwandt erahnen kann. – Es finden sich in Rudolf Steiners Kunst-Vorträgen anhand von Lichtbildern aus Malerei und Plastik (GA 292) Charakteristika – vor allem zu Raffael, welche man genausogut als solche für die Kornkreise bzw. ihre Verursachungskräfte nehmen könnte. Mag dies ein Hinweis darauf sein, gleichwohl die Ahnung verstärkend, dass gerade die Individualität des Elias-Johannes-Raffael und sein geistig-menschlicher Umkreis mit den Erscheinungen im Getreidefeld etwas zu tun hat? Einzelne Beispiele mögen zu einer Antwortfindung beitragen.

„Was spirituell geschaut werden könnte, in sinnenfälligen Bildern übertragen in das Reich dieser Welt…: das war ungefähr Raffaels Absicht" (GA 292 S. 259 – Ausgabe 1981). – „… und wie Raffael im Grunde immer auf dem Hintergrunde einer großen Weltperspektive malt, so dass er nur denkbar ist, wie wenn in seiner Seele … der christliche Genius selber malte…" (ebda. S. 204).

Die ägyptische Kultur strebte an, „das Zeichen zu finden, welches Zauber wirkt. Das Zeichen ist es ja, aus dem die Schrift entsteht (durch den Gott Hermes selber). Das Zeichen ist es, durch das das Übersinnliche hereinspielt in das Sinnliche. Das Zeichen muss wiedererscheinen als das, was in die Sinneswelt hineinwirkt aus dem Übersinnlichen, als der Christusimpuls …" (ebda. S. 302 ff.) Wie der nördliche, inspirative, bildlose und auch Material- (Gold, Edelsteine) formende Kunstgeist sich dem südlichen, imaginativ-bildhaft-ideellen vermählt, kommt in all diesen Vorträgen zur Offenbarung. Es ist, als ergriffe diese künstlerisch-elementare Kraft durch die Kunstwerke im lebendigen Pflanzenwesen eine noch unmittelbarere Seinssphäre: die Natur selbst.

Was aus diesem Blicken auf den Täufer, Elias, Raffael und Novalis zum Thema beleuchtend beigetragen werden kann, bildete das Kapitel über Anna Katharina Emmerich. Dabei ist – gemäß der erwähnten „letzten Ansprache" vom 28. September 1924 – mitzubeachten, dass auch die Individualität des Christian Rosenkreutz in diesen Strom integriert ist, der als Vollführer der Absichten des Merkur-Hermes-Gottes erkannt werden kann und als solcher in dieser Arbeit des öfteren erwähnt wurde. Raffael wird von Rudolf Steiner ja auch gerade in Bezug auf ein Schaffen aus den Gewalten (Exusiai) in der Natur erwähnt (vgl. S. 95).

Es scheint insgesamt, dass jene Kräfte, welche die Kornkreise zuletzt verursachen, nicht völlig festgelegt sind. Es fließt offenbar alles Mögliche in sie ein, auch menschliche Gedanken, Stimmungen, usw. Im *Goetheanum* Nr. 4/2002 erschien ein interessanter Bericht hierzu von einem „Weltkongress für geistiges Heilen" bzgl. der „magischen Einwirkung" von Menschen auf die Materie. Dort beschreibt der Autor Ingo Hoppe auch treffend die Unterschiede zwischen echter Geistesforschung und New Age. So erschienen in *Chilbolton* (England), unmittelbar neben einer Radarstation zwei äußerst ahrimanisch wirkende Formen noch im Sommer 2001 (zur Begeisterung der „Ufo-Fans"), wo man eigentlich so etwas längst überwunden glaubte. Etwas Ähnliches, „Alien" getauft, entstand August 2002 in Crabwood/England (abgebildet in *Magazin 2000 plus* Nr. 3/176). Nicht nur stellt sich die Frage: „Sind die Phänomene gut oder böse? Sondern auch: wie sind *wir*? Es *muss*, wenn des Menschen Freiheit nicht Illusion sein soll, neben allem Schlechten, ebenso sich das Wahre und Gute offenbaren können. *Unterscheiden* aber kann es nur das einzelne Ich selbst. Auch angesichts der Kornkreise verschiedener, guter wie schlechter Gestaltungsquellen, mag das schöne Wort *Emanuel Swedenborgs* gelten: „Der Mensch kann vom Bösen und daher Falschen nicht gereinigt werden, wenn nicht auch das Unreine, das in ihm ist, bis ins Denken auftaucht, hier gesehen, erkannt, unterschieden und verworfen wird."

Es kann auffallen, dass der Evolution der Kornkreise seelische und auch kosmische Phänomene parallel gehen. So z.B. das immer häufigere Auftreten der sogenannten „Indigo-" oder „Sternen"-Kinder, welche, abgesehen von ihren tatsächlich sich offenbarenden Wesen oft (auch anthroposophisch) ihm nicht gerecht werdende Interpretationen erfahren. Es ist hier nicht Raum genug, als dies nur anzudeuten. In den *Deutschen Mitteilungen* aus der anthroposophischen Arbeit finden sich im Michaeliheft 2002 dazu wichtige Darstellungen. – Eine wissenschaftlich gesehen rätselhaft bleibende, plötzliche, dann schwankende Wiederzunahme von immer seltener gewordenen Schmetterlingsarten, aber auch von seltenen Kräutern und Fruchtbildungen ab 1982 hängt gewiss mit beidem zusammen. Die Welt ist eben doch ein Ganzes. Und jedes wirkt auf jedes. Alles urständet letztlich im selben Gottesquell. Die Kornkreise machen so nur an besonders auffälliger Stelle sichtbar, welch gewaltige Metamorphosen der ganze Lebenszusammenhang von Erde, Kosmos und Mensch den Sinnen verborgener durchwandelt. Viele „Zeichen" kommen zusammen, deren Gemeinsames auf eine neue, geänderte, spirituellere Menschheit weist. Ob die jetzige Menschheit solche Angebote und Chancen *nutzt*, ist eine andere Frage.

Bei den Stigmatisationen und ohne Nahrung lebender Heiliger handelt es sich vielleicht um ähnliche Zeichen. Ita Wegman schreibt dazu im *Natura Bd.II*: „Wie bewertet geisteswissenschaftlich orientierte Medizin Erscheinungen wie die in Konnersreuth?"

Ita Wegman berichtet auch von einem Gespräch mit Rudolf Steiner über Kaspar Hauser: „Er wies darauf hin, dass das Wesentliche eines solchen rätselhaften Geschehens darin liege, dass alle Gemüter dadurch gezwungen waren, sich mit einem solchen durchaus ungewöhnlichen Ereignis zu beschäftigen, das aus dem Alltagsleben nicht zu verstehen war. Es war der Vesuch der geistigen Welt, die Menschen mitten in der meist materialistischen Zeit daran zu erinnern, dass es noch etwas anderes gibt, als was das philiströse Denken sich träumen lässt. Und so treten *von Zeit zu Zeit solche, wie Wunder wirkende Geschehnisse* auf, die man nur durch ein Wissen von der geistigen Welt verstehen kann....Wunder nicht in dem Sinne, dass Naturgesetze durchbrochen werden. Es wird nur durch eine Reihe von schweren Krankheiten und durch die Bejahung des Leides, mit der diese ertragen werden, die menschliche Organisation in eine solche Verfassung gebracht, dass *offenbar werden kann, was immer in der menschlichen Organisation wirksam ist:* nämlich die Einwirkung des Makrokosmos auf den Menschen."

Tritt im Falle der Kornkreise ein ähnliches Offenbarwerden, sonst mehr verborgener geistiger Naturwirkungen auf, nur im Pflanzenreich, statt im Menschen?

Auf welche Zeichen warten wir noch?

K1   Kosmische Strahlungen und Erdströmungen

Es wurde zu bedenken gegeben, dass bei der Erzeugung der Kornkreise nicht eigentlich Naturgesetze durchbrochen werden, sondern dass – im Sinne des ersten grundlegenden Rosenkreuzerleitsatzes (S. 53) – eine „Fortsetzung der Naturwerke", über die Natur hinaus, aber doch mit *ihren* Mitteln und in ihrem Sinne, gleichsam von höheren Weisungen erwirkt wurde. Die Gesetzmäßigkeiten des Wachstums werden lediglich „nach Belieben" beschleunigt (vgl. Rudolf Steiner, S.112ff). Die ohnehin im Pflanzlichen wirksame Spiralkraft wird nur kraftvoller und großräumiger gehandhabt. Formgebende „Tattvas" (Ätherkräfte) werden, in reinen Kombinationen komponiert, auf eine Fläche vieler Pflanzen in Kraft gesetzt, statt für Einzelpflanzen oder deren Organe. Wärmeätherkräfte hinterlassen Spuren ihres verstärkten Wirkens, Klangkräfte (teils hörbar) gliedern rhythmisch sogar die Halme, Lebensäther gestaltet Keimordnungen um. Lichterscheinungen, oft sichtbar (vgl. Müller, S. 106 u. 117) scheinen impulsgebend oder nachwirkend über den Feldern zu schaffen. Erdkräfte, wie Magnetismus und Schwerkraft werden bezwungen und selbst eine „unmögliche" Art besonderer Radioaktivität (nämlich pulsierend) kommt vor. Meteorstaub legt sich, wie zu Glas geschmolzen, um die Pflanzen (nur diejenigen des Kornkreises, nicht die im Umfeld! Siehe Müller, Kap. 5, vgl. S. 118).

Auch astrales Wirken ist – mindestens bei den Betrachtern – deutlich. Latent vorhandene, zuallermeist positive Eigenschaften werden verstärkt (und oft dauerhaft) wachgerufen. Staunen, Ehrfurcht, Begeisterungsfeuer, ästhetischer Sinn, Forscherdrang, Erkenntniswille, Gemeinschaftssinn usw. bis hin zu massiven, positiven Richtungsänderungen ganzer Lebensläufe treten auf. Negative Veränderungen sind offenbar sehr selten.

Nun handelt es sich darum, im engerem Sinne *geistigen* Äther-, Elementen und Astralkräften übergeordnete Wesens-Strömungen zu suchen, welche, als solche bereits vorhanden, impulsierend für die Entstehung der Phänomene sorgen könnten. Dies kann hier nur in Form von wenigen Hinweisen geschehen und sollte künftig ausführlich vertieft, erforscht und ausgearbeitet werden. Dabei kann davon ausgegangen werden, dass diese Wesensströmungen wiederum nicht als höchste Impulsatoren in Frage kommen, sondern dass auch sie eine „dienende Funktion" haben gegenüber noch Höherem – wie schon die Elementar-, Äther- und Wachstumskräfte auch. Es kommen dabei zwei große Gruppen in Frage: Kräfte der Erde selbst, und solche unmittelbar kosmischen Ursprungs (esoterisch: „untere und obere Götter"; in den atlantisch-chinesischen Mysterien Yin-Yang genannt). Auch die vom Erdinneren her waltenden Kräfte entstammen ursprünglich den geistigen Sternenweiten. Doch die Wesenheiten der ersten Hierarchie lassen „aus den Höhen erklingen, was in den Tiefen das Echo findet". Die Geister der dritten Hierarchie wirken vor allem innerseelisch im Menschen. Aus dessen Tiefen lassen sie „erbitten, was in den Höhen erhöret wird." Die zweite Hierarchie, die im Lichte lebt, wirkt besonders in der natürlichen Atmosphäre der Erde, im Umkreis. Sie arbeitet nach unmittelbarer Weisung des Christus-Geistes durch die Elementekräfte an der Natur. In dieser Art sind sie auch im Zyklus: *Die Mission einzelner Volksseelen* (GA 121) geschildert und werden zur Übersichtsbildung des Gesamtphänomens auf der Stufe des "Wesenhaften" im Folgenden zugrundegelegt.

Die im Erdmittelpunkt konzentrierten strahlen von dort radiär in die Pflanzen und geben ihnen zusammen mit den vom Kosmos anziehenden Lichtkräften die Vertikale. Zu diesen Erdenkräften gehören die Schwerkraft, die elektrischen, magnetischen und radioakiven Kräfte

Die geistigen Ausstrahlungen der Metalle, die zunächst vom Kosmos her einströmen in der Erde, dort „eine Zeitlang" verbleiben, und dann – ähnlich dem Licht und der Wärme des Sommers, die im Frühling zurückpulsieren – „elastisch" zurückschwingen. Es existiert in der „Metallstrahlung" wohl auch ein längerer Rhythmus (etwa dreieinhalb Jahre). In diesen Strömungen der Geistmetalle („Metallverdunstung") entwickelt der Mensch seine drei ersten Fähigkeiten: Aufrichten, Sprechen und Denken (30.11.1923, GA 232). Diese Kräfte sind also zunächst kosmische, die dann irdische und wieder neu kosmische werden.

Um die Erde herum gehen ständig ätherisch-geistige Strömungen: eine „Sonnenströmung" parallel zur Erdoberfläche, eine „Mondströmung" vertikal dazu. (21.10.1917, GA 177). – Die Urperser zeichneten in Einfühlung mit der Erdenseele eine *Spirale*, „die wirklich der Sonnenbahn durch den Himmelsraum entspricht". (20.5.1913, GA 152). Aus den Wesenheiten, als deren sichtbare „Wohnorte" die obersonnigen Planeten leuchten (Dynamis, Kyriotetes, Throne) wirkt nach Rudolf Steiner folgendes differenzierte Gewebe: „Alles, was sich durch Kräfte äußert, das kommt von den Marswesen. Was sich äußert durch Naturgesetze, von den Jupiterwesen, und was Farbe und Ton ist, von den Saturnwesen" (GA 214, S. 152). Auch die Erläuterungen und Zeichnungen Rudolf Steiners über „dem Magnetischen ähnliche" Kraftströme, welche zwischen den Himmelskörpern (und mikrokosmisch im Menschenleib) vermitteln, gehören hierher (*Die wahren ästhetischen Formgesetze*, 5. Juli 1914, GA 286, wozu er nebenstehende Zeichnungen machte). Dass aus der Sonne Strahlen wirken, welche geistig „auf der Erde Figuren beschreiben" und die Geheimnisse der Zahlen und der Urbuchstaben enthalten, und dass diese Sonnenkräfte bei der Jordantaufe in Jesus einzogen, beschreibt Rudolf Steiner z.B. am 8. März 1924 (GA 353) für die Arbeiter in Dornach. Diese Kräfte haben sich seit Golgatha ja der Erde selbst befruchtend einverleibt. –

In vielen Kornkreisen finden sich sehr dünne, zarte Linien von wenigen Zentimetern Breite, wo offenbar kurz vor der Bildung der eigentlichen Formation einzelne Halme niedergelegt wurden. In diesen kommt manchmal einiges von den zugrundegelegten „Konstruktionszeichnungen" (vgl. Kap. B3) zum Vorschein, ohne welche der spätere Kornkreis nicht denkbar wäre. Manchmal bilden solche Schmallinien auch ein Element des Kornkreises selbst (z.B. Formation vom 4. Juli 1999, Müller, S. 44). – Möglicherweise arbeiten hier unter- und überirdische Kräfte zusammen (wie es auch gemäß Rudolf Steiner bei Nordlicht und Blitz der Fall ist). Vor einigen Jahren fand die Blitz-

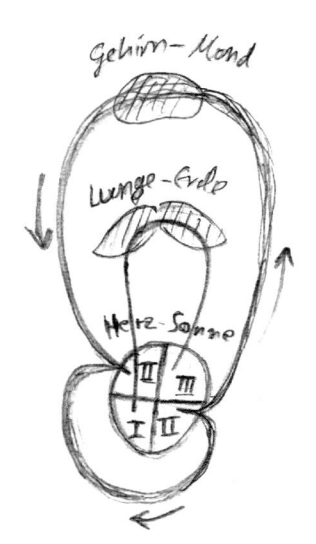

Abb. 97

forschung ein sehr interessantes Detail mit Hilfe spezieller Kameras heraus: Jedem Blitz eilt ein sehr dünner „Vorblitz" äußerst rasch voran, der die Bahn wie vorzeichnet oder vorbereitet, welcher der eigentliche Blitz dann folgt. Man denke hier auch an den großartigen Satz von Rudolf Meyer – in Verarbeitung eines Hinweises von Rudolf Steiner, dass der ätherische Christus sich aus der Welt des hinter dem Blitzphänomen stehenden Ätherreiches in die Erdenwelt einwebt:

„Der Menschheit Urbild pflanzt sich fort im Blitze"

(vgl. auch 21. Sept. 1924, GA 346). Wirkt all das nicht wie eine Weiterführung des Geschehens an der Zeitenwende, wo der Täufer Johannes „dem Herrn die Wege bereitet"? Nach Anna Katharina Emmerich wanderte dieser tatsächlich exakt alle die Wege vorher ab, auf denen der Christus dann schritt. – Die o.g. Untersucher waren nicht sicher, ob die faden-dünnen Vorblitze bzw. Blitzvorbereiter von oben oder aus der Erde kommen (den Täufer bezeichnet Christus ja als „den größten aller Erdenmenschen", doch der geringste Engel im Himmel sei größer als er). Wer oder was schreitet *heute* dem ätherischen Christus voran? Welche Rolle spielen „die hellen Ätherweltenwesen", die „das Christuswort zum Menschen" tragen sollen? („Letzte Ansprache", 28. September 1924)

Neue Forschungen an den Kornkreis-Nebenerscheinungen ergaben, dass z.B. aufgeschmolzener Meteorstaub, welcher *nur* an Halmen einer Formation, nicht außerhalb derselben sich anlagerte, sehr kurzzeitig auf über 500° C erhitzt gewesen sein muss. Auf Ähnliches weisen auch gewisse Hitzeschäden bei den betreffenden Pflanzen hin (vgl. Müller, Kapitel 5). Mit solchen Wärmeeffekten steht eventuell Rudolf Steiners Prophetie in entferntem Zusammenhang: „Wenn die moderne Technik so weit ausgebildet sein wird, dass man über gewisse Flächen hin künstliche Wärme erzeugen kann, ... dann wird man den Natur- und Elementargeistern das Pflanzenwachstum, vor allem das Getreidewachstum entreißen. Man wird nicht nur Wintergärten, nicht nur geheizte Räume für kleinere Pflanzen-Wachstumsanlagen errichten, sondern für ganze Getreidefelder, in denen man, den vom Kosmos hereinwirkenden Gesetzen entrissen, das Getreide zu anderen Jahreszeiten ziehen wird, als es durch die Natur- und Elementargeister wächst" (25. Dez. 1916, GA 173).

Bei jeglichem Geschehen, in Werden und Vergehen, wirken die beiden Urströme der Welt polar zusammen, welche in den Mysterien auf verschiedene Art als die „zwei Säulen" demonstriert werden. In *Mysteriengestaltungen* (GA 232) finden sich dazu großartige Schilderungen der vergangenen, in der *Tempellegende* (GA 93) und in *Bilder okkulter Siegel und Säulen* (GA 284) der gegenwärtigen Mysterien. Diese beiden Säulen repräsentieren Himmels- und Erdenkräfte, kosmische und tellurische Wirkungen, Vater- und Mutterkräfte, Urmännliches/Urweibliches, Sonnen- und Mondgeheimnisse, obere und untere Götter und alle polaren Urmächte der Welt. Sie *vereinen* sich aber geheimnisvoll – ähnlich wie in der projektiven Geometrie zu einem in Richtung Zenith und einem in Richtung Erdmittelpunkt gedachten, unendlich entfernten und doch *einem* Punkt . So hören des Menschen Wesensglieder *nicht* mit dem physischen Leib auf, sondern erstrecken sich vom „unteren" bzw. „Phantomleib" bis zum „oberen" bzw. Geistesmenschen (Atman). Sie verlieren sich dann in ein „auch dem Geistesforscher nicht mehr Wahrnehmbares". Und diese beiden sich „unendlich fernen" Wesensglieder vereinen sich oder sind vereint im nicht-räumlich, überzeitlichen Urweltenwesen.

Damit hängt wohl zusammen, was Rudolf Steiner oft andeutet mit Bezeichnungen wie „Zerstörungsherd"; „Vernichtungszentrum" u.ä. im Menschen. Dieser dringt in der Gegenwart immer krasser und zerstörender hervor und bewirkt die katastrophalen Einbrüche sowohl seelisch („Wahnsinns- und Selbstmord-Epidemien" bis hin zu – eigentlich motivlosen – Terrorakten im „privaten" oder öffentlichen Bereich) wie leiblich („neue Seuchen", rätselhafte Krankheiten) sowie technisch bzw. scheinbar nur-technisch („Ufo"-Phänomene und damit Verwandtes). *Hier* können nur die wichtigsten Vorträge genannt werden, welche das Zentrale dieser Problematik beleuchten:

„Hinter dem Erinnerungsspiegel sitzt ein Zerstörungsherd, in dem die Materie ... völlig zerstört, ins Chaos getrieben wird. Der Sitz des Bösen im Menschen" (23. September 1921, GA 207). – Aber „in diesem Chaos kündigt sich die Welt des Sohnesgottes an" (24. September 1921, GA 207; vgl. dazu die fünffache Mantrenmetamorphose „Im Urbeginne..."). – „Der Mond ist das makrokosmische Gegenbild zum innermenschlichen Zerstörungsherd. Die Sonne jedoch strahlt kosmisch Befruchtendes aus ihrem Zentrum" (24. September 1921). Man hat sich – um einer vorläufigen und abstrakten Hilfsvorstellung willen – wohl zu denken, diese Kraft sei die hinter den Sieben verborgene Acht, sei es vor Saturn bzw. nach Venus/Vulkan der Evolution, sei es oberhalb Atman oder unterhalb des physischen Leibes. Man muss dazu diese Linie zum *Kreis* biegen, so dass 1 und 7 in 8 zusammenfällt. Die Polarität: Erden- und Himmelskräfte fallen hier ebenfalls in *eins* zusammen.

Weiteres dazu sagte Rudolf Steiner am
   3. Juni 1913 (GA 146),
   4. Januar 1917 (GA 174),
   2./4. November 1917 (GA 237),
   16. April 1918 (GA 181),
   9. November 1919 (GA 191),
   9.- 11. März 1920, über die „Nullsphäre", „Aufsaugen und Entstehen der Materie",
   14./16. Mai 1920 (GA 201,
     6./7. Vortrag GA 197),
   18./19. Dezember 1920 (GA 202),
   9. April 1921 (GA 204),
   3. und 11. Juli 1921 (GA 205),
   14. August 1921 (GA 206),
   30. Oktober/6.November 1921
    (GA 208),
   8. Juni 1922 (GA 210),
   4. November 1922 (GA 79).
Dazu gibt es auch Notizen Rudolf Steiners zu Londoner esoterischen Stunden in GA 266 III, S. 370ff.

Erst durch gründliches Erarbeiten dieses Themenfeldes ließen sich manche Rätsel der Gegenwart und Zukunft lösen. Wird diese an sich zerstörende Kraft nicht gleichsam explosiv entfesselt, sondern sinnvoll-bewusst rhythmisch wachsen gelassen, entstehen gerade heilsame und ganz neue Kulturgaben, wie z.B. Eurythmie. Das Vernichtende verhält sich zum Heilsamen dieser Kraft wie die Janov'sche Urschrei-Therapie zur Eurythmie oder wie Atomkraftwerke zur „Strader-Maschine" oder blindwütige Revolution zu echter Kulturerneuerungsarbeit wie z.B. die „Dreigliederung des sozialen Organismus".

K 2 Skala zum Kornkreis-Gesamtphänomen

Bei folgender Tabelle beachte man, dass geistige Realitäten so umfassend und lebendig sind, dass sie niemals völlig in ein Schema gepreßt werden können, schon gar nicht in ein zweidimensionales. Es wären *viele* Schemata notwendig, die alsdann nur rein geistig „vieldimensional" zusammengeschaut werden können, um die volle Realität zu erkennen. Dies ist dem Menschen zunächst nur im *Nacheinander* möglich. – Ein solches Schema zur verdeutlichenden Zusammenfassung des Gesamtphänomens ist im Folgenden dargestellt (Abb. 98).

In der jüngsten, das Wesentliche zusammenfassenden phänomenologischen Zusammenschau des Kornkreis-Rätsels durch Andreas Müller, 2001, sind die in der folgenden Skizze zusammengebrachten einzelnen Erscheinungen übersichtlich dokumentiert (Kap. 3,5,6,7).

Widersprochen werden muss allerdings seiner in Kapitel 8 versuchten Erklärung, die Kornkreise seien lediglich Naturkräfte, wie sie überall als Proportionen (z.B. Goldener Schnitt) oder experimentell gesteigert in den Arbeiten von Hans Jenny als Klangformen erscheinen („Kymatik").

Rudolf Steiner warnt davor, neu auftretende Phänomene sogleich als „Naturkräfte" wegzudiskutieren. Es bestehe eine große Gefahr darin, nämlich die, dadurch gerade von der Hinlenkung auf *Übe*rnatürliches wegzuleiten. Ein Prachtbeispiel dafür ist Terence Maeden mit seiner „Vortex-Theorie" zu Beginn der 90er Jahre. Wo seine, für einfache Kreise entwickelte Theorie bereits durch das Phänomen selbst ad absurdum geführt wurde, versucht er, sein Postulat zu retten: „Die bizarreren Gestalten, die 1990 gemeldet wurden, stellen einfach weitere Bestandteile der komplexen Innenstruktur instabiler Wirbel dar, die auf unregelmäßige Weise den Boden treffen." (Vgl. S. 117, *Die Kreise im Korn*, Heyne 1991).

Eine echte Beurteilung jeglicher Erscheinung muss sich ebensosehr entfernt halten von nur natürlicher oder gar technischer, wie von phantastisch-ausgedachter Interpretation. Entscheidend wäre bei den Kornkreisen, gerade die wirksamen Naturkräfte (also Geistwesen) nicht zu übersehen. Aber auch nicht sogleich ein „Durchbrechen der Naturgesetze" zu behaupten. Man sollte danach forschen, ob solche Naturgesetze und -erscheinungen vielleicht in höhere geistige „Benutzung" genommen worden sind, ob sich also durch dieselben Mittel der Natur ein Geistiges auf neue Weise den Menschen offenbaren will – ähnlich den Farben oder Farbsubstanzen der Natur, welche – vom Menschen – zu Malfarben gesteigert werden und dann – vom Menschen – zur Erschaffung bildnerischer Kunst gehandhabt werden. So wenig Naturstoffe und -kräfte selber Gemälde erzeugen, so wenig erzeugen sie Kornkreise. Beides ist ganz offensichtlich eine „Fortsetzung der Naturwerke", zwar durch Naturkräfte, aber aus höherem Können heraus (vgl. S. 53ff.). Die Naturgeister folgen also neuen, höheren Kräften und Wesen, sie tanzen zu einem „neuen Lied". Dass auch Widersachergeister ihnen etwas vorflöten und sie auch diesen gelegentlich folgen – denn sie haben kein moralisches Urteilsvermögen – sollte man als Hypothese vorerst gelten lassen. – Geometrisch exakt sind auch die „geometrischen Kornkreise" nie restlos. Eine geometrische Konstruktion würde, danebengehalten, viel lebloser wirken. Ähnlich wie in der lebenden Natur (z.B. die Kernanordnung in der Sonnenblume) die Gestaltungen nur fast exakt geometrisch sind und ebenso in wahrer Kunst (z.B. sind die Säulen der griechischen Tempel *leicht* geneigt, deren Abstände *leicht* variiert usw.), ist es auch

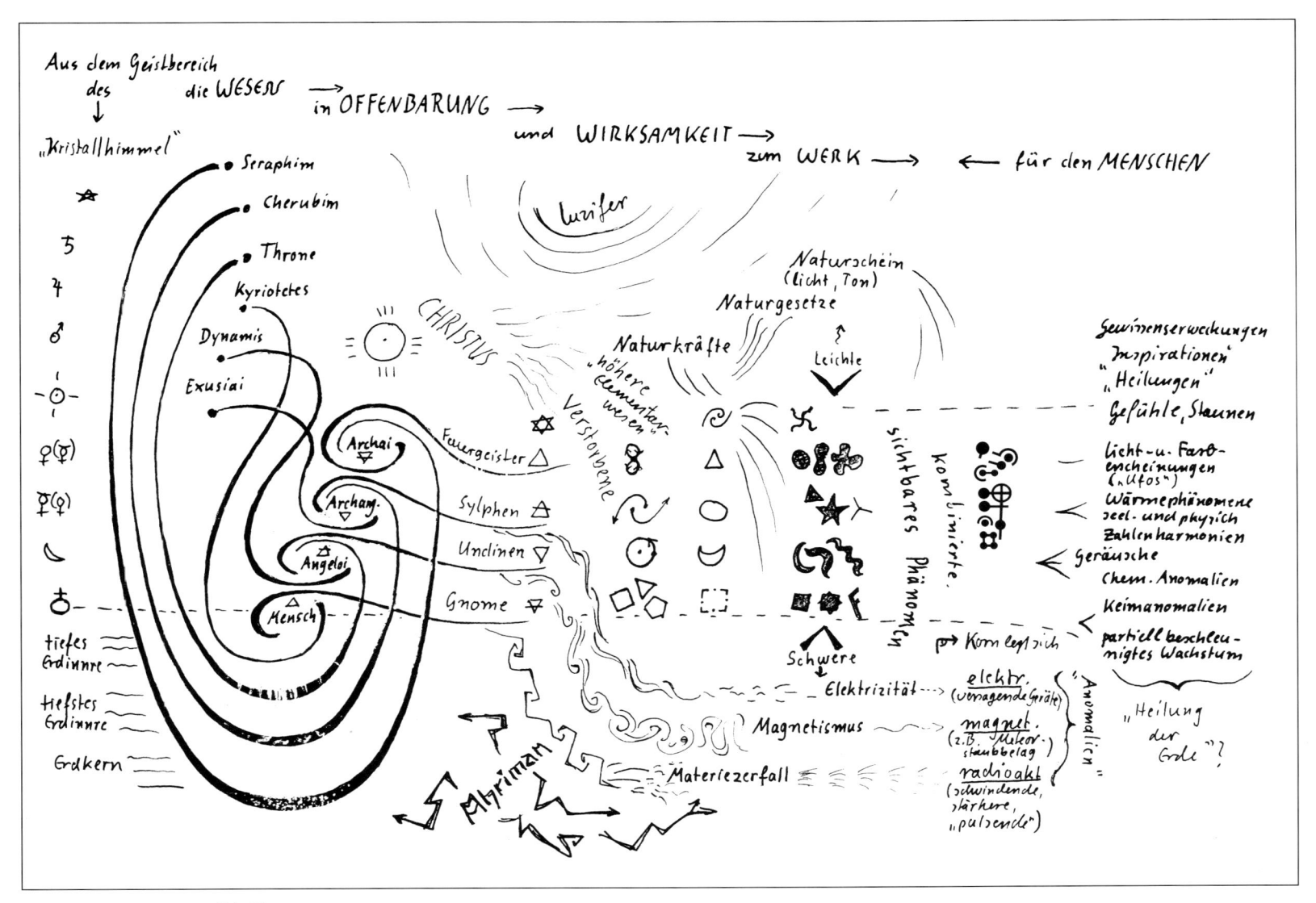

Abb. 98

hier. Es ist als positives, beglückendes Zeugnis zu werten, dass die Kornfiguren nicht mit mechanischen Mitteln wie Zirkel, Stab etc. restlos konstruierbar sind, und dass ein technisch fabriziertes „Apfelmännchen"-Fraktal genau besehen doch erheblich abweicht vom berühmt gewordenen Kornphänomen bei Manchester 1991 (s. Müller). Es wäre geradezu bedenklich, wenn diese Kunstwerke sich mittels Geräten konstruieren ließen, die so weit abseits der echten Menschheitskulturevolution liegen wie Computer. Und wo entsprechende Kornkreise auftauchen, muss ein anderer Ursprung angenommen werden. Hier wird der Menschengeist geprüft! Kann der Einzelne unterscheiden? (Bloß weil irgend etwas Falsches allgemein üblich werden könnte, wird es dadurch nicht richtig. Und bloß weil etwas Böses bürgerlich akzeptiert wird, wird es dadurch nicht besser.) Die Kornkreise entstehen also klar im Sinne der „schaffenden Natur", doch ebenso klar über sie hinaus.

L1 Zum Mysterium der Externsteine – eine Gegenüberstellung

Etwa 90 km südwestlich von Grasdorf entfernt befindet sich das zentrale Heiligtum Altnordeuropas, die Externsteine. Es ist alljährlich ein beliebtes Ausflugsziel für hunderttausende Menschen. Eine geheimnisvolle Atmosphäre ist dort heute noch erlebbar. Die Vergangenheit dieser gewaltigen Sandsteinformation südsüdöstlich von Detmold im Teutoburger Wald liegt im Dunkel. Rudolf Steiner bezeichnete dieses Gebilde als „Mysterienstätte" bzw. „großes Inspirationszentrum". Im Volksseelenzyklus heißt es dazu: *„Wenn Sie eine Kreislinie zögen, so dass in diese Kreislinie hineinfallen würden die Städte Detmold und Paderborn, so kommen Sie in die Gegend, von der ausströmte die Mission der erhabensten Geister, welche nach Nord- und Westeuropa ihre Mission ausdehnten."* (12. Juni 1910; GA 121)

Zahlreiche Forscher haben sich auf diesem Gebiete um Erhellung des Rätsels bemüht und die große Bedeutung der großartig aufragenden Gesteinsformation erkannt. Erwähnt seien unter anderen Prof. Dr. Julius Andree, der in den 1930er Jahren die großen Ausgrabungen an den Externsteinen leitete, Prof. Dr. Herman Wirth, der allgemein die Symbolik des „Alten Testaments Europas" erforschte (der spätere Anthroposoph Prof. Dr. Werner Georg Haverbeck assistierte ihm um 1930), Prof. Dr. Wilhelm Teudt, der 1931 mit seinem berühmten Werk: *Germanische Heiligtümer*, in dessen Zentrum auch die Externsteine standen, hervortrat und Walther Machalett, der große deutsch-jüdische Forscher, der zuletzt unter den genannten mit seinem Werk: *Die Externsteine. Das Zentrum des Abendlandes* hervortrat. Die Externsteine bildeten dabei die Spitze eines über Europa gedachten Dreieckes, dessen südostwärtiger Fußpunkt die Cheopspyramide und dessen südwestlicher Fußpunkt Salvage in Nordwestafrika sei. Walther Machalett gehörte zu den Forschern, die neben kosmischen, geologischen, geographischen und klimatologischen Erkenntnissen auch Sprachuntersuchungen (z.B. Flurnamen) vornahm und die alten „heiligen Linien", welche unsichtbar in der Landschaft existieren, wieder ins Bewusstsein rief. Er erkannte um das Zentrum der Externsteine ein größeres Kultgebiet, welches in konzentrisch gedachten Kreisen und in vom Zentrum ausstrahlenden Linien unterteilt

Abb. 99
Oben: *Piktogramm von Grasdorf 1991*
Mitte: *Externsteine von Nordost.*
(Die Irminsul nach einer Zeichnung von Hermann Ranzenberger ist eingefügt.)
Unten: *Externsteine Lageskizze (nach Gsänger/Andree)*

(Die gestrichelten Linien bezeichnen inzwischen wieder verschwundene Zusatzbauwerke des 17. Jh.)

A *Irminsul*
B *Ovale weiße Sandfläche*
C *Sargstein*
D *Wackelstein*
E *„Jagdhausweg", weist nach Grasdorf, ist aber erst spät entstanden.*
F *Trockenmauern*

1,2,3: *Die Felsen steigen abwärts in schräger Linie*
2: *Felsen mit „hängendem Wotan" und „Wackelstein"*
3: *Treppe und Sitz*
4: *Felsturm, Sacellum, Rednerkanzel (Irminsul)*
4 + 5 waren früher *ein* Felsen
5a: *Relief*
6: *Grotte, an Malsch erinnernd! (in Felsen gehauen)*
7: *„Schatzkammer"*

werden kann. Im Unterschied zu seinen Vorgängern betrachtete Machalett die Externsteine nicht als einzelne Kultstätte, sondern eben als den Mittelpunkt aller Kultstätten des Abendlandes, die wiederum unter einheitlichen Gesichtspunkten in ferner Vergangenheit angelegt wurden. Demnach sind die Externsteine das Zentrum, der „Pfahl", um den herum westlich die Westfalen, östlich die Ostfalen wohnen. Symbolisch dafür kann, nach Machalett Felsen 4 mit seiner „Phallusform" stehen. Auch anthroposophische Forscher traten mit neuen Untersuchungen hervor: Walther Matthes, Hans Gsänger und zuletzt Rolf Speckner, der als Zeitgenosse die Externsteine erforscht[1].

In einem Zusammenhang mit den Externsteinen steht die kultisch-religiös verehrte „Irminsul". Diese Säule, bzw. dieser "Lebens-"Baum (Esche) war den Germanen als den Himmel tragende Weltenachse heilig. Die Weltesche Yggdrasil übersetzte Rudolf Steiner mit „Ichträger". Dadurch erhält die zu exoterischem Kultdienst verwendete Irminsul auch eine esoterische Funktion. Denn der zur Initiation Schreitende erlebte an einem Baume hängend eine Einweihung, die ihm u.a. den Evoluti-

[1] R. Speckner: *Das Geheimnis der Externsteine* (Urachhaus 2002)

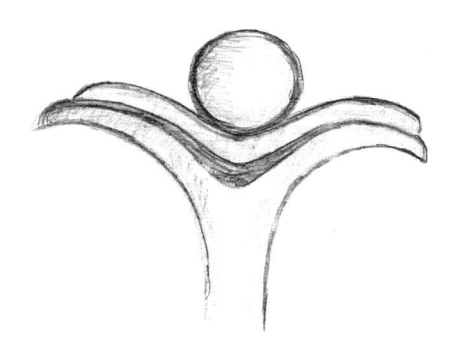

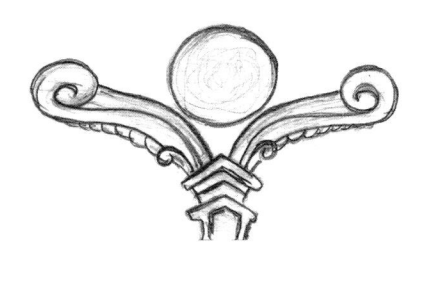

Abb 100

onsplan der Welt offenbarte. Hildegard Wiegand veröffentlichte vor über 60 Jahren einen tief einfühlenden Roman, der aufzeigt, wie das altgermanische Leben auf diese Mysterien zurückzuführen ist (*Armin. Ein Siegfriedschicksal,* Leipzig, Straßburg, Zürich, o.J.)

Es gibt so manche Parallele zwischen den nordisch-germanischen und den christlichen Mysterien. So schaute Anna Katharina Emmerich, die in Westfalen lebte, den Christus an einer Art Gabelkreuz, wie sie rund um die Externsteine zu finden sind (z.B. auch in Paderborn). Es gibt Irminsuldarstellungen, in denen sich die Sonne in der Mitte der beiden Äste der Irminsul befindet, so, wie sie in früheren Zeiten real zur Sommersonnenwende hoch oben auf dem Felsen 4 im Sacellum erlebt werden konnte. Hans Gsänger bringt in seinem Buch: *Die Externsteine* (1968, S. 90f) Skizzen von Lebensbäumen, die Hans Feddersen aus hethitischen, persischen und assyrischen Motiven einmal zusammenstellte. Sie ähneln alle diesem Sonnenmotiv! (Abb. 100).

In dem „Hängenden" an Felsen 2 unter dem „Wackelstein" kann man Odin erkennen, oder auch Christus. Für beide ist der Lanzenstich in der Seite des hängenden Körpers charakteristisch. Ein Zeitgenosse Jesu Christi erhob sich zu seinem Befreiungskampf vom römischen Joch in der Gegend um die Externsteine: Armin oder Hermann, der Cherusker. H.W. Hammerbacher hat in seinem Werk: *Irminsul. Das germanische Lebensbaumsymbol* (Orion 2000) die verschlungenen und rätselvollen Wege der „Säule" nachzuzeichnen versucht.

Die Spuren der Irminsul weisen auch südwestlich von Grasdorf u.a. auf die Orte Irminseul, Marsberg, Driberg und Externsteine, wo heilige Säulen bis zur Einführung des Christentums gestanden haben sollen. Am sogenannten „Kreuzabnahmerelief" am eigentlichen Externstein (Felsen 5a) ist dieser „Baum" (Goethe[1]) als einzigartige Riesenplastik Nordeuropas in gebeugter Haltung zu sehen. Kornkreise sind in dieser Gegend allerdings (noch?) nicht bekannt, was eigentlich sonderbar ist. Liegt es mit daran, dass dieses „Inspirationszentrum ... aber eigentlich *über* der Erde gelegen ist", wie Rudolf Steiner betonte? Ein deutsches Kornkreiszentrum liegt derzeit in der Gegend westlich von Kassel, einer Gegend, die wie in Südengland von alten Kultplätzen durchzogen ist: *Zierenberg* am Eschenberg, am Dörnberg, Ehlen, Burghasungen, Züschen u.a.

Auf dieses Zentrum deutet wohl eine Aussage Rudolf Steiners vom 18.9.1924 (GA 346): „Würden wir uns etwa von der Erde erheben – geistig,...würde man sich geistig erheben, vielleicht von einem Punkte aus, der in Westfalen liegt, in die Höhe hinauf und würde zurückschauen auf die Erde, so würde Asien ein wolkenähnliches, Sonnenformen annehmendes Gesicht haben. Über Europa würde man Regenbogenfarben ausgebreitet sehen, und weiter hinüber nach Westen Feuerfüße, von denen der eine im Stillen Ozean steht, der andere auf den süda-

---

[1] Goethe erinnerte die Irminsul an seine „Urpflanze"!

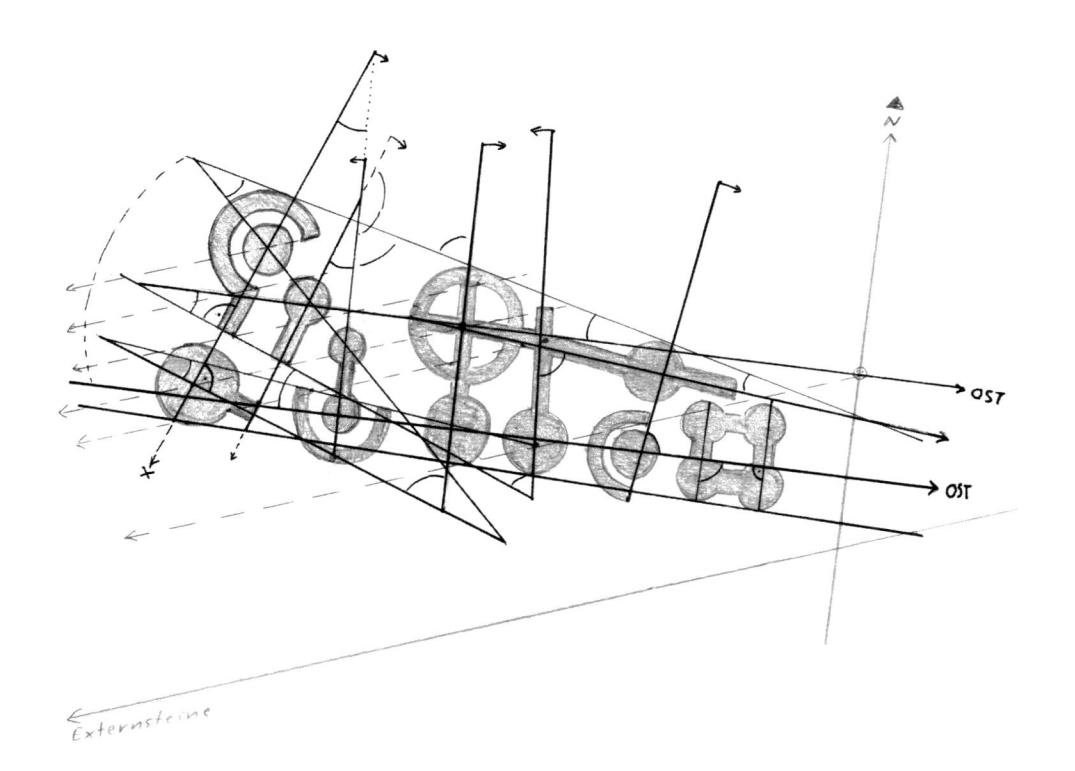

Abb. 101: Zeichnet man in dem Grasdorfer Zeichen die Richtung nach den Externsteinen ein, so ergeben sich bemerkenswerte Winkel und Beziehungspunkte.

merikanischen Anden. Und man würde die Erde selber unter diesem Bild bekommen."

Rudolf Steiner beschreibt hier also das vierte apokalyptische Siegel mit den beiden Säulen Jachin und Boas über einem „bestimmten Punkt in Westfalen" schwebend (vgl. S. 134).

Ein Vergleich der Externsteine mit dem Grasdorfer Kornkreis zeigt einige Übereinstimmung: Schon in den Maßen: Beide messen in der Längsrichtung 88 m, auch die Höhe ist, wie man sieht, in etwa übereinstimmend (Abb. 99). Die Entfernung beider Objekte beträgt das 1000-fache: etwa 88 km. Im Einzelnen fällt auf, wie sowohl die ersten drei Figuren des Kornkreises wie auch die ersten Felsen (1-3) „herabsteigen"; wie Felsen 4 ebenso herausragt,

zumal vor ihm offenbar die riesige Irminsul stand, wie die große Kreuzgestalt von Grasdorf. Das östlich sich anschließende Kreuz ohne Kreis ist sogar auf dem Steinrelief abgebildet. (Auch wenn es erst in späterer Zeit hinzugefügt wurde, geschah das ja gewiss – egal, wie bewusst oder instinktiv – nicht willkürlich.) Das Höhlensystem mit der rätselvollen Bodenmulde mag hier der großen Ost-West-Achse von Grasdorf mit dem „Gralsmotiv" entsprechen; das Felsengrab dem letzten, viereckigen, geschlossenen Raum. – Wiederum mögen diese spärlichen Anregungen genügen zum Weiterforschen.

Nun muss noch ein Detail geschildert werden, das an den „Mitteleuropa-Stern" anschließt. Vielleicht ist der Name „Externsteine" im Laufe der Jahrhunderte der Verballhornung erlegen, wie es für sehr viele Namen nachweislich geschah. Das Folgende verblüffende Messergebnis könnte darauf weisen, dass der Name "Eck-Stern-Stein" einen Sinn ergibt. Dies, zumal abermals ein Bezug zum Architrav des Goetheanum sichtbar wird (siehe Kap. L4). Rudolf Steiner sprach vom „Eckstein", dem Grundstein des Goetheanum.

L2 Grasdorf – Externsteine: Ein geografischer Zusammenhang?

Nach Untersuchung der Pentagramme in Deutschland, Europa und der Erdkugel (B7, B8) soll ein kleiner Fünfstern betrachtet werden, der außerdem zu den großen in Verbindung steht. – Zieht man eine 18° verschobene Pentagon-Linie von Grasdorf aus, so verläuft diese genau durch die Externsteine. Und zwar verbindet sie in ca. 88 Kilometern Entfernung die beiden je 88 Meter messenden Objekte. Ein auf diesen Linien errichteter Fünfstern zeigt Folgendes:

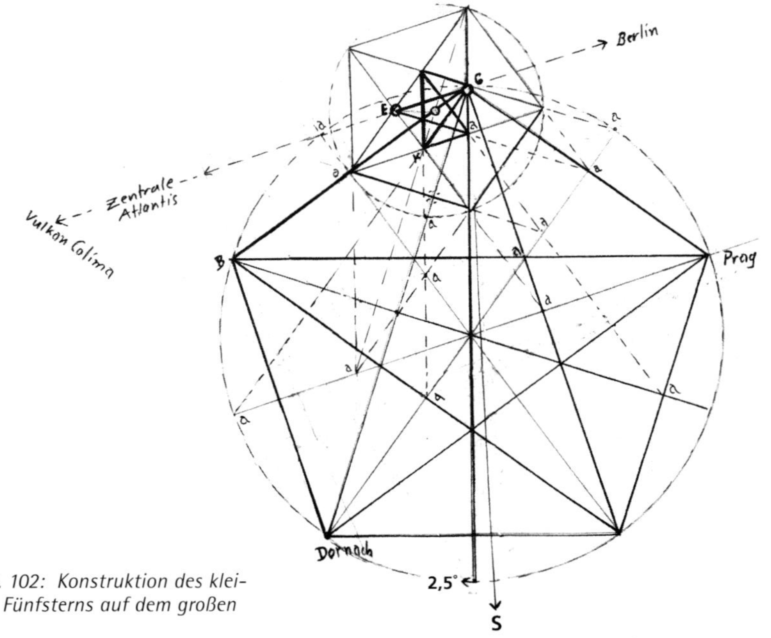

Ferner verläuft die Gerade von E nach Osten genau durch Gandersheim, dem Wirkensort der Hrosvita[1] (s. Abb. S. 128).

Die beiden Pentagramme des „Mitteleuropa-Sterns" und der „Irminsullandschaft" sind nicht ohne Bezug zueinander. Sowohl die Winkel wie die Maße zeigen einen harmonischen Bezug. (Ähnlich wie Kurt Jauch in seiner Arbeit: *Kosmisches Maß und Heiligtum* darstellt, liegen an den Spitzen geomantischer Figuren abermals kleine, entweder dieselben oder andere. Das bestätigt sich auch hier und kann als Kriterium des „Lebensbaumes" gelten, welcher sich stets selbst immer weiter reproduziert.) Der kleinere Fünfstern und der ihn umgebende große lassen sich auf dem Mitteleuropa-Stern" konstruieren. D.h. nicht auf jenem, dessen linker Schenkel durch Dornach geht, sondern auf jenem, der zweieinhalb Grad weiter westlich endet, d.h., dessen Mittellinie sich an der NS-Achse orientiert (vgl. S. 21, Linie 1b). Die mit a bezeichneten Punkte zeigen eine solche Konstruktionsmöglichkeit des kleinen Pentagramms auf das große. Etliche Linien zwischen den drei Gebilden sind Parallelen. Die Strecke GB des großen Pentagons wird halbiert durch das kleine vom gemeinsamen Punkt G aus. An der Linie GS, der Mittellinie der großen Form liegt die rechte kleine Pentagrammkante.

[1] Vgl. Hella Krause-Zimmer: *Hrosvita von Gandersheim*

Abb. 102: Konstruktion des kleinen Fünfsterns auf dem großen

L 3 „Eck-Stern-Steine"

Man vergesse nicht beim Folgenden, das am Anfang von Kapitel B über die Realität von Winkeln und Zahlen Betonte zu beachten, eben dass sie mit Vorsicht zu genießen sind. Aber es kann schon verblüffen, was der Fünfstern ergibt, der auf der Diagonale zwischen Grasdorf und Externsteinen errichtet ist. Dabei fallen zunächst folgende Örtlichkeiten ins Auge, welche in Synchronizität zum Fünfstern stehen. Allerdings läßt sich hierfür heute ein direkter Bezug zur keltischen und germanischen Zeit nicht mehr recht herstellen. Was sich an Artefakten etwa vom späten Mittelalter finden lässt, hat *Hammerbacher* ausführlich beschrieben. Mit Ausnahme allgemeiner Hinweise sind also nur indirekte Nachweise möglich, wie dazumal diese Mysterienlandschaft aussah, was sie beinhaltete usw. Immerhin wird das zentrale Pentagon, unter dessen westlichen Kanten Höxter und Bodenwerder liegen, als heiliges, uraltes „Odfeld" bezeichnet. Durch Feuer- und Rauchzeichen auf wichtigen Berggipfeln sollen hier Mysteriennachrichten weitergesandt worden sein. (Dies ist zumindest bei Köterberg / Höxter – eigentlich wohl „Götterberg" gesichert.) Bei Höxter und Corvey soll die von Karl dem Großen 772 zerstörte Irminsul vergraben (gewesen) und dann nach Hildesheim befördert worden sein. Weitere Irminsäulen sollen an mehreren Stellen, besonders auf Berggipfeln, gestanden haben. Dies aber ist alles – trotz deutlicher Namenshinweise z.B. beim Dorf „Irmenseul" – den Vorlieben einzelner Forscher überlassen.

Wichtig erscheint aber, dass der Platz, wo durch einen glücklichen Einfall das *Hermann- oder Armin-Denkmal* 1876 errichtet wurde, als Polarität zur Externsteinanlage dazugehört. Es ist der höchste Berg dieses Abschnitts des Teutoburger Waldes (450 m) mit wunderbarem Weitblick ringsumher (heute „Grotenburg", etwa 6 km nordwestlich der Externsteine). Hammerbacher schreibt dazu: „So ist die Teutoburg die rechte Ergänzung zur Erkenntnis. War dort im Waldtal der Hintergrund für die mächtigen Sandsteinklippen, so ist es wie der Fernblick, der das Herz erfreut und das Bewusstsein, im Herzstück des 4000jährigen germanischen Reiches zu sein ..." Bei Oesterholz lag offenbar eine Pferdekampfbahn der Germanen mit mehreren künstlichen Hügeln. – In der sehr tiefgründigen, in Romanform geschriebenen und von realem esoterischen Wissen zeugenden Schilderung: „*Armin*" hat Hildegard Wiegand vieles von Landschaft und Geschehnissen um die Externsteine enthüllt. (Leider ist alles, außer „*Der Herrliche*" – vgl. S. 17 – dieser bedeutenden Autorin vergriffen.)

Eine besondere Überraschung bietet sich, wenn man der schon zitierten Formulierung Rudolf Steiners nachsinnt: „Wenn Sie eine Kreislinie zögen, so dass in diese Kreislinie hineinfallen würden die Städte Detmold und Paderborn ..." Klingt das nicht nach einer Aufforderung? Freilich sind zwischen zwei Punkten letztlich unbegrenzt viele Kreise möglich. Welcher von diesen mag gemeint sein? Auf jeden Fall muss dessen Zentrum genau auf einer Geraden liegen, welche die zwischen den beiden Städten gegebene rechtwinklig halbiert. Dieser Punkt ist am Nordrand des Dorfes Schlangen (!) gegeben, welches zwischen Horn und Paderborn liegt. Von Schlangen aus führte einst eine drei Kilometer lange und 35 Meter breite Prozessionsstraße, gesäumt von einer doppelten Eichenallee schnurgerade nach Norden (heute noch nachzuempfinden), in dessen Verlängerung, etwas höher gelegen, das Winfeld lag, noch weiter nördlich die alte, heute Grotenburg genannte Festung. Es war sicherlich ein kultisches oder sonstiges Zentrum älterer Bewohner mit herrschaftlichem Sitz. Von hier aus wäre die kleinstmögliche Kreislinie möglich, wobei Paderborn und Detmold 180 Grad gegenüber lägen. Ein viel größerer Kreis, dessen Zentrum auf der Linie M gegen rechts wandert, würde sicher ein zu riesiges Gebiet für ein zentrales Mysterium ergeben. Bei dem kleinstmöglichen Kreis lägen die Externsteine jedoch etwas zu weit am Rande. Schlagen wir versuchsweise einen Kreis um einen Punkt ca. 2 km östlich von Schlangen auf der Linie M. Nehmen wir diesen Kreis durch Detmold und Paderborn versuchsweise als Goetheanum-Urkreis und errichten den ganzen Grundriss desselben darüber. (Abb. 103)

Externsteine und Armindenkmal liegen auf Kreislinien der Überschneidungsform der beiden ersten Goetheanumräume. Dabei fallen die beiden Städte Paderborn und Detmold in *drei* „gezogene Kreislinien". Die Mittellinie des Grundrisses trifft M an der zentralen Stelle des „Grundsteins". Am westlichen Rand von Schlangen stünde das „Rednerpult". Der Grundriss weist jedoch nicht von Ost nach West, sondern WNW – OSO, in einem Winkel von 18°, also 1/2 Pentagrammspitze und liegt parallel zur WNW-OSO-Diagonale. Der „Osten" des Grundrisses weist hier nach Irland bzw. die ehemalige Nord-Atlantis, von woher alle Mysterienweisheit stammt. An der Schnittstelle der westlichen Pentagonspitze mit der Verbindenden zwischen den „Säulenkreisen der Kuppeln" liegen die Externsteine. Von den Externsteinen aus eine Paral-

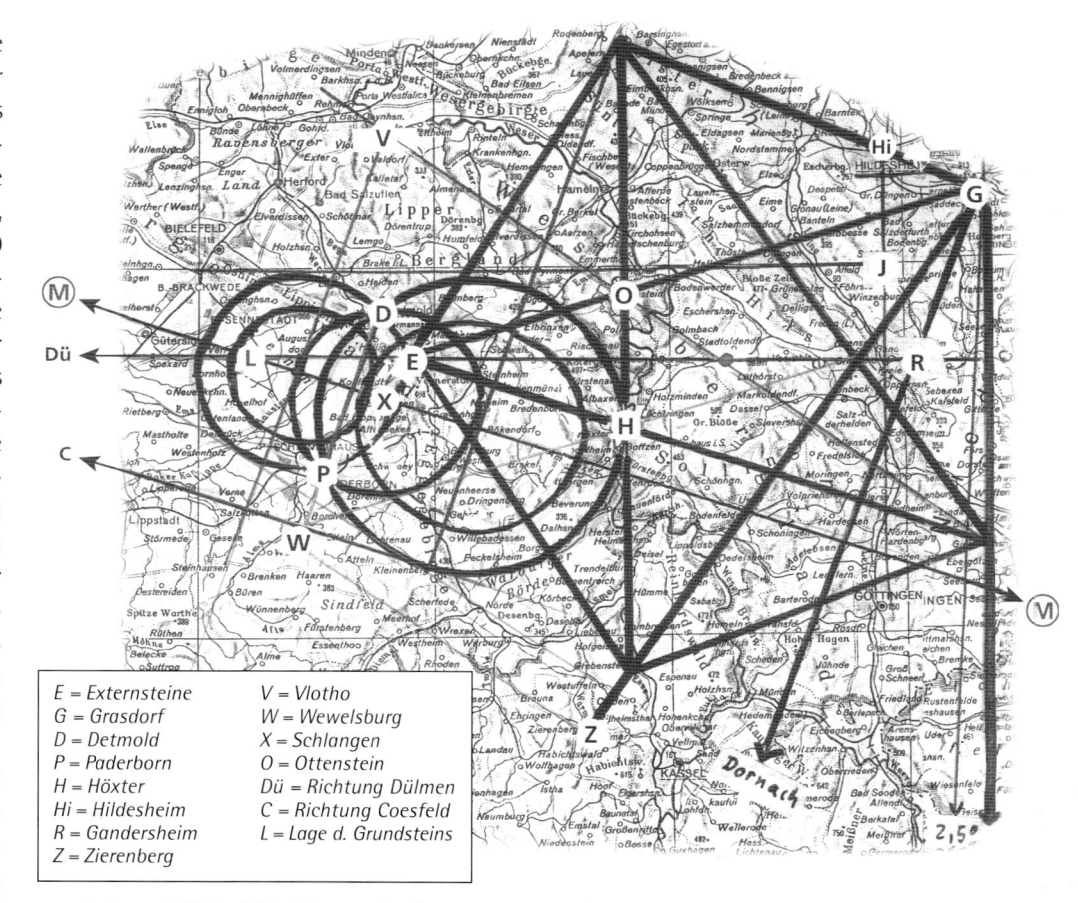

E = Externsteine
G = Grasdorf
D = Detmold
P = Paderborn
H = Höxter
Hi = Hildesheim
R = Gandersheim
Z = Zierenberg
V = Vlotho
W = Wewelsburg
X = Schlangen
O = Ottenstein
Dü = Richtung Dülmen
C = Richtung Coesfeld
L = Lage d. Grundsteins

Abb. 103: Über dem Fünfstern-Zusammenhang Grasdorf-Externsteine bzw. über den Orten Paderborn, Detmold, Externsteine lässt sich ein „1. Goetheanum-Grundriss" errichten. Dadurch treffen sich weitere „geomantische" Linien an denen herausragende Orte im Umfeld liegen. Die Fünfstern-Eckpunkte sind Grasdorf, Externsteine, Grebenstein, Krebeck und Feggendorf/ Barsinghausen. Das Zentrum liegt bei Stadt-Oldendorf. (Zur Bedeutung der Orte in diesem Gebiet siehe Hammerbacher, Kap. „Die Irminsul-Landschaft"). Zu Ottenstein (Geburtsort von Madathanus) vgl. Stracke „Das Geistgebäude der Rosenkreuzer", S. 182 u. 237. S. letzte S. (143) dieses Buches

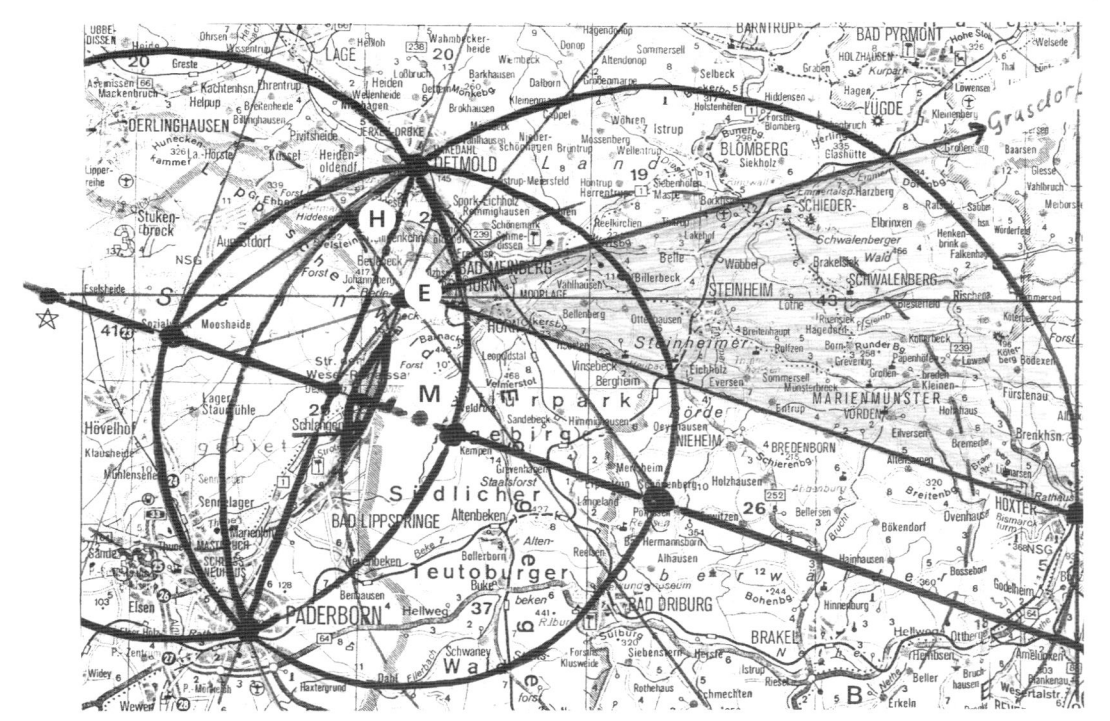

Abb. 104:
Aus der Nähe betrachtet zeigt sich, dass das eigentliche Mysteriengebiet zwischen Detmold und Paderborn beschlossen gewesen sein mag im „Urkreis" des ersten Goetheanum (Mittelpunkt M östlich Schlangen). Im engeren Sinn in der Überschneidungsmandel zwischen den Kreisen, welche „kleine und große Kuppel" umschließen. Die Externsteine liegen dann auf dem „Säulenkreis der großen Kuppel" an der Geraden, welche vom „Rednerpult", dem zentralen Ort des „Baus" aus, dieselbe nördlich schneidet; die obere westliche Pentagonlinie durch E trifft außerdem die Detmold-Paderborn-Gerade an der Mittelachse des Grundrisses. E bildet auch den ungefähren Schwerpunkt des „ägyptischen Dreiecks" des „Urkreises" mit rechtem Winkel bei Detmold. Das Hermannsdenkmal – instinktiv nach der Landschaft gut gewählt – liegt am Schnittpunkt der „großen Kuppelumfassung mit dem nördlichen Säulenkreis der kleinen Kuppel" (H). Den Ort des „Grundsteins" bildet die verlängerte Mittellinie des Grundrisses mit der Mittellinie der westlichen Pentagrammspitze (✯).

lele zur SW-weisenden Spiegelachse von Grasdorf aus zeigt in Richtung der einzigartigen „Drüggelter Kapelle"[1] südlich von Soest: einem der ganz wenigen Bauwerke mit Anklang an den Malscher Baustil (erbaut ca. 1150). Das erstaunliche Bauwerk weist etliche bemerkenswürdige Asymmetrien und Winkelverschiebungen auf. Die vier zentralen Säulen z.B. weichen um ca. 8°

[1] Gisela Jacobi: *Die Drüggelter Kapelle* (Westfälische Verlagsbuchhandlung Soest 1964); Berthold Schaeffer: *Drüggelter Kapelle*. Privatdruck, Altenheim Dortmund, Feldstr. 17.

von der Himmelsrose im Uhrzeigersinn ab: genauso wie das östliche „Mondmotiv" (Jupiterevolution) von Grasdorf. Zierenberg – neben der Insel Rügen seit etwa 1993 „deutsches Kornkreis-Zentrum", wird getroffen von der Geraden von G nach SW. Rügen und Zierenberg liegen zudem auf der selben Linie. Das Ausbildungszentrum von Hitlers SS, die „Wewelsburg" wurde – instinktiv oder bewusst, wie manch andere Bauten auch – ebenfalls an geomantisch positive Orte plaziert. Sie liegt – im Verhältnis 5:7 – in Verlängerung der Kreuzpunkte der „großen Kuppelwand" mit der „kleinen" (Abb. 103).

Die in Landschaften oft noch sichtbaren Grundrisse bedeutender Mysterienbauten beweisen z.B. die Legende, dass Titurel, der Gründer der Gralsburg, am Morgen deren Grundriss „von Gott gezeichnet" auf dem Gipfel des Montsalvat fand.

Zur Genauigkeit der Übereinstimmung der Linien, Winkel und Punkte mit bestimmten Orten auf der Erde muss gesagt werden, dass eine ungefähre Genauigkeit völlig ausreicht. Etwa so, wie ein Ahornblatt oder eine Rosenblüte einen Fünfstern in sich birgt. Umsomehr verblüfft die exakte Kongruenz der Geometrie mit der Land-

Abb. 105

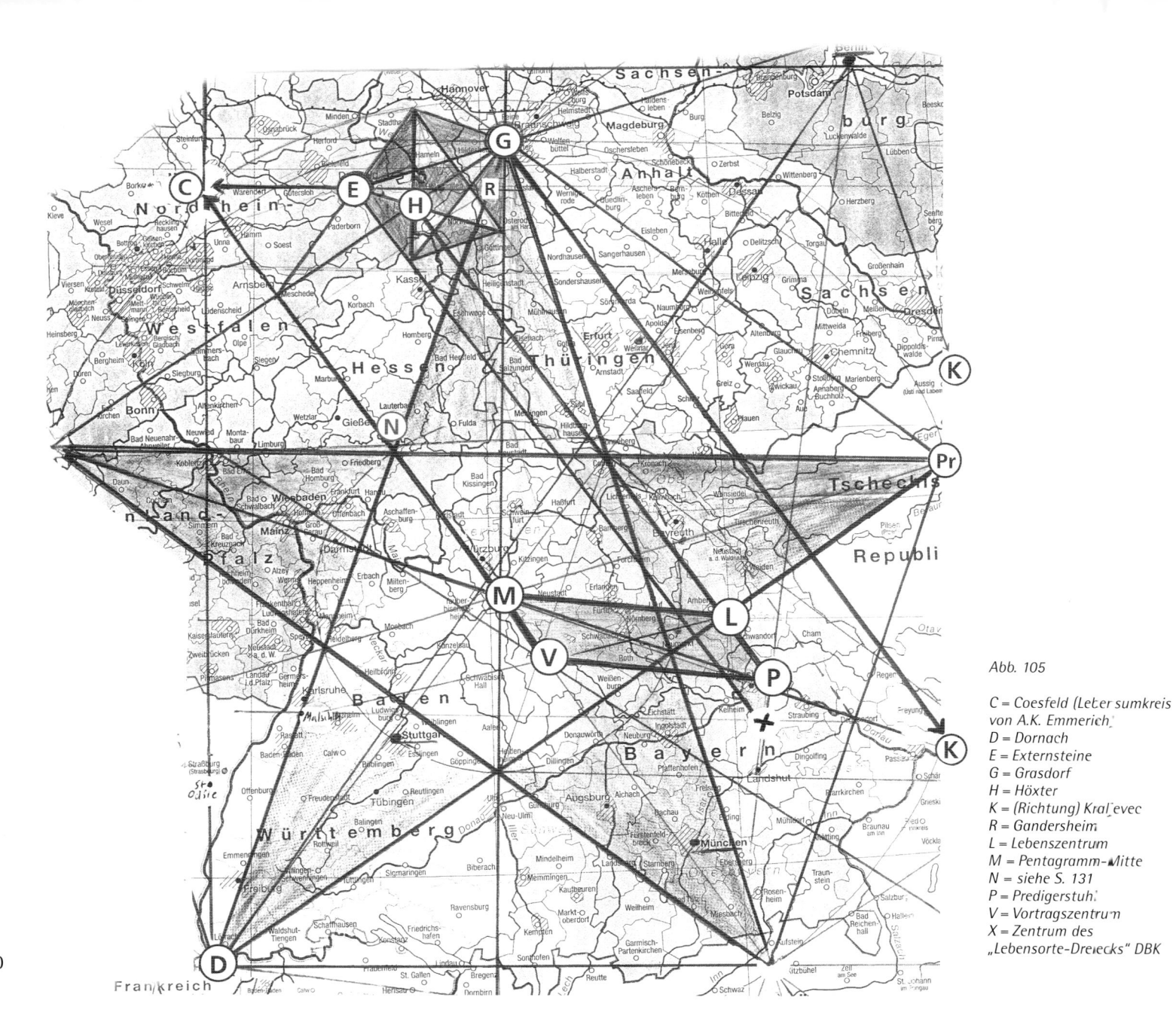

C = Coesfeld (Lebensumkreis von A.K. Emmerich)
D = Dornach
E = Externsteine
G = Grasdorf
H = Höxter
K = (Richtung) Kraljevec
R = Gandersheim
L = Lebenszentrum
M = Pentagramm-Mitte
N = siehe S. 131
P = Predigerstuhl
V = Vortragszentrum
X = Zentrum des „Lebensorte-Dreiecks" DBK

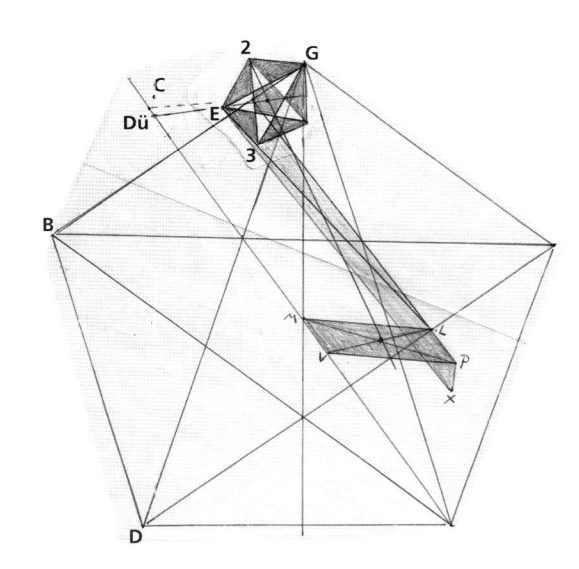

Abb. 106 (Vgl. auch Abb. 105)

schaft in ihrer meist haargenauen Schärfe umso mehr. – Der Ur-Goetheanum-Grundriss lässt sich sinnvoll noch über mehrere Orte legen, die mit einem der Pentagramme korrespondieren. Dadurch finden sich weitere wichtige Stätten in eine „anthroposophische Geomantie" eingefügt (Abb. 105, 106).- Wir haben das Europa-Pentagramm mit dem Externstein-Fünfstern und mit den Lebens- und Wirkensorte-Quadraten Rudolf Steiners in geometrischer Harmonie gefunden (Kap. B 9). Eine wirklich unerwartete Überraschung ergibt sich, wenn nun probeweise auch das letztgenannte, kleinere Pentagramm mit den Lebens- und Wirkens-orten Rudolf Steiners zusammengeschaut wird! Zunächst in der an das „Mitteleuropa-Pentagramm" angelegten, also 2,5° westlich verschobenen Ostkante. Es ergeben sich vor allem drei bis vier bedeutsame Linien, Parallelen zur südlichen Pentagon-Kante von den Externsteinen aus. Die Linie vom Lebensdreieckszentrum (x) läuft unmittelbar in diese Kante ein. Jene vom Punkt P zum Lebenszentrum trifft den Ort Höxter (es ergibt sich vielleicht noch eine besondere, noch unbekannte Bedeutsamkeit dieses Ortes!). Richtung SO trifft sie Athen, Kairo und Alexandria. Parallel durch Grasdorf selbst verläuft die Linie nach Kraljevec, Rudolf Steiners Geburtsort! Das bedeutet zugleich, dass von Grasdorf aus zu den Schenkeln der Fünfstern-Mittellinie von Kraljevec ein Pentagrammspitzen-Winkel (36°) liegt. Die Parallele vom „Vortragszentrum" Ansbach durch das Fünfstern-Zentrum und den Konstruktionspunkt für das Externsteine-Pentagon trifft, nachdem sie die westliche „Lebensquadrat"-Kante schnitt, etwa auf die Lebens- und Wirkorte von Ann Katharina Emmerich. Sie trifft sich dort mit der waagerechten Achse des Externsteine-Sterns (d.h. diese und Coesfeld liegen auf demselben Breitengrad), und zwar im Winkel von 54°, also dem Winkel zwischen innerem Fünfeck und den Basen ihrer Spitzen. Das bedeutet zugleich, dass C, N und R ein gleichschenkliges Dreieck bilden. An dessen Spitze R liegt Gandersheim. Das Verhältnis der Basen NL zu den Schenkeln ist 8:7. Alle vier Linien treffen die Strecke Pr–D (Prag–Dornach) im rechten Winkel. – Die Strecke P/L–H verläuft außerdem etwa durch den NO-Innenwinkel des Fünfsterns. Das Parallelogramm MVLP bildet annähernd Pentagramm-Winkel: z.B. L mit den Schenkeln M und P ca. 144°. Desgleichen V–MP. Etwa 36° bildet P–LM. Das große Parallelogramm VPCH hat den Winkeln nach dieselbe, den Streckenverhältnissen nach annähernd dieselbe Gestalt wie das kleine MLVP. Abb. 106: Wählt man das *ortskonforme* Pentagon von Abb. S. 128 (Pentagon-Osttangente = NS), so verschieben sich die Linien gering. *Beide* Fünfsterne haben ihren realen Aussagewert! (Vgl. Kap. „Kaspar Hauser") Punkt G bleibt bestehen, Punkt E macht für eine Linie von X aus keinen Unterschied. – Hingegen *vertauschen* sich die Geraden von L und P aus. Nunmehr läuft PL in die Kante 3–E ein; L, parallel zu XE gehalten, trifft den Schnittpunkt der Linien 2-3 mit GE. Die Spiegelachse von 2 aus trifft den Kreuzpunkt des MLPV-Parallelogramms. Die Mittellinie über E trifft nunmehr *Dülmen*, den Sterbeort von Katharina Emmerich im dortigen Kloster (9. Februar 1824). Im 2,5° verschobenen Fünfstern würde diese Linie etwas südlich um Coesfeld, ihrem Geburtsort (8. Sept. 1774) vorbeilaufen.

L 4   Erstes Goetheanum und Externsteine

Abb. 107: Grasdorfer Zeichen und erstes Goetheanum im gleichen Maßstab

Abb. 108: Skizze Externsteine mit Irminsul im Vergleich zum Architrav der großen Kuppel des ersten Goetheanum (vgl. S. 60)

Vergleichen wir nun noch einmal den Architrav, diesmal mit den Externsteinen. Der Architrav ist zwar kleiner als die Externsteine bzw. das Grasdorfer Pictogramm. Aber das *ganze* erste Goetheanum entspricht den Maßen beider! Was sofort auffällt, ist der tatsächlich „merkurial verdrehte", hoch aufragende Felsen 4 – und über ihm der merkuriale Architrav. Dessen Bildung zeigt ebenfalls – gleich der darunter stehenden Irminsul – zwei „Äste", hier jedoch unterschiedlicher Art. Der Kreuzungspunkt ist die Mitte der gesamten Evolution. – Unter der Merkursäule befindet sich die Steinplastik mit der gebeugten Irminsul, dem Golgathakreuz und dem siegenden Christus. Der durchgehende Architrav ist entsprechend der eigentlichen, zusammenhängenden Gesamtanlage vom vorangehenden Felsen 4 bis zu Felsen 7. Der „hängende Gott" (Felsen 2) entspricht dem sich zurücknehmenden Architravteil zwischen Mond- und Marssäule. Der große Felsen 5 und 6 mit dem Höhlensystem entspricht dem gewundenen Hohlraum, der unter dem oberen durchgehenden Architrav entsteht.

Die Goetheanum-Skizze von 1911 zeigt über dem ersten Eingang („Petrustor") ein Loch, das nur hier auftritt: Dies Detail erinnert auch an das Sacellum mit Altarsäule und Rundfenster des mittleren Felsens 4. Wie der gesamte Architrav plötzlich den Abschluss findet, so auch die Felsengruppe. Der abwärts gerichtete Kelchbogen mit der Keimform, die er unter sich behütet, ähnelt deutlich dem „Felsengrab" an der entsprechenden Stelle der Mysterienanlage.

Alle drei: „Eck-Stern-Steine", erstes Goetheanum[1] und Grasdorfer Zeichen-

---

[1] Bei der Grundsteinlegung am 20. September 1913 bezeichnete Rudolf Steiner den doppeltdodekaedrischen kupfernen Grundstein als „Eckstein unseres Strebens". Auch auf der Grundsteinurkunde findet sich diese Bezeichnung. Man denke auch an die Formulierung der mittelalter-

form enthalten die Urgesetze, welche, ewiggültig, von Anfang bis Ende der Welt- und Menschheitsentwicklung reichen und die besonders bedeutsam und unverfälscht herausragen als geschichtliche Kulturzeugnisse. *Skytheanos*, der noch hinter den verborgen wirkenden Eingeweihten als ein Allerhöchster waltet, ist der geheimnisvolle Träger dieser „von Ewigkeit zu Ewigkeit" gültigen Grundgeheimnisse bis in die tiefen Mysterien des physischen Menschenleibes hinein. *Hans Gsänger* hat diesen Menschheitslenker – den raren Hinweisen Rudolf Steiners folgend – mit den „Eck-Stern-Steinen" in Verbindung zu bringen versucht. Könnte man ihn auch mit den Rätseln der Kornkreise in Beziehung sehen?

Als echte, künstlerisch vollendete Weiterführung der Irminsul bzw. deren Symbiose mit dem esoterischen Christentum (durch das Rosenkreuz) erscheint das Eingangsmotiv des ersten Goetheanum. Der Säulenschaft ist hier durch die Tür mit dem Rosenkreuz ersetzt. Der Schaft ist nicht gebogen, wie auf dem Kreuzabnahmerelief am Externstein, sondern *ersetzt*, d.h. der Mensch selber bildet, im Durchschreiten, die Säule. Ihn überwölbt das der Irminsul deutlich ähnliche Motiv, welches in verschiedenen Varianten das ganze Bauwerk durchzieht (vgl. Kapitel „Die Keimform des ersten Goetheanum"). Auch das Pentagramm fehlt nicht: als Lichtform auf dem Boden, die den Pilger in ehrfurchtsvolles Staunen versetzt.

Wir haben einen Vergleich gezogen zwischen dem Grasdorfer Piktogramm und den Externsteinen im allgemeinen. Lässt sich auch bei dem „Kreuzabnahmerelief" ein Hinweis auf die Kornkreise finden? Es könnte wie eine „an den

lichen Rosenkreuzer für Christus als den Eckstein, der ein von den Tempelbauern verworfener Stein war.

Abb. 109
„Bruder Markus vor der Pforte",
gemalt von Hermann Linde.
Westportal am ersten Goetheanum
(Szene aus Goethes Fragment
„Die Geheimnisse")

Haaren herbeigezogene" Assoziation erscheinen, und eventuell ist sie das auch; dies wird sich erst künftig entscheiden lassen. Doch kann etwas auffallen: Die gebogene Irminsul, die Goethe mit seiner epochalen Entdeckung der „Urpflanze" verglich (*Über Kunst und Altertum*, Bd. 5, Heft 1,1824).

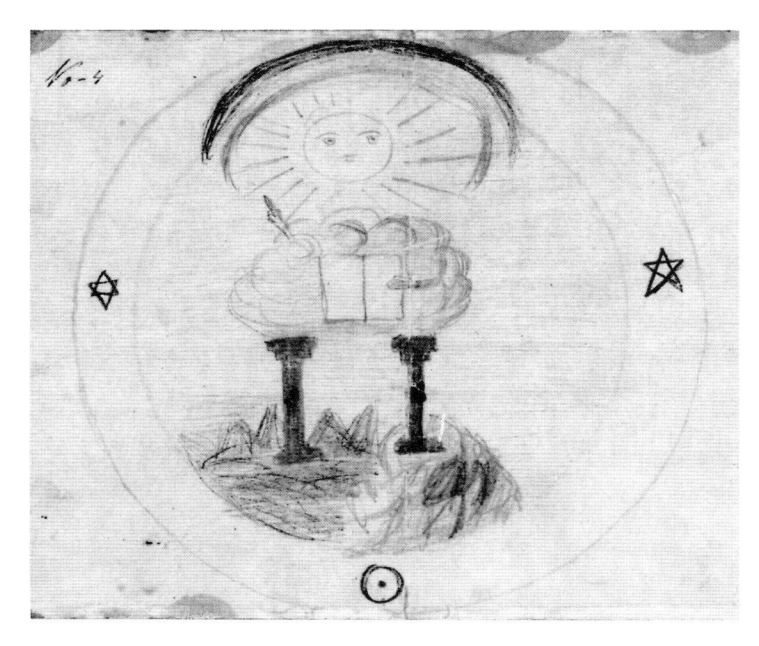

Abb. 110: Skizze Rudolf Steiners zum vierten apokalyptischen Siegel, 1907

Es ist Nikodemus, der Freund Joseph von Arimathias, welcher mit seinem Körpergewicht die Säule umbiegt.

Beide nehmen ja Christi Leichnam vom Kreuz. Joseph v. A. fängt Sein Blut im Abendmahlskelch auf und bringt diesen nach Glastonbury – im späteren „Kornkreisland". Man beachte dabei, wie selten gebeugte Pflanzen in der Kunstgeschichte dargestellt werden: Die gebeugte Irminsul ist eigentlich ein einzigartiges Bild. Auch in Legenden und Märchen tritt das Motiv unseres Wissens nur einmal auf: in einem apokryphen Kindheitsevangelium, also wieder in Zusammenhang mit dem Jesusleben. Bei einer Rast auf der Flucht nach Ägypten findet der kleine durstige Jesus in einer Oase eine Quelle und die Palmen verneigen sich vor ihm.

A.K. Emmerich sieht bei ihrer Schau des Festes „Lichtmess" eine „durchsichtige, über der Erde schwebende Kirche". Neben vielen Details sah sie „die heilige Jungfrau mit dem Jesuskinde auf dem Arm vor dem Altar, wie aus der Erde hervorsteigen und verwelken." (S. 343, „Leben der Heiligen Jungfrau Maria") Und auf S. 369 schildert sie ein Bild von der Flucht nach Ägypten: „Ich sah hierauf die heilige Familie hilflos und verschmachtend durch einen Wald ziehen (vor dessen Ausgang ein sehr hoher, dünner Dattelbaum stand mit seinen unerreichbaren Früchten). Maria ging mit dem Jesuskind auf dem Arme zu dem Baum, betete und hob das Kind zu ihm empor. Da neigte sich der Baum, als knie er nieder zu ihnen hin, dass sie alle seine Früchte von ihm sammelten. Der Baum blieb in dieser Stellung." – In *Das Geheimnis des alten Bundes* schildert die Seherin die beiden geistigen Urbilder der Bäume des Lebens und des Todes (der Erkenntnis) sehr genau, vom „Paradies" an durch alle weiteren Erden-Schicksale. Gemessen daran handelt es sich bei der Irminsul um den *Erkenntnis*baum, der zum Tode führt. Ihm entspricht das Korn (Brot), während der Wein (Blut) dem Lebensbaum entspricht. Beides, Ähre und Traube werden stets als Attribute der „Jungfrau" geschaut. In der „Arche Noah" befanden sich beide Gewächse zusammen mit einem Apfel im Gralskelch, der dann an Melchisedek übergeben wurde, der ihn wiederum Abraham brachte und der später der Abendmahlskelch des Christus war. In ihm fing Joseph von Arimathia Sein Blut auf; der Legende nach brachte er dies dann nach Glastonbury. Das „Sich-Neigen", „Niederbeugen" als Demutsgeste oder das Gebeugtwerden als

Bestrafung von Feinden spielt vor allem im Alten Testament immer wieder eine bedeutsame Rolle. Auch Wotan *neigt* sich vom „windigen Baume" herab, um Runen aufzunehmen. Diese Bilder geben sowohl für das „Kreuzabnahmerelief" wie die „Irminsul" – als auch für die Kornkreise vielleicht eine gewisse Erhellung. Man wird – unabhängig von äußeren Beweisen oder Überlegungen – nicht fehlgehen, wenn man das „Jahrhundert des Grals" – nach Rudolf Steiner das 9. Jahrhundert – als Entstehungszeit des Externsteinreliefs annimmt. Dieser Ort hat doch, wie im „Volksseelenzyklus" deutlich betont, als Mysterienzentrum gewirkt, bis es die Leitung an den Gral abgab. Das Relief lässt eigentlich keine echtere und edlere Deutung zu, als dies den damals Einzuweihenden vor Augen zu führen. Grundsätzlich ging doch alles Keltische und größtenteils auch das Germanische in das Urchristentum über. (Ein ganz entsprechendes „Vor-Augen-Führen" war das erste Goetheanum für das 20. Jahrhundert.) Bei den keltischen Hochkreuzen wurde ebenfalls im 9. Jahrhundert die okkulte Liniendynamik von biblischen Bildern immer mehr überdeckt.

In dem innigen Gedicht des zutiefst mit dem Mysterium des Kreuzes verbundenen Christian Morgenstern: *Die Fußwaschung",*heißt es:

„Ich danke dir, du stummer Stein
und beuge mich zu dir hernieder;
ich schulde dir mein Pflanzensein."

Wie ein Sich-Verneigen – oder wie wenn eine Dame sanft einen Fächer entfaltet – wird von Augenzeugen der Moment beschrieben, wenn das Korn sich in die geordnete Form legt. *Wer* verneigt sich hier – und vor *wem?*

Abb. 111
Kreuabnahmerelief
(aus H.Gsänger. "Die Externsteine")

Ausklang

Unser Streifzug durch die Rätsel der Kornkreis-Phänomene ist – vorerst – beendet. Der Autor ist sich bewusst, dass er für das Thema nur einen ersten, vielleicht hier und da noch fehlerhaften Anstoß geben konnte. Absicht war, das Thema tiefer und weiter gefasst zu begreifen, als es bisher versucht wurde. Dabei wurden, soweit sinnvoll, vorhergehende Beobachtungs- und Forschungsergebnisse einbezogen und an den ihnen entsprechendsten Stellen im Ganzen berücksichtigt. Die Arbeit erfüllt ihren beabsichtigten Sinn umso mehr, je sorgsamer ihre (oft sehr knappen) geisteswissenschaftlichen Bezüge zum vielleicht erstaunlichsten gegenwärtigen populären Phänomen und Rätsel nachgeprüft, ergänzt und vertieft werden. Viel Unterscheiden der Geister ist hier erforderlich! Mehr war nicht beabsichtigt. –

Was mich persönlich am meisten überraschte, war der wesenhafte und zudem „geomantisch" fundierbare Zusammenhang zwischen dem Grasdorfer Zeichen, den Externsteinen und dem ersten Goetheanum in Dornach, bzw. Rudolf Steiners Lebens- und Wirkensorten sowie die offenbare Kongruenz der Kornkreis-Phänomene mit den Schauungen der Anna Katharina Emmerich und – scheinbar vorerst unverständliche – Aussagen des Geistesforschers und einiger seiner Schüler. Der *durchgehende rote Faden* aus Ur-Mysterienzeiten bis zur Gegenwart zieht sich weiter in seinen den Zeiten örtlich angemessenen Offenbarungen. Atlantisch-Keltisches klingt so harmonisch zusammen mit Mysterien des Hl. Geistes: dies als *zu prüfende These* gemeint, die hiermit zur Vertiefung vorgelegt sei.

Soweit möglich, sei ein generalisierender Blick auf die zu Ende gegangene „Saison" dieses Jahres[1] geworfen. Wie immer, überraschend im Vergleich zum jeweiligen Vorjahr: Worin bestand diesmal die Überraschung?

Es gab einen enormen Einbruch rein zahlenmäßig. Erschienen in den Vorjahren jeweils etliche Hunderte Kornkreise im Getreide, so diesmal viel weniger: in Südwest-England, diesmal aber noch mehr in Mitteleuropa, besonders wiederum um Kassel und auf Rügen. Es gab jedoch nicht eigentlich wirklich *neue* Formen. Stattdessen erschien etwas wie eine schöne „Auflistung", eine Art Überblick der Vorjahre. Da gab es einfachste Kreisbildungen oder Kreisüberschneidungen (z.B. ähnlich dem „ersten Goetheanum-Grundriss" in Wellingen (Schweiz, 9. Juli) wie in den 1980ern; typische „Langpiktogramme" ähnlich denen ab 1990 (Newtonstloe, 23. Mai); aber auch die komplizierten, harmonischen „Mandalas" der Jahrtausendwend-Jahre oder „dreidimensionale" Erscheinungen wie ab 1999 (Avebury, 18. August). Auch „Insektogramme" tauchten wiederauf (Chirton, 7. August) und sogar ein an Chilbolton 2001 erinnerndes ahrimanisiertes Bild (als „Alien" bezeichnet, Crabwood/ Winchester, 15. August), sowie freiere, weniger streng geometrische Gestaltungen wie „Labyrinthe", „Wellen" (Grinsbach, 25. Mai), „Lebensbaum" (Winchester, 15. August).

Etwas wie in Grasdorf 1991 wiederholte sich *nicht*. Die geringe Anzahl zeigt indes nicht weniger Formenreichtum als die Vorjahre, im Gegenteil. Es gab weniger Formen *eines* Typs!

Wie aber ist das zu deuten? Man kann sich wohl – wie jedes Jahr – nur *Eventualitäten* vorstellen, wobei zumeist nicht einmal eine davon, sondern ganz Anderes sich im Folgejahr auf den Feldern demonstriert. Bedeutet das

---

[1] Geschrieben September 2002. Das *Magazin 2000 plus* gibt in der September-Nr. 2002 einen Überblick, teils mit passenden, teils mit äußerst problematischen Kommentaren.

quantitative Abfluten den Beginn eines Sich-Zurückziehens der Phänomene? Das muss nicht sein. Gab es doch schon 1992/93 eine ähnliche Flaute – danach ging es in aller Fülle erst recht los! Es könnte das „Kompendium 2002" auch ein Sich-Sammeln bedeuten, wie die Raupe sich in der Puppe „sammelt" und quasi auf ein Nichts zusammenschrumpft – um dann in völlig anderer und viel höherer und wundersamerer Form wiederzukommen! Dabei kann – im Falle eines Analogon der Kornkreise – solches Erneuern auch auf ganz anderem Felde geschehen, so dass es vielleicht zunächst gar nicht mit den Kornkreisen in Verbindung gedacht wird, z.B. in aufbrechenden neuen sozialen Fähigkeiten oder in mitreißenden neuen, positiven Grundstimmungen und Aufbrüchen von Menschen oder in Naturerscheinungen. (Die Kornkreise selbst bräuchten dabei nicht unbedingt zu verschwinden.) Oder zieht sich die Kraft, welche sich sichtbar machte, doch zurück – weil sie einen „einmaligen" (über Jahrzehnte währenden) „Welteneinschlag" in die Evolution prägen wollte, der erst viel später eventuell aufgeht? Oder hat letztlich die Menschheit doch zu wenig oder zu unpassend auf eine Prüfung reagiert, die deshalb ihre bei bestandener Probe gespendete Kraft nicht hat geben können? Geht das Phänomen auf andere Bereiche über – wie ja z.T. wohl schon geschehen: in Licht und Luft, in Wetter und Fels? –

Wahrscheinlich kommt es – wie immer – ganz anders. Aber es kommt auch nicht darauf an, dass unser forschendes Bemühen den Nagel auf den Kopf trifft, sondern dass es stattfindet! Selbst Irrungen können ja als Lehre und Korrektur später einbezogen werden. Die forschende, Wahrheit suchende Aktivität selbst, nicht ihr Resultat, ist von Wert. *Diese* bildet nach und nach an dem Auge, welches untrüglich Wahrheit *schauen* kann – und sei es erst in hunderten von Jahren, in späteren Erdenleben. Phänomene wie das doch recht langlebige Kornkreis-Phänomen sind vergänglich. Die an ihnen gebildete Augenstärke ist es nicht. Über Kornkreise können Traktoren alles zerstörend brettern; die liebevoll sich in deren „Rätselschrift" vertiefende Seele ist nicht zerstörbar. Hohn, Spott und Irrtum mag sich über diese „Rätselzeichen" ergießen und die Medien dies über die Welt hin suggerieren. Wie der Mensch sich mit ihnen verbindet, bleibt ihm dauernde Frucht. Mögen selbst „Aliens" und was sonst noch sich (wieder) der kornprägenden Kräfte bemächtigen: das besagt nicht mehr, wie z.B. dass das geschichtliche Christentum durch dessen Vertreter in das Spektrum aller nur irgend denkbaren Laster und Verbrechen verwickelt wurde – aber was hat das mit *dem Christentum* zu tun?

Hoos/Brunner legen in ihrem August 2002 im Beusl-Verlag erschienenen Buch: *Kornkreise, Rätsel in mystischer Landschaft*, z.T. überzeugend dar, wie das Phänomen auch von Menschen geschaffen werden kann. Sie weisen etliche – oft tatsächlich vorhandene – Fehlerquellen in der Beurteilung von vermeintlich echten Kreisen auf und zeigen, wie man solche anlegt. Sie weisen auf korrupte Geschäftemacherei hin, die es freilich auch gibt. Neben dem Text gibt es immer schöne Kornkreis-Fotos, wo, wie vermerkt ist, die Fälschung nachgewiesen wurde. Sie unterschlagen aber auch Vieles, z.B. die (beobachtete) sehr kurze Zeit des Entstehens, komplizierte Mehrfachlagen des Getreides, sehr komplexe, schon auf dem Reißbrett äußerst aufwendig anzulegende Formationen, glaubhafte Schilderungen von echten Lichterscheinungen, Phänomene wie nachgewiesene Hitzeeinwirkungen, Meteorstaubummantelungen u.v.m. bei den *echten* „Kreisen". Sie zeigen aber (leider ausschließlich), was man alles so als Mensch nachahmen kann.

Gleichwohl, es bleibt dabei, was immer auch geschieht: Die Unterscheidungskraft im Wahrheitssuchen ist und bleibt gefordert; dazu, womöglich, immer kräftigere und klarere Erkenntnisse. Verhöhnende Kinomachwerke können daran ebenso wenig ändern wie entsprechende Medienberichte. Dass auch Geschäftemacherei dabei ist - Zeitschriften sollen etwa „mehrere tausend Euro für ein Kornkreis-Foto" zahlen müssen - sollte das *Phänomen selbst* nicht in Frage stellen.- Jetzt, da so viele Zeichen in aller Welt sich angesammelt haben, wäre z.B. eine zusätzliche Aufgabe, geografische, geologische, konstellatorische oder motivische Zusammenhänge zwischen den einzelnen Gebilden zu suchen. Auf solch echte, unbeirrt weiterforschende Fragehaltung geben die Rätsel der Welt - auch die Kornkreise - ihre „Antworten" Jedoch erhält nur das einzelne Ich eine wahre Antwort auf eine wahre Frage.

*„Suche nach dem Licht des Weges!
Doch suchst du vergebens, so du
nicht selbst zum Lichte wirst."*
(Rudolf Steiner, 1904, für Marie von Sivers)
Werner Schäfer, Herbst 2002

Index

Das Umfassende und Verzweigte des Themas macht erforderlich, vieles Gleiche an verschiedenen Stellen erneut zu betrachten. Um den Überblick für etwas Bestimmtes zu erleichtern, dient folgende Indexliste.

Bitte beachten:
- Es sind hier keine Namen und Bezeichnungen aufgelistet, welche das ganze Buch sehr oft durchziehen, wie „Rudolf Steiner", „Goetheanum", „Kornkreise", »Grasdorf" u. dgl.
- Manchen Begriff (wie „New Age") findet man auf der angegebenen Seite nicht dem Wort, sondern dem Sinn nach.
- Ferner sind Seiten, wo das betreffende Wort ohne wesentliche Charakterisierung nur erwähnt wird, nicht angegeben.

Allgemeines

Albertus-Magnus-Haus 7, 11, 34
Apokalypse des Johannes 17, 77, 80
Arche Noah 135
Astrallicht 111
Ätherkräfte 116
Atlantier 112
Blitz 118
Chladnische Klangfiguren..............62
Computer 122
Edda 29
Erdtetraeder 44
Eurythmie 58, 119
Evangelium, fünftes 113
Fälschungen 10
Feuerluft (Ruach) 101
Geomantie ....33 ff.
Goetheanismus 14
Gral 112, 134f
Grundsteinspruch 55
Herz 70f, 117
Idafeld 29
Indigo-Kinder 115
Insektogramme 108
Irminsul 123, 132f
Jachin/Boas 125, 134
Jupiter, künftiger 110
Kelten 31, 81, 88, 109, 135
Koberwitzer Impuls 18
Königliche Kunst 112
Kulturoasen 18
Kundalini 76
Kunst, wahre, neue 58, 108
Kymatik 120
Ley-Lines 27
Lotosblumen (Chakren) 76f
Merkurstab 34, 73, 88
Metalle 20-23, 29, 81, 117
Metallstrahlung 117
Meteorstaub 118
Mond 87, 119
Morgen-/Abendkräfte 86, 111
Neue Jerusalem 17
New Age 9, 15, 56, 66, 69f, 72, 75, 90, 95, 101, 114, 120
Pentagramm 110
Pferd („Schlangenpferd") ..31-33, 82, 92f
Planeten, klassische ..61, 77, 93, 117, 121
Planetenbewegungen 67, 72, 94
Planetenevolution 63, 73, 119, 121
Planetensiegel 63
Quinta essentia 76, 110
Radioaktivität 116
Regenbogenschüsselchen 41, 81, 85
Schlange, aufgerichtete 109
Schmetterlinge 62, 105, 115
Selbstveraschung (Selbstverbrennung) ..119
Sonnenfinsternis 1999 ....37, 43, 90
Spirale ....72ff.
Sternbilder 52, 60, 65, 88

Ortsregister

Sternenkinder 115
Straderapparat 89
Taobücher 106, 139
Tautropfen 111
Tattvas 108, 110, 116
Theosophische Gesellschaft 15
Torf(-kleidung) 92
Ufos 14, 69, 119
untersinnliche Kräfte..67, 92, 107, 111, 117
Urpflanze 33, 70
Urschrift 106, 117
Urschrei-Therapie 119
Ursprache 106
Vaterunser, makrokosmisches 113
Vernichtungszentrum (im Menschen) 119
Vril 112
Völuspa 29
Wasserstoff 112
Weihnachtstagung 1923 55
Weltenäther 110
Weltenhumor 90
Wirbel 67, 71-72, 89f, 99
Yggdrasil 123
Yin-Yang 116
Zeitbeschleunigung 94, 98, 100 –107, 113
Zerstörungsherd (im Menschen) 119

(siehe auch S. 44f, 47 und 51)

Alesia 40
Amerika 58
Ansbach 49
Atlantis 44
Basel 39
Bernstein 37
Chartres 39
Chilbolton 67, 114, 136
Colmar 40
Corvey 127
Detmold 123f
Dornach 22, 34f
Drüggelte (Kapelle) 129
Externsteine 33, 41, 123f
Gandersheim 126
Glastonbury 135
Hallstadt 40
Hannover 30
Helsinki („Helsingfors") 46
Hildesheim 29f
Höxter 127, 131
Karlstein 40
Kassel (Umfeld) 124
Koberwitz 18
La Tène 40
Lemurien 44
London 53
Malsch 22, 34f, 37, 87f
Mariensee 7, 14, 37

Montsalvat 129
München 37
Neuchâtel 40
Odilienberg 39, 40
Oslo 46, 49
Ottenstein 128
Paderborn 123f
Penmaenmawr 46
Prag (Karlstein) 40
Rothenburg an der Tauber 40
Rügen 129
Salisbury 135
Soest 129
Stonehenge 32
Tarimbecken 106
Torquay 53
Wewelsburg 129
Zierenberg 124, 129
Züschen 124

Namenregister

Adam 106
Ahriman 66, 89, 97
Arimathia, Josef 81, 134
Andreae, Valentin 39-40
Andree, Julius 122
Arminius, Armin
(Hermann d. Cherusker) 33, 124, 127
Baldur..29, 114
Berchtha 29
Biedermann, Rudolf 52
Bonneval, Hans.................................96
Bulwer-Lytton 113
Däniken, E. von.................................96
Dschemschid 80
Elias..113
Emmerich, A.K. 80, 97f, 106, 118, 124, 134
Exousiai 95, 114
Feddersen, Hans 124
Ferch, Andreas 7, 8
Floride, Wilhelm 52
Goethe 70, 133
Gsänger, Hans 123f, 133
Haich, Elisabeth 113
Hammerbacher, H.W. 124, 127f
Hauser, Kaspar 40, 51f
Hermes (s. a. „Merkurstab") ..107, 113f
Hesemann, Michael 109
Hödur 29
Holle (Hilde / Hulda) 27
Hoppe, Ingo 114
Hübbe-Schleiden 15, 30
Hus, Johannes 40

Jakoblew, Sascha 27
Jauch, Kurt....................26, 48, 126
Jenny, Hans 120
Jesus, nathanischer 106
Johannes der Täufer 99, 113, 118
Karl IV...40
Karl der Große............................39, 127
Kemper, Karl 26
Kerner, Justinus 106
Keyserlingk, Johanna v. 16, 41, 85
Kutzli, Rudolf 82
Lengyel, Lancelot 82f
Lorber, Jakob 43, 76, 101, 106
Lorenzen, Iwer Thor 110
Luther 29
Lucifer 79, 97
Machalett, Walther 122f
Maharishi 15
Mani 29
Manu 43, 106
Matthes, Walther 123
Mayerhofer 72
Meaden, Terence.......................90, 101
Melchisedek 135
Meister Jesus..................................106
Merkur (Raphael)....67, 73f, 97, 107, 113
Meyer, Rudolf 91, 118
Michell, John 27
Moltke, Elisa von 16
Moltke, Hellmut von 16, 59
Morgenstern, Christian 135
Mose 106

Müller, Andreas 120
Nerthus (Ida, Hilda) 29
Nikodemus 134
Novalis 102, 113
Odilie 17
Parzifal 39
Persephone 114
Pogacnik, Marco 33
Poiret 106
Polzer-Hoditz 16
Raffael ....113f.
Roder, Florian 11, 102
Roggenkamp, Walter 7
Rosenkreutz, Christian ..39, 53, 91, 114
Schwenk, Theodor 71, 111
Schwochow, Jan 22
Seherin von Prevorst....................106f
Skytheanos 133
Speckner, Rolf 123
Steffen, Albert 29, 138
Swedenborg, Emanuel 115
Teudt, Wilhelm 122
Titurel 129
Vidar 41
Wachsmuth, Günther 43, 110
Wegmann, Ita 68, 92
Wiegand, H. 17f., 68, 113, 124, 127
Wimbauer, Herbert 12, 78, 92
Wirth, Hermann 122
Wotan/Odin.................33, 107, 124, 135

Literatur- und Quellenverzeichnis zum Thema

Mario Enke:
Das Piktogramm (Deutschland, 2000)

Kurt Jauch:
Kosmisches Maß und Heiligtum;
Kosmische Geometrie im Leben Rudolf Steiners, (Schweiz 1998)

Jürgen Krönig (Herausgeber):
Spuren im Korn, (Deutschland,1992)

Werner Anderhub und Hans Peter Roth:
Das Geheimnis der Kornkreise, (Schweiz, 2000)

Andreas Müller:
Kornkreise. Geometrie, Phänomene, Forschung, (Schweiz, 2001)

Diese Bücher enthalten zahlreiche Illustrationen und viele weitere Literaturhinweise.

Weitere benutzte Schriften und Vorträge (Rudolf Steiners und anderer Autoren) sind im Text selbst nachgewiesen.

Andere Schriften des Verfassers:

„Rudolf Steiner über Schmetterlinge" (Zusammenschau aller findbaren Aussagen), „Beiträge zur Gesamtausgabe" Nr. 104. (Leider ist 2/3 des Heftes einem anderen Thema gewidmet: Notizen Rudolf Steiners zum Astronomischen Kurs, GA 323)

„Rudolf Steiner über Wort, Schrift und Buchdruck" (Verlag für Medienforschung und Kulturförderung, Bremen; 2001)

„Rudolf Steiner über technische Bild- und Tonmedien" (Verlag für Medienforschung und Kulturförderung, Bremen; 4. Auflage 2002)

Hellmut Rosalk (Pseud.) „Zwischen Himmel und Hölle: The Beatles – Versuch eines ehemaligen Beatmusikers, aus heutiger Sicht ein globales Jahrhundertphänomen zu durchschauen" (Genius Verlag, Mariensee; 1997)

„Vom Geiste Mitteleuropas" (in Vorber.) mit den Beiträgen: „Vom Ichpunkt der Erdkugel" – „Der Anthroposophische Seelenkalender als Offenbarer vom Gesamtlebenslauf des Menschen" – „Der Kulturfalter" – „Anthroposophie als Weltenpfingsten"

– Weitere Buchtitel des Verfassers sind z.Zt. vergriffen. –

Diverse Aufsätze in Zeitschriften, v.a. in der Vierteljahresschrift: *Waage und Wandel* (Bezug: Peter Rühle, Johanneshof, Gamling 26, A-8200 Gleisdorf)

sowie in der *Gegenwart* (Hrsg. Gerold Aregger, Burgunderstr. 132, CH-3018 Bern)

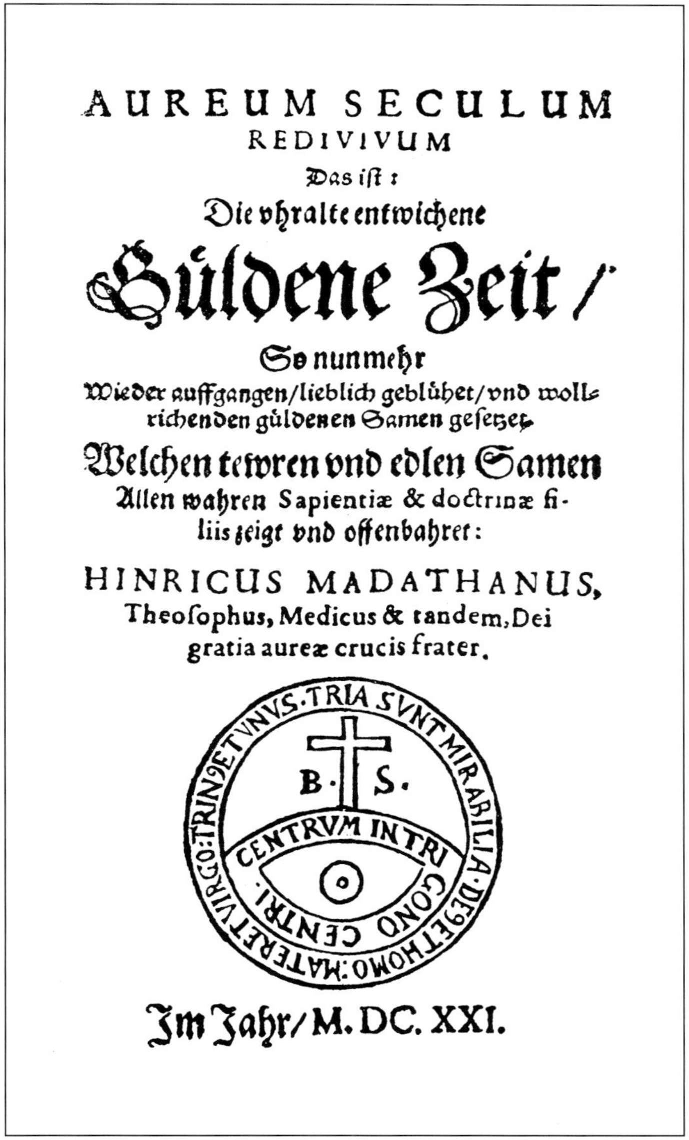

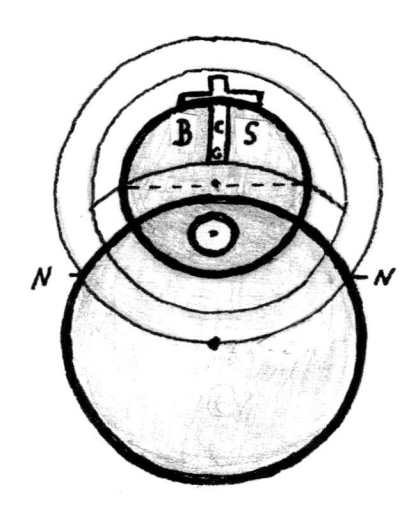

Links:
Titelblatt der Erstausgabe der „Geheimen Figuren der Rosenkreuzer", 1621, von Hinricius Madathanus (vgl. S. 128)

Rechts:
Die Vignette enthält den Grundstein des ersten Goetheanum. Man muss nur die Kreissegmente um das Sonnenzeichen vervollständigen:
Die Sonne befindet sich im Durchdringungsraum der Kuppeln. Die kleine Kuppelwand zieht sich durch den Kreuzpunkt und Querbalken. Hier, im Osten, etwa in der Mitte des Kreuzstammes, sollte die Christusgruppe stehen. Der Bogen, auf dem das Kreuz steht, halbiert links und rechts die kleine Kuppelwand. Der äußerste Kreis trifft den Mittelpunkt der großen Kuppel. Bei N ragt die Westwand der Nord-Süd-Seitentrakte heraus, welche dem Goetheanum als Ganzem Kreuzgestalt verleihen. Der Grundstein liegt im Fuß des Kreuzes. („S" entspricht hier Luzifer, »B« Ahriman) Madathanus war laut Rudolf Steiner der Verfasser und Zeichner der „Geheimen Figuren der Rosenkreuzer" (27./28. September 1911; GA 130).
– Vgl. auch Abb. S. 54 und 58.